中南财经政法大学金融与投资文库

转轨经济中的投资率研究

韩旺红　著

中国财政经济出版社

图书在版编目（CIP）数据

转轨经济中的投资率研究/韩旺红著．—北京：中国财政经济出版社，2009.7

（中南财经政法大学金融与投资文库/张中华主编）

ISBN 978-7-5095-1650-8

Ⅰ.转…　Ⅱ.韩…　Ⅲ.投资-研究-中国　Ⅳ.F832.48

中国版本图书馆CIP数据核字（2009）第095656号

责任编辑：洪　钢　　　　责任校对：王　英

封面设计：陈　瑶　　　　版式设计：汤广才

中国财政经济出版社 出版

URL：http：//www.cfeph.cn

E-mail：cfeph @ cfeph.cn

社址：北京市海淀区阜成路甲28号　邮政编码：100142

发行处电话：88190406　财经书店电话：64033436

北京中兴印刷有限公司印刷　各地新华书店经销

880×1230毫米　32开　10.375印张　243 000字

2009年7月第1版　2009年7月北京第1次印刷

定价：22.00元

ISBN 978-7-5095-1650-8/F·1424

（图书出现印装问题，本社负责调换）

本社质量投诉电话：010-88190744

编委会名单

总 序

蔡元培先生曾在几十年前指出："所谓大学者，非仅为多数学生按时授课，造成一毕业之资格而已也，实以是为共同研究学术之机关"。学术是大学的灵魂，学术研究和知识创新是大学生存与发展的动力源泉，是大学传授知识、培养人才、服务社会、守望社会理性和引领社会发展的基础。一所大学，如果缺乏浓郁的学术氛围，没有知识创新，既不可能有一流的教学，也不可能有一流的社会服务。要成为一流的大学，必须有一流的学者、一流的学术研究和一流的学术成果。

金融是为适应社会分工、商品生产和商品交换的需要而产生的。伴随着经济的发展，金融工具不断创新，金融市场范围不断拓展，金融交易规模不断扩大，对实体经济的影响也不断增大。证券市场的发展，保险业的兴起，金融衍生产品的迅速增加和金融市场国际化程度的不断提升，使金融已不再局限于货币与银行的传统业务范围，金融的意义不仅在于融通资金，更重要的功能是在不同的时空之间配置资金资源，并通过资金资源的配置促进社会经济资源的优化。金融不仅对微观经济效率具有至关重要的影响，同时对宏观经济的稳定有着关键性的意义，因而被称为“现代经济的核心”，金融学也被人们誉为经济学“皇冠上的明珠”。

投资与金融有着密不可分的联系。在货币经济条件下，投资主要表现为货币资金的投入，不仅证券与金融衍生产品投资要以金融市场为载体，以金融工具为对象，产业投资也需要以货币为媒介，一般需要通过金融中介和金融市场筹措资金。从事投资活动，要提高投资的效率和防范投资的风险，不能不了解金融。另一方面，厂商从银行或从金融市场融入资金，目的通常是为了进行产业投资；厂商发行股票或债券的过程，同时又是居民或机构的投资过程。产业投资既创造需求，又创造供给，且具有不确定性和不可逆性，因而对货币的供求、社会总需求和总供给的平衡以及社会经济发展的动态起着举足轻重的作用，被萨缪尔森称为“经济中发号施令的因素”。研究金融，不能不关注投资。

金融和投资学科是中南财经政法大学的传统优势学科。中南财经政法大学的前身为中原大学。中原大学成立初期便创设了金融专业。1953 年，国内高等学校院系调整，中南地区的经济与法律学的教师纷纷调入中南财经学院，群贤毕至，为金融学的发展奠定了坚实的师资基础。投资学的前身为基本建设财务与信用，创设的时间稍晚于金融学专业，但是国内较早创设该专业的院校之一。近 60 年来，几代学人始终坚持以学术为本，孜孜追求，锲而不舍，金融、投资学科在国内同类学科中取得了应有的地位。目前，中南财经政法大学新华金融保险学院下设金融、保险和投资三系。学院坚持以学术立院，以学术兴院，为了顺应我国金融与投资迅速发展的形势，努力推进金融、保险和投资的学术研究和知识创新，由学院资助出版的“金融与投资文库”，就是学院采取的具体措施之一。

本文库注重理论联系实际的原则，鼓励作者积极借鉴国内外先进的理论和方法，以国际视野把握社会经济发展的趋势，但必须立足于中国实际，以分析和解决中国社会经济发展中的现实问题为基本导向。中国是一个发展中的大国，工业化、市场化和国际化进程交织中的中国金融和投资的发展波澜壮阔，异彩纷呈，矛盾也十分复杂、尖锐。伟大的实践需要理论的指导，同时也将催生和造就日趋丰富多彩的理论。

学术研究的主体是学者。学术的进步既依靠学者个人独立观察和思考，同时也需要平等、自由、相互激励的学术氛围和志趣相投、结构合理、分工协作、精诚团结的学术团队。中南财经政法大学新华金融保险学院历史的辉煌是由周骏等老一代学者创造的，今日的成就离不开朱新蓉等中年教授的努力，未来的希望则在一批青年学者。他们人数众多，意气风发，知识结构合理，才思敏捷，本文库将主要推出他们的学术作品。他们的作品或许还存在这样或那样的不足，但任何学者的成长都需要经历一个磨砺的过程，许多学者在推出他们的名作之前还名不见经传。我们以期待的眼光注视着我们的青年学者。

学术的进步有赖于学术的广泛交流与切磋。我们将学术文库面世，期待得到国内金融与投资学界及实际工作部门专家更多的批评和指教。让我们共同来精心耕种文库这块蕴育希望的学术园地。

张中华

2007年3月

目　录

第一章 导 论

第一节 问题的提出

一、投资率之谜

由于信息不完全、不对称，以及人们的有限理性，经济生活和经济研究中存在着许多的“谜”。在中国，有一个至今困扰着经济发展、令人费解的——投资率之谜。中国的投资率状况如何，投资率究竟高不高？为什么高？高得正常还是不正常？是否应该解决以及如何解决这一问题？对此的注解天天都有，但至今尚无公认的“谜底”。2006 年中国的投资率在 40% 以上，而号称“世界经济火车头”的美国只有 18%，中国的投资率之高足以让人瞠目结舌。与此同时，消费率持续走低，1978 年中国的消费率是 62%，2006 年已经降到了 49.9%。2007 年初，一位中国副总理访问美国，与美国政府高层商谈的一个重要议题，就是中美共同努力，采取有效措施，促进中国人提高消费，降低储蓄；而美国人则应节制消费，增加储蓄①。2007 年 7 月，作为中美战略经济对话的一部分，美国住房和城市发展部（HUD）部长杰克逊北京之行的目的，就是建议中国购买美国的按揭证券，以借中国人的钱实现美国人的“房产梦”②。面对中国巨额外汇储备用于购买美国国债的情况，美国经济学家大声疾呼：中国这个世界上最大的发展中国家每年把大量的金钱借给了美国这个世界上最富有的国家使用③！美国财政部长保尔森 2007 年 8 月造访北京时，甚至将美中贸易失衡的原因与中国人的消费率低相联系。他明确表示，如果中国消费者继续将大约一半的收入用于储蓄，而美国储蓄率几乎为零，那么贸易失衡就会持续下去④。在“十一五”开头的 2006 年和 2007 年，伴随中国人高储蓄、高投资和消费不足而出现的所谓“流动性过剩”⑤，以及与此相联的股市和楼市的资产“泡沫”，更成为严重困扰经济学家和管理层的难题。胡锦涛同志在党的十七大报告中讲到经济发展模式转变时提出，要把经济增长由主要依靠投资、出口拉动转向依靠消费、投资、出口协调拉动，更是将投资和消费的关系提到了重要位置，这是中国共产

---

① 《吴仪访问美国》，《经济日报》，2007 年 1 月 22 日，第 1 版。

② 王冲：《美国住房部长欲借中国的钱圆美国人“房产梦”》，2007 年 7 月 17 日，《中国青年报》，第 4 版。美国拥有自己房产的人达到了 70%。

③ 截至 2008 年 6 月末，国家外汇储备余额达到 18088 亿美元。如按美元资产占比 60% 计算，外汇储备资产中美元资产达 10853 亿美元。国家外汇管理局网站，http://www.safe.gov.cn/model_safe/index.html。

④ 保尔森：《中国必须改革金融服务体系》，国际金融报，2007 年 8 月 3 日第 1 版。

⑤ 在宏观经济层面，流动性可以理解为货币信贷总量。“流动性过剩”主要是指银行体系的流动性过剩。其直接原因是基础货币发行量过大。

党中央文件中第一次明确地提出这一重要命题，意味着投资、消费对中国经济健康、自主、持续发展的极端重要性。增加国内消费占 GDP 比重，从而把居民储蓄更多地转化为消费，而不是更多地转化为投资，将是今后建设中国特色社会主义、加快推进改善民生的一项十分重要的和全新的工作。

二、简要的回顾

一个国家一定时期社会再生产的最终成果或最终产品由三部分组成：投资、消费和净出口。在社会最终产品总量一定的条件下，投资占的比重大了，消费占的比重就小，反之亦然①。最终产品的合理分配，事关社会再生产的顺利进行和社会的福利公平与经济效率，而对最终产品进行合理分配首先涉及的就是投资与消费的比例关系。因此，投资和消费的比例关系是实践中需要解决的和经济理论需要进一步研究的重大课题。

改革开放以前②，中国经济学界主要研究的是积累和消费的比例关系③。改革开放初期，经济学界关注的重点是经济中投资总量的问题④。1990 年以后，由于国民经济核算体制的改革和经济规模的日益扩大，作为相对数的投资率成为衡量投资增长和投资与消费关系的主要指标。

---

① 这里假定为封闭经济，不涉及对外贸易经济关系。

② 本书指 1978 年以前。

③ “积累”是 1980 年代以前中国使用前苏联的物质产品平衡表体系（MPS）进行国民收入核算时的概念，范围仅包括 5 大物质生产部门。1990 年，中国开始采用世界大多数国家采用的国民账户体系（SNA），积累的概念被投资所取代。积累是劳动价值论的概念，指社会产品价值组成 C + V + M 中可用于扩大再生产的部分即 M，而投资是社会最终产品价值的组成部分，它包括了固定资产折旧的价值。

④ 中国经济学界过去长期研究投资总量而较少研究投资率可能与经济规模和投资规模较小、投资项目和规模的计划管理、行政管理等有关。

国内外对中国投资率的研究归纳起来大致有三种观点：

第一种观点认为中国的投资率不高，或较高但是正常。持这种观点的早期文献有刘慧勇（1988）等，近期文献有樊纲(2006)、宋国青（2007）等。他们认为，中国的投资率不高，甚至“太低”。并对“投资率高企”这一命题本身提出质疑①。宋国青2007年在北京大学经济研究中心举行的“中国经济观察”论坛上的演讲题目是《中国投资率太低》。他认为：“你们都是一米五，我长到一米八，难道我就错了？反正，没有一位经济学家告诉我50%的投资率到底有什么不对的。”但同时认为“这个结论也吓了我一跳，不过我必须表达我的观点。”樊纲(2006）在发表对中国经济走势的看法时认为：“在发展的现阶段，较高但不是过热的储蓄和投资是好事，而且是可持续的!”并提出，“较高但不是过热的储蓄和投资”约占GDP的35%至40%②。

第二种观点与第一种观点相反，认为中国的投资率过高，消费率偏低。余永定（2007）认为，中国宏观经济面临的最大问题就是投资增长太快，超过50%的投资率，无论对于哪个经济体而言都是不可持续的。姚景源（2007）认为，由于导致固定资产投资膨胀的深层次原因并未得到解决③，投资过热非常有可能卷土重来。樊纲（2007）认为：中国经济面临四大宏观比例

---

① 宋国青认为：即便是知名经济学家，说中国投资率太低也需要有足够胆量。邢飞：《宋国青抛出另类观点：中国投资率太低而非过热》。http：//news. xinhuanet. com/fortune/2006 -07/31/content_ 4899422. htm.

② 樊纲：《储蓄和投资较高有利于经济》，《经济参考报》，2006年1月20日，第4版。

③ 这些问题包括：对政府的政绩考核制度、国内生产总值统计、形象工程、重复建设等问题没有根本解决。

失调，包括消费—储蓄结构严重失衡，储蓄率高达50%是过热了[①]。史蒂芬·罗奇（2006）的观点颇有代表性。他认为，2005年中国的储蓄额约占GDP的一半，而美国仅为13%；个人储蓄的落差更为明显，中国的个人储蓄约占家庭收入的30%，而美国则低至负值。但是，在中美两国迥异的储蓄态势之间存在着一道隐蔽的联系：由于储蓄过多、消费不足，中国继续着以出口为导向的经济增长，为了支持这种增长，人民币维持在一个相对较低的汇率水平，对美国出口便宜的消费品；同时，中国还要把其大部分的储蓄转化为以美元计价的金融资产，这些资金的供应也使得美国经济可以支撑对中国消费品的购买。在全球化大潮下，投资与消费的失衡实际上正在造成中国国民财富的流失，从全球经济平衡的角度看，中国的天量储蓄者实际上在补贴着挥霍无度的美国消费者。罗奇并认为，对两国而言，这并非是可持续的选择。中国相对疲弱的消费，意味着经济增长动力主要依靠出口和固定投资。出口方面的任何增长将成为引发贸易摩擦和保护势力扩张的源头，而投资的持续膨胀将导致产能过剩和本地通货紧缩[②]。林毅夫（2007）也认为中国的投资增长过快、消费相对不足，并解释了这种现象的根源，认为是发展中国家的投资经常在一段时间内集中于少数几个产业所致[③]。

第三种观点则认为，投资率的高低无法判别，或因研究者的角度、所处部门不同、判别标准各异而有不同的结论。贺铿

---

① 樊纲所指的四大宏观比例失调是：消费—储蓄结构严重失衡；外贸顺差过大；外汇储备过多；流动性过多。

② 罗奇：《中美储蓄落差暗含危险》，http://news.xinhuanet.com/fortune/2006-03/16/content_4308.

③ 林毅夫：《当前宏观经济条件下的改革和调控思路》，《人民日报》，2007年8月22日。http://theory.people.com.cn/GB/49154/49155/6148409.html.

(2006)等人认为，在经济发展过程中，尤其是发展中国家在工业化进程中，投资率和消费率不存在一成不变的“最佳比率”。投资规模决定于经济剩余能力，与资源条件、国际收支和财政收支余缺有关[①]。李扬(2007)认为，探讨这一问题的概念并不统一。若就投资领域自身来看，投资率和投资增长率过高，人们所列举的问题确实存在，而且比较严重。然而，问题的关键在于，论及宏观经济平衡时我们必须认识到：投资只是社会总需求的一个部分，它是否适当，首先要看总供求是否平衡这个大道理，相比而言，投资是小道理，而大道理是管小道理的。换言之，关于投资率的高低问题，如果不在宏观总平衡的框架中去分析，可能失之片面。他并力图建立一个宏观调控应当遵循的“科学、统一、稳定的分析框架”[②]。罗云毅(2004)则强调，如果将中国的投资率与储蓄率比较，得不出投资率偏高的结论[③]。

三、本书研究的目的

应该指出，上述理论观点的差异和在涉及应用性时的不同观点，有时是因立场因素造成的，也可能是分析者在解释投资、消费现象时使用了理论和实证推断的不同部分，或在实证与规范分析上有不同的侧重，或在分析方法选择上存在差别。

第一种观点是现实主义的思路。现实依据是建立在近60年来中国经济发展的历史轨迹，即高投资、高消耗的粗放型的经济

① 贺铿、李鲁阳等：《投资、消费与经济增长》，中国统计出版社2006年版，第14页。

② 李扬：《当前中国宏观经济调控的几个问题》，财政科学研究所网站。http://www.crifs.org.cn，2007－10－16。

③ 罗云毅：《投资率本质上是由消费率决定的》，《中国投资》，2004年第6期，第28页。

发展模式之上的。的确，高投资、低消费的经济增长模式曾经创造了“中国经济增长奇迹”，短期看，通过投资创造总需求拉动经济增长仍然可能是最有效的手段，但这种路径依赖正逐步被我国社会、经济、环境变化的实践证明是难以持续的。

第二种观点是理论联系实际的思路。不能为 GDP 而 GDP，也不能为投资而投资。投资建设的最终目的是提高人民的消费水平和生活质量。在反思多年来宏观经济和投资增长周期性波动的基础上，认为从经济平稳可持续发展的理论出发，国民经济中反复出现的各种现象表明，投资率过高、投资增长过快既是中国经济增长的主要特征，又是中国经济增长的主要弊病，并沿着这个思路，提出一系列宏观调控的思想与对策。

第三种观点是理想主义的思路。认为在宏观经济平衡理论和投资、消费、储蓄等经济变量的数量平衡基础上，既然要求宏观经济平衡并且某一经济变量已定，那么，基于变量的内在联系和理论框架的约束，另一经济变量就是内生的，我们因此得不出或不能直接判定投资率的高低。这种理论观点，将导致与第一、第二两种观点不同的政策主张。

上述不同观点对人们研究投资与消费的关系问题是有益的。但现实主义思路先验地假定已有的投资、消费比例关系可以持续，第二种思路放弃了这个假设，但却没有将中国经济的转轨特征应用到分析判断当中，这些显然与我国现实有偏差。第三种观点符合理论上“投资 = 储蓄”这一宏观经济平衡框架，却忘记了总量均衡固然重要，但结构因素有时却是决定性的。更重要的是，上述思路主要讨论投资率与消费率总量上的高低，即数量上的相互关系，较少考察投资率与消费率的决定因素，或者只考虑某一个或某几个因素的影响。由于忽视了对投资率与消费率决定因素的整体分析，因此，上述观点只揭示了事物的“一个片断”，而不是具有系统性和动态性的“全部图景”，并由此可能导致数量判定上的差异。

本书认为，研究中国的投资与消费的比例关系，必须将这一问题置于转轨经济这一特殊的历史、社会和经济背景中，不能只看到表面上和形式上的投资率和消费率，而有必要从投资率与消费率的主要成因上加以细分研究。将宏观经济理论模型与转轨经济的现状结合起来，才能确切地分析投资与消费的比例关系及其发展趋势。因此，本书利用定性和定量方法，详细分析了转轨经济的主要因素对投资和消费关系的影响，进而为投资、消费比例关系的宏观调控提出了有针对性的政策建议。

本书认为，转轨经济中的需求增长导致的经济增长、渐进式的制度变迁、三次产业结构的变化、城市化进程中房地产业的发展和公共基础设施建设、东中西部地区的经济差异以及投资主导的经济增长方式等因素是推动投资率上升的重要力量。这些力量都很强大，所以，中国的投资具备持续高速增长的动力。而同时，高储蓄率、低消费率使中国的投资资金供给充裕，但投资供给在满足投资需求时的效率低下，由此造成了需要更多的投资供给去满足现实的投资需求。投资率的决定是投资需求与投资供给共同作用的结果。经济增速放缓、产能过剩明显、外贸净出口下降、通货紧缩、经济萧条、利率上升以及政府紧缩性干预和金融危机，是投资阶段性或周期性下降的几个主要原因。但至今为止，这些投资下降的因素都未曾长期发生，而最可能导致投资大幅度下跌的严重经济衰退或金融危机，过去没有、现在也没有。中国现在的投资和消费之间的关系是历史的结果，它应该被逐步改变，但未必短期内就可以改变。随着“经济增长”方式向“经济发展”方式的转变，投资乘数作用的发挥和投资效率的提高，未来会有些变化，但更根本的变化可能需要较长的时间。

第二节 研究的理论与现实意义

投资和消费是国民经济中的重要变量。投资与消费的关系是经济理论研究中的难点，也是宏观调控的重点。探索投资与消费比例关系的规律，正确处理投资与消费的比例关系，促进经济又好又快的发展，对提高全社会的福利水平，建设中国特色社会主义的和谐社会有重大理论意义和现实意义。

一、理论意义

经济学研究从形式上看是沿着两条路线进行的。一条是从时间的角度，即从历史的、逻辑的视角对经济现象进行分析，以解释事物发展的过程；一条是从比例关系的角度，即从经济变量之间的数量及其相互关系的视角对经济现象进行分析，以解释事物的结构、相互影响和运行机制。经济学理论流派众多，其理论观点和政策主张各异，但无论哪种经济学理论，都认可这样一个基本观点，即社会再生产过程是一个通过经济内部的各种自发机制和经济外部的人为调节以使各种比例关系协调运行的过程。从物质形态上看，社会再生产首先要投入符合一定技术经济条件要求的各种生产要素，然后，按照特定的比例关系生产出各种物质产品，最后，形成有合理结构的最终产品总量。

社会最终产品的价值表现是国内生产总值（GDP）。按照国民核算支出法计算的 GDP 由三部分组成，即资本形成、最终消费和净出口。在 GDP 总量中，资本形成和最终消费所占比例分别称为投资率和消费率。可见，投资与消费的比例关系是社会再生产中最终产品的形成和分配中的一个基本的比例关系。任何一个经济体都存在着一个客观的投资与消费的比例关系。本书梳理了国内外对这一问题的理论研究，根据经济理论并紧密结合转轨经济的特点，构建了一个投资供求均衡的投资率分析框架，它既不同于传统社会主义经济体制下的投资决定，也区别于西方经济学所描述的市场经济条件下的投资决定。这一分析框架有助于解释中国的投资与消费问题。

本书试图解释转轨经济中的中国投资率决定的主要因素，并从理论和实践结合的层面对投资与消费及其关系的影响因素和测度方法进行考察。建立了适度投资率决定的理论模型，并以此为依据，对转轨时期的投资率作出了评判，预测了未来一个时期内适度投资率、消费率的理论界限。

投资率和与其紧密相关的消费率，是国民经济中的重要变量，其高低、变化和发展趋势，与经济增长有着密不可分的关系。中外现有文献从不同角度对投资率问题进行了研究。国外经济学家所进行的跨国实证研究通常涉及到数十个发展中国家，但欠缺对我国投资率的系统研究。国内专门从转轨经济视角进行的研究也较为少见。本书通过采用定性方法、经验判断方法、统计与计量分析方法和规范分析得出的一些结论，有助于深化这一问题的理论认识。

二、现实意义

本书通过比较研究有助于了解投资、消费比例的一般规律。投资、消费比例的国际比较说明了中国的投资、消费比例关系的相对失衡。无论是从全社会还是从企业、家庭的角度看，投资、储蓄过多或过少，都不一定是好事。在现实生活中，政府常常要采取控制投资总量的政策。相反，有的时候政府则需要运用刺激投资、刺激消费的政策。投资和消费的比例关系问题不仅是一个经济问题，更是一个社会问题，它事关民生。

本书研究转轨经济变量对投资率的影响，有助于对投资、消费实际变动规律的认识。投资需求决定的基本因素包括：经济增长、国有和非国有经济投资、产业结构变动和重化工业倾向、城市化进程中的城市基础设施建设投资和房地产投资、地区差异和高投入的经济增长方式。投资供给决定的主要因素包括：储蓄、储蓄向投资的转化和转化过程中的效率。投资供求决定因素中同时包括银行信贷、金融政策、政府行为等短期影响的因素。深入分析投资率的决定因素、作用机制与变动趋势，对经济政策的制定有现实帮助。

本书研究得出一些有意义的结论，并据此提出一系列政策建议，包括：应根据转轨经济增长对投资的需求，保持适度的投资规模；在投资规模一定时选择投资方向和优化投资结构；深化改革现行投资体制，规范政府投资，扩大企业投资，奠定提高投资效益的制度基础；刺激居民消费，发挥投资乘数和投资加速数的作用等，这对协调现实中的投资、消费关系有积极意义。

第三节　本书的基本结构和研究方法

一、本书结构

本书由五部分构成，具体安排如下：

第一部分提出要研究的问题并进行相关文献综述，由一、二两章构成。第一章导论主要是提出问题、研究的理论意义与现实意义、本书的研究思路和基本结构、研究的方法、论文的创新点和有待深化的问题。第二章对已有的关于投资与消费及其关系研究的理论成果进行全面综述，并指出本书的研究视角，以形成本书研究的理论铺垫。第二章从三个方面对投资与消费文献作了归纳和总结。一是投资需求理论；二是基于消费与储蓄的投资供给理论；三是投资与消费关系理论。

第二部分对投资与消费比例关系进行历史考察和实证研究，即第三章。本章描述了中国投资率与消费率的总体运行轨迹；与世界各国和地区比较，中国的投资与消费比例关系具有明显特征。本部分构成本书的现实起点和理论思考。

第三部分从理论和实践结合的层面对投资与消费及其关系的影响因素进行分析和测度，它是本书的主体部分，由四、五、六共三章构成。第四章定性和定量分析转轨经济中的经济增长、制度变迁、产业结构调整、城市化进程、地区经济差异和增长方式转变这六大因素对投资、消费比例关系的影响。这一章是对投资需求因素的分析。第五、六两章则分别分析投资乘数和投资效率对投资率（消费率）的影响，包括投资乘数与收入差距、投资乘数与消费增长、储蓄—投资转化效率、投资增量效率和投资存量效率对投资率的影响。这两章是对投资供给因素的分析。投资需求与投资供给的均衡决定着投资率状况。

第四部分即第七章，提出了纳入上述因素变量的描述投资消费数量关系的理论模型，对中国的投资与消费数量关系作了解释，考察了适度投资率与消费率的问题，并对中国未来投资与消费的比例关系进行了预测。

第五部分即第八章，是对全书的总结并提出了投资与消费比例关系协调发展的若干政策建议和未来进一步研究的思路。

图 1-1 是本书的研究路线和逻辑框架简图。

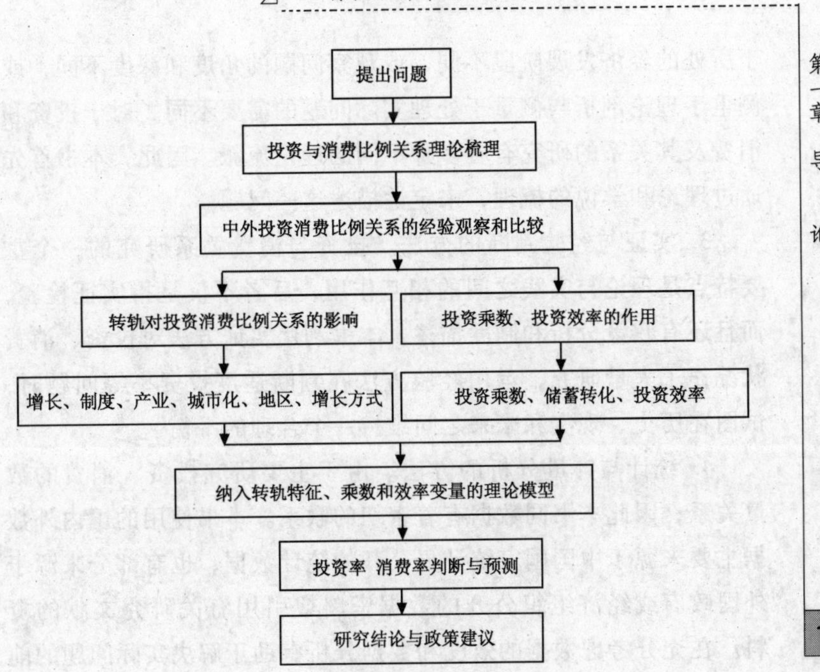

图 1－1 论文研究路线和逻辑框架

二、研究方法

1. 总量均衡与局部均衡相结合的方法。与研究范围和方法论相一致，本书研究的“投资”、“储蓄”与“消费”属于宏观经济学的范畴，它可以看作是一项使用总量均衡分析方法集中于经济整体的问题。本书研究投资率决定时，是以各种转轨变量已经存在为前提，且其特征已经给定，这可以看作是使用非总量的局部均衡分析单个转轨变量及其内部构成的问题。

2. 理论描述的方法。投资、消费及其关系的研究文献极多。因为投资、消费的影响因素很复杂，有些因素很难量化，要揭示这些经济范畴的本质规定性，只有通过抽象思维才能把握。又由于所处的经济发展阶段不同，或观察问题的角度和深度不同，或侧重于理论剖析与侧重于处理实际问题的需要不同，对于投资和消费及其关系的研究有着多种不同的理论流派。因此，本书首先通过理论和学说的梳理，来定性描述这一问题。

3. 实证与经验判断的方法。投资与消费关系研究的一个重要特点是理论与实践之间的相互作用，后者不仅是指实证检验，而且还有政策分析和制度描述。本书利用实证方法对投资、消费状况作了大量研究，运用经验方法在判断适度投资率等问题时，试图在历史、现实和未来之间维持一个合理的平衡①。

4. 统计与计量分析的方法。由于主要研究投资、消费的数量关系，因此本书同数据有着密切的联系。本书使用的国内外数据主要来源于中国国家统计局公开的统计数据，也有部分来源于外国政府或经济组织公开的数据资料或引用有关研究文献的资料。在充分考虑数据的效度和数据分析有助于解决实际问题的前提下，本书采用多种方法对数据进行处理分析，利用数据来判断问题②。

5. 规范分析的方法。投资活动、消费行为与微观经济主体的经济决策联系紧密，从宏观角度研究它们的数量关系，尤其需要正确运用政治经济学，运用规范分析，而不能单纯地运用数量模型来分析问题。比如，如何看待投资较快增长的问题？如何看待扩大消费在经济增长中的作用？促进消费与资源节约型社会是什么关系？诸如此类的问题显然都需要用规范分析的方法加以研究，并提出相应的改进措施和建议。

---

① 彼得·纽曼等：《新帕尔格雷夫货币金融大词典》（第一卷），经济科学出版社 2000 年版，第 III 页。

② 可得到的数据是大量的。但是，数据有时也仍然“太少”和调整“太多”，有时很难完成对各种选择性理论进行的决定性检验。

第四节 本书的创新点和有待深化的问题

一、本书的创新点

第一，转轨经济的研究视角。国外现有文献从不同角度对投资率问题进行了研究，其中，有大量文献研究了西方国家、传统社会主义国家和发展中国家的投资率决定问题，但深入研究中国转轨经济下的投资、消费问题的文献较为少见。本书在对国内外有关投资、消费及其相互关系的研究文献进行了较为系统的归纳、整理和综述的基础上，以转轨经济中的投资率为主要研究对象，通过对各种转轨变量、投资乘数、储蓄转化和投资效率对投资率决定的理论描述与实证研究，探讨它们之间的相互关系，提出了适度投资率的判定标准，并对未来合理投资率的范围作了预测，由于投资与消费关系紧密，本书在分析投资率问题的同时，还较多地涉及了消费和储蓄问题。本书具有独特的研究视角。

第二，考虑供求关系的投资率分析框架。国内研究转轨经济条件下的投资、消费及其关系的文献很多。但其观点基本上可以分为两类，一类是从投资需求的侧面论证投资的决定，另一类则是从投资供给的侧面展开分析，将投资率决定纳入供求双方进行研究的文献很少。本书既考虑投资率决定的需求因素，又考虑投资率决定的供给因素，并认为，投资需求与投资供给的均衡决定着转轨经济中的投资率状况。这样，就避免了在供给侧或需求侧的单一侧面进行研究时的局限性。

第三，在一定程度上完善了人们对转轨经济中投资与消费关系的认识。投资和消费的比例关系是社会再生产中一个基本的比例关系，是经济理论研究中的重大课题。“高投资率，低消费率”问题至今困扰着中国。本书的理论研究紧密结合我国转轨经济的实际，分析中国的投资率究竟受哪些因素的影响，有何运动规律？怎样才能保持适度的投资规模？对此类问题的的研究结论在一定程度上深化了人们对投资与消费关系的认识。如，投资率与消费增长关系的研究，避免了将投资与消费关系对立起来的传统观点，有助于改变人们对该问题的认识，扩展国内消费增长的渠道和政策主张。

二、有待深化的问题

由于所涉及问题的复杂性，尽管在研究投资与消费比例关系的过程中有一些理论模型具有深远的影响，利用这些模型可以测算投资率的具体数值或区间，但是，在这一问题的研究中，理论描述和逻辑思辨较为容易，而从数量上直接测定适度的投资、消费比例而且被证明是较为符合实际的一种比例则较为困难。本书关于投资率的测算也仅具参考意义。

本书的初衷是构建一个投资率决定的供求均衡分析框架，但纳入全部供求因素后，投资率就与上述的各种因素有关，而各种因素内部又互相关联。比如，转轨变量与投资需求是互相影响的，即转轨变量要求投资需求的相应增长，而增长了的投资需求又引起转轨变量的变化，要求有变化了的投资需求增长，因此，它们之间的关系是相当复杂的。再比如，投资供给因素如何与投资需求因素共同作用于投资率决定？这一理论框架中的各种变量之间究竟有什么关系？如何计量分析这些复杂的关系？如何建立有效的计量模型来测算转轨经济中的投资率，仍有待进一步研究。

本书专门研究投资与消费比例关系，虽然这一命题涉及面很广，但限于篇幅，本书的研究不可能面面俱到。在理论方面，仅就投资供求理论展开综述，对消费基本理论和与投资关系密切相关的理论作了概括；在实证方面，有关消费、储蓄等方面虽有一些研究，但仍显不足。

迄今为止有关投资、消费的经济研究文献，仍依赖于经济学研究的内部标准，其实质性内容只是经济学这一分学科内部的研究。在研究过程中，本人越来越感觉到，投资特别是个人消费与许多复杂的社会问题一样，非常需要从经济、社会、资源、环境甚至地理、文化等方面进行跨学科的研究[①]，只有这样才能对该问题有更清晰的理论认识。而这类问题的解决似乎也需要跨学科的解决方案。但是，跨学科研究这一问题，本人感到困难重重，力所不及。这将是未来研究中国投资、消费问题的一个十分有意义的课题。当然，这已经超出了本书的范围。

① 感谢周骏教授对储蓄率高、消费率低的社会制度、自然资源、文化成因的精辟分析，使作者深受启发。

第二章

投资理论综述

本章梳理了已有的关于投资研究的理论成果，进行了简要的评论与总结，说明了本书的研究视角，以为进一步研究进行理论铺垫。由于国内外有关投资的研究文献浩如烟海，本章将从投资供求视角的三个方面对相关理论进行归纳和综述：一是投资需求理论；二是投资供给理论，即将消费和储蓄作为投资供给的关键因素研究；三是投资与消费关系理论。

第一节 概念界定

为便于使用投资概念及相关的统计数据分析和说明问题，首先对投资和消费做简要定义。

一、投资

投资是指垫支资金或实物用于增加未来收入的资金支付活动。垫支资源、形成资本资产、取得未来回报，而回报具有不确定性是投资的基本属性。凡是具有这类性质的活动都可称为投资。比如，实物投资、金融投资、人力资本投资等等。

经济学里的投资是指资本的形成，属于实体经济的范畴。最经典的表述是萨缪尔森在其《经济学》中的观点：对于经济学者而言，投资的意义总是实际的资本形成——增加存货的生产，或新工厂、房屋和工具的生产……只有当物质资本形成生产时，才有投资[①]。夏皮洛在其《宏观经济分析》中认为，投资在国民收入分析中只有一个意义——该经济在任何时期以新的建筑物、新的生产耐用设备和存货变动等形式表现的那一部分产量的价值。在经济学中，资本是作为一种与土地、劳动力相区别的生产要素而存在的，主要包括：建筑、设备以及存货[②]。

统计指标[③]中最常见的是“全社会固定资产投资”，它是指所有企业、事业、行政单位和城乡居民建造和购置固定资产的活动。这里的固定资产既包括设备，也包括各类房屋、建筑物、构筑物。在中国现行固定资产投资统计中，房地产开发投资是一个重要的组成部分。

---

① 萨缪尔森：《经济学》（上册），首都经济贸易大学出版社、商务印书馆1996年版，第500、519页。

② 凯恩斯：《就业、利息和货币通化》，商务印书馆1963年版，第325—326页。

③ 统计指标的确定要依据一定的经济理论，遵守国际通行的规则，采用科学的统计和调查方法，以保持统计指标的科学性和国际可比性。中国现行的经济统计指标体系是以联合国制定的国民经济核算体系为框架、采取国际通行的基本概念和分类标准而制定的。

根据联合国1993年颁布的《国民经济核算体系》，国民经济核算意义的投资是指资本形成，包括固定资本形成和存货增加。固定资本形成包括有形固定资产和无形固定资产。有形固定资产包括住宅、机器和设备、橡胶或牛奶等产品的培育资产；无形固定资产包括矿藏勘探、计算机软件等①。

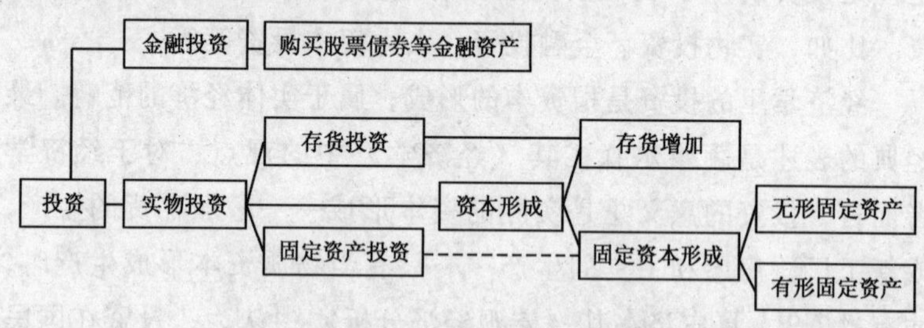

图2－1 广义投资概念

有必要指出投资概念在中国的演变过程。新中国成立到1978年以前的时期，我国只有基本建设概念。改革开放以后，逐步出现了包括基本建设和更新改造在内的固定资产投资范畴。随着社会主义市场经济体制的建立和发展，投资的内涵和外延不断变化，广义投资的概念深入人心。与此相适应，投资统计和核算也进行了一系列的改革和完善。国民经济核算制度建立以来，对投资统计的概念、分类、调查方法等进行了规范，基本上满足了国民经济核算体系和经济研究的要求。

本书使用的是经济学意义和国民经济核算意义的投资概念。在不引起歧义的情况下，也使用固定资产投资这一统计指标。而

① 因统计和核算目的不同，投资统计中的固定资产投资不完全等同于国民经济核算中的固定资本形成。一是固定资本形成中包括无形固定资产，但投资统计中尚没有包括在内；二是固定资本形成中不包括单纯的土地购置费用，投资统计中则包括了以出让方式和划拨方式取得土地所支付的各种费用。因此，固定资产投资与固定资本形成是有差别的，后者要在前者的基础上做一系列的调整。

广义的、按经济活动性质定义的投资，不是本书研究的对象。

二、消费

消费是指人们通过对各种劳动产品（包括劳务和精神产品）的使用和消耗，满足其多方面的需要，以实现人本身的生产和再生产的过程和行为。广义的消费包含生产消费和生活消费。

马克思将消费看作社会再生产过程中的一个环节。他指出：在社会再生产过程的生产、交换、分配、消费四个组成环节中，生产居于支配地位，起决定性作用；但消费并不是被动的，它是社会生产的目的，与生产是对立统一的，并对生产起着强大的反作用。萨缪尔森的《经济学》给消费下的定义是："消费（更精确的说，个人消费支出）指的是居民户在最终的商品与服务上的支出"①。曼昆在《经济学原理》中认为："消费就是家庭用于物品和劳务的支出。其中，'物品'包括家庭用于汽车和家电等耐用品，以及食品和衣服等非耐用品的支出。'劳务'包括理发和医疗这类无形的东西"②。肖经建认为："消费一词用于那些强调物品和服务使用过程的活动"③。

统计指标里最常见的是"最终消费"，它是指常住单位在一定时期内对货物和服务的全部最终消费支出，也就是常住单位为满足物质、文化和精神生活的需要，从本国和国外购买的货物和服务的支出。

在中国国家统计局 2001 年公布的《国民经济核算体系》中，消费指标是指最终消费，其中包括居民消费和政府消费。居

① 萨缪尔森：《宏观经济学》，人民邮电出版社 2004 年版，第 86 页。

② 曼昆：《经济学原理》下册，机械工业出版社 2005 年版，第 101 页。

③ 肖经建：《现代家庭经济学》，上海人民出版社 1993 年版，第 9 页。

民消费是指常住住户对货物和服务的全部最终消费支出，包括直接以货币形式购买货物和服务的消费和虚拟消费支出；政府消费是指政府部门为全社会提供公共服务的消费支出和免费或以较低价格向住户提供的货物和服务的净支出。

本书使用的是经济学意义和国民经济核算意义的消费概念，在不引起歧义的情况下，也使用居民消费这一统计指标。而包括生产消费和生活消费的广义的消费，不是本书研究的对象。

投资是经济主体为了获取预期收益而将现期的一定收入转化为资本或资产。而现期收入除了用于即期消费外，多余部分即是储蓄或投资。或者说，现期收入如果不消费，经济主体就会更多地选择储蓄或投资。

第二节　投资需求理论

投资理论的产生与发展经历了长期的演变历程和积累过程。随着对投资决定因素的理解和判断的不同，以及分析角度与分析方法的差异，投资理论形成了既有联系又有区别的各种理论流派。

从投资的决定因素来看，投资理论可以从需求和供给两个方面进行归纳总结，分为投资需求理论和投资供给理论；从投资分析的内容来看，投资理论研究有宏观和微观两个层面，可分为宏观投资理论和微观投资理论；从静态和动态的角度划分，投资理论可分为静态投资理论和从动态经济学出发的动态投资理论；从经济学的历史发展看，投资理论可以分为传统投资理论和现代投资理论；根据研究的对象，投资理论还可以分为传统社会主义国家投资理论和发展中国家投资理论等。根据历史的和逻辑的起点以及本书研究的需要，我们首先归纳整理投资需求理论文献。

投资需求理论是研究投资需求由什么因素决定以及如何决定的经济学理论。它所要回答的最基本问题，一是投资需求的微观决定，即对某项目是否投资、何时投资、投资多少以及投资项目效益的研究；二是投资需求的宏观决定，即在微观投资决定的基础上，研究个体投资行为如何达到产业均衡和总体均衡，这些均衡的动态性质，以及与经济周期相关联的总体波动问题等[①]。投资需求的决定是投资理论研究的起点和主线。

一、古典学派及其之前的投资理论

投资是流量，它的存量就是资本。投资学的起源可以追溯到古典经济学关于资本问题的研究。在经济学说发展史上，早在16世纪初之前的约200年时间里，投资的“产出大于投入”的基本思想就被一些哲学家和经院学者以“前科学的”眼光“模糊地”觉察到了。16世纪初重商主义学者关注如何使用国家资源、国际贸易等手段，以使本国在政治上和经济上尽可能强大。重农学派将理论考察由流通领域转移到生产领域，涉及到了资本在再生产中的作用。18世纪末经济自由主义开始之前，重农主义代表魁奈在其《经济表》中通过循环流程模型探讨经济政策，其“生产意味着创造剩余、生产行业在生产过程中生产了比其所消耗资源更多的产品”的观点，有了现代投资决策准则的含义。从重商主义到重农主义，投资的要素、企业家作用、产出的价值增值等都得到了分析。

古典学派在规范意义上论述了经济人作为投资主体能够使投

① 王端：《现代宏观经济学中的投资理论及其最新发展》，《经济研究》，2000年第12期，第56页。

资活动实现个人和社会效益最大化，投资地域选择和投资规模决定等基本问题，并且发现了投资共同的准则——利润最大化理论。亚当·斯密最先对资本积累作出系统研究[①]。他区分了固定资本和流动资本两个范畴，指出了增加资本积累对经济发展的作用，研究了增加资本的途径、使用方向及其对经济的影响，提出了以绝对成本学说为基础的投资地域和国际分工理论，研究了市场机制对投资的调节作用，并提出了适合市场经济发展初期需要的投资政策主张[②]。在斯密之后，李嘉图研究了资本积累的动力以及国民收入分配对投资的影响。他认为，利润是资本积累的动机和来源，提出了基于相对成本的投资地域和国际分工理论[③]。古典经济学认为资本积累包含储蓄和投资，而每一个储蓄决定和相应的投资决定相重合，以致储蓄可以没有任何障碍地转变为资本[④]。

二、边际投资理论

马歇尔为代表的新古典主义厂商理论将利润最大化作为厂商的目标，以边际收益等于边际成本作为厂商行为的基本准则，用长期与短期均衡方法分析是否投资与何时投资的问题[⑤]。他将市场均衡区分为瞬时均衡、短期均衡和长期均衡，其中长期均衡就涉及资本的变动。企业的资本存量来源于投资流量，一定时点上

---

① 亚当·斯密《国富论》的出版，标志着系统的、独立的经济学学科的产生和古典经济学的开始，也是投资理论重大的里程碑。

② 亚当·斯密：《国民财富的性质和原因的研究》（上卷），商务印书馆 1972 年版，第 260 页和第 349 页。

③ 李嘉图：《政治经济学及赋税原理》，商务印书馆 1962 年版，第 34 页。

④ 约瑟夫·熊彼特：《经济分析史》（第一卷），商务印书馆 1991 年版，第 488 页。

⑤ 马歇尔：《经济学原理》（下），商务印书馆 1997 年版，第 37 页。

的投资则是资本的增量。对新古典厂商模型做一个动态化处理，以揭示厂商在每一个时点上的行为特征，便可以得到厂商投资理论。以费雪为代表的新古典主义资本理论在研究利率的决定时，明确提出了跨时选择问题。他们认为，资本的需求决定于边际生产率，储蓄决定着资本的供给，二者的均衡决定利息率。而居民个人的跨期选择则决定于个人的时间偏好和利率。资本的价值可以定义为未来收入流量的现在贴现价值。费雪在奈特的启发下，将不确定性引入跨时分析，强调风险会增加人们的时间偏好等。他的结论和方法不仅影响了以后的产业投资理论，同时还影响了证券投资理论的发展。他提出的净现值标准（NPV）和“分离定理”，至今仍是产业投资项目决策的重要标准和证券投资理论的基石。

边际学派深化了古典学派的投资思想。他们不仅完善了古典学派的投资行为模式，而且完成了一次投资分析方法的革命，投资分析重点开始转向边际成本、边际收益和机会成本。借助这些重要的发现，他们确定了厂商投资选择的一般形式，提供了一套可操作的分析工具。帕累托最优成为评估投资效率的基本尺度。新古典学派已经开始把分析重点转向了可投入要素如何最优配置以达到利润最大化的问题。其主要贡献表现在：第一次把人类欲望与自然资源的矛盾明确地置于经济理论研究的中心位置，并通过对这一矛盾的考察与分析阐明了稀缺规律、选择原理、可替代性等，形成了一套关于静态条件下稀缺资源实现最优配置的系统理论体系。

三、凯恩斯的投资需求理论

20 世纪 30 年代，凯恩斯在《就业、利息与货币通论》一书中提出：决定投资的主要因素是有效需求和有关的金融条件，提出了著名的凯恩斯投资需求模型（Keynesian Approach）。根据这一模型，投资需求取决于投资者对利息率和资本边际效率的比较[①]。而资本边际效率是使未来收益折算成现值恰好等于新增资本设备重置价格的贴现率。设 Q_1、Q_2、Q_3，……，Q_n 是投资者预期所得到的一系列连续收入，r 是资本边际效率，PV 是投资价格（重置价格），则：

$$PV = \sum_{i=1}^{n} \frac{Q_i}{(1+r)^i}$$

如果资本边际效率大于利息率，投资者有利可图，他便进行投资。反之，当资本边际效率低于利率时，就会造成投资需求不足。在投资需求决定中，凯恩斯强调时间和心理因素的作用。一项资本设备可以使用若干年，取得一系列的收益，而收益是在将来，投资决策是在现在，投资者只能对未来收益作心理上的估计，而且要将预期收益折算为现值。投资决策是一种高度的心理现象，会受许多非理性因素的影响。

凯恩斯将投资置于宏观经济理论分析的核心地位，以“储蓄 = 投资”作为整个宏观经济分析的基本框架。以投资不足作为解释西方国家经济危机和就业不足的原因。他用“投资乘数原理”阐述了资源闲置条件下投资对收入增加的倍数作用，认为投资的增加可以引致收入和就业的成倍增加。他提出了由社会总揽投资的政策主张[②]，以实现充分就业的目标，而主要手段则是刺激消费和投资。在改变消费倾向不能奏效时，就要依靠增加投资；如果私人投资不足，就依靠政府直接投资，并通过政府投资的乘数作用，带动整个经济的增长和就业的增加。凯恩斯投资

① 凯恩斯：《就业、利息与货币通论》，商务印书馆 1993 年版，第 129 页。

② 同注①，第 325—326 页。

理论为投资行为研究做了开拓性贡献，但其利率决定投资水平的观点并没有实证。由于现实中投资对利率的低弹性，使得越来越多的经济学家认识到，投资的变化似乎更多地缘于利率以外的因素。

四、后凯恩斯投资理论

在宏观领域，后凯恩斯主义者不仅提出了 IS—LM 和 AS—AD 模型，形成了以乘数—加速数模型为基础的一系列经济周期理论，同时还建立了以投资为关键性变量的经济增长理论模型。

加速原理最先由阿夫塔里昂提出，后经克拉克、钱纳里、库约克等人的发展而逐渐形成。加速原理认为，收入的增加引起消费的增加，消费的增加引起消费品生产的增加，消费品生产的增加又引起资本品生产的增加，因此，收入的增加必定引起投资的增加。投资是收入增量的倍数，这就是加速数。库约克（1954）提出了伸缩型加速投资理论①。库约克认为，当期的资本存量不仅取决于本期的产出水平，还取决于以往各期的产出水平。库约克假设，以往各期的产出水平对当期资本存量的影响呈现几何级数递减。该模型表明：投资取决于最优资本存量和实际资本存量调整到最优存量的快慢，而调整速度的快慢则取决于需求因素（决策时滞）和供给因素（供给时滞）的影响。更为复杂的资本存量调整模型，不仅考虑了调整时滞的影响，而且还考虑了调整成本包括：利息率、规模经济、价格预期的影响。

利润理论则认为：企业的投资行为是由以往的利润水平决定的，如果以往的利润水平持续较高，企业就会扩大投资规模。因

---

① 戴维·罗默：《高级宏观经济学》，上海财经大学出版社 2003 年版，第 319 页。

此，企业的最优资本水平应该是以往累计利润的函数。加速理论与利润理论有着相似之处，但也存在一些区别：加速理论偏重于本期预期产出的大小，而利润理论则更看重以往各期实现了的利润水平的高低。

后凯恩斯投资理论的主要贡献在于提出了产出（或利润）是决定投资水平的关键因素，并对投资时滞进行了比较深入的研究，得出公式化的宏观投资函数。其不足在于过于注重产出（或利润）的作用，而忽视其他经济因素对投资的影响。另外，企业追求成本最小化的假设是加速理论和利润理论成立的前提之一，这一假设后来也受到了许多经济学家的质疑。

五、新古典投资理论

20 世纪 60 年代，以乔根森（1963）为代表的经济学家力图克服以往投资理论单纯从宏观上分析问题的缺陷，认为对投资行为的研究应从微观经济主体（企业）出发，通过生产函数的现值最大化来确定投资水平。乔根森运用新古典的边际分析方法，结合柯布－道格拉斯生产函数，根据生产者的利润最大化原则，充分考虑了经济中影响投资水平的各种因素，得出了新古典投资理论的最优资本函数。按照乔根森的上述假定，企业预期收益的现值可以下式表示：

$$P_V = \int_0^{\infty} e^{-rt}[P_tY_t - W_tL_t - q_tGI_t]dt$$

式中，Y 表示产量，P 为产品价格；L 为劳动力，W 为工资；GI_t 是总投资，q 为资本品价格；r 是利息率；e 是用来连续贴现的指数。

为了简化，乔根森假定产量 Y 决定于 Cobb－Douglas 生产函数，即 $Y_t = AK_t^{\alpha}L_t^{\beta}$，并假定重置投资与资本存量保持固定的比例，即由 δK 给出。公司现值最大化的条件为：$Q_t = F[K_t, L_t]$，$\Delta K = I - \delta K$（δ 是折旧率），从而解出最佳资本投入量 K、最佳劳动投入量 L 分别为：

$$K = \alpha \times \frac{PQ}{C} \qquad L = \beta \times \frac{PQ}{\omega}$$

式中，α 表示生产量的资本弹性，β 表示生产量的劳动弹性。

新古典投资理论冲出凯恩斯主义者对投资理论的研究框架，具有边际分析方法、市场完全竞争、生产要素相互替代等很多新古典特征，比较标准地给出了新古典主义的厂商投资理论。其最优资本函数的构造是一个相对全面、相对完善的动态资本函数。但他对投资时滞的研究则比较粗糙，难以与后、新凯恩斯学派的投资时滞分析相比。

托宾（1969）首次将资本市场与产业投资结合起来，创造了托宾 q 理论①。该理论把投资看作是资本的市场价值与它的重置价值的比率 q 的正函数。资本的市场价格原则上可以从对股票的交易价格及企业的债券债务的观察中得到。按照托宾的理论，在对税收做出应有的调整以后，q 值的计算式可表示为：

$$q(t) = \int_{\tau=t}^{T} e^{-r(\tau-t)} \pi(K(\tau)) d\tau + e^{-r(\tau-t)} q(T)$$

当 q 小于 1 时，企业的资本需求可通过获得现有公司和它们的设备，而不是通过新投资得到较好的满足；当 q 等于或大于 1 时，企业就会产生追加新投资的需求，q 值越大，投资应当越大。该理论突出了资本的市场价格对产业投资的影响。但令人遗憾的是，托宾 q 对企业投资行为的解释力往往令人失望。

---

① Tobin, J. 1969, A General Equilibrium Approach to Monetary Theory, '*Journal of Money*, Credit and Banking'. pp. 15 – 29.

六、不确定条件下的投资需求决定

传统投资理论强调新资本品的资本成本和重置成本，而非其市场价值。他们只是考虑不同投资项目的净收益的各种可能性，没有考虑大多数投资决策面临着对未来收益和成本的内在不确定性。没有考虑投资者能够控制投资的时间安排以减少投资不确定性和大多数投资决策的不可逆性。卢卡斯与普雷斯科特于1971年发表论文《不确定条件下的投资》[①]，把不确定性引入了新古典投资理论，对不确定条件下的投资需求决定及其对宏观经济的影响进行系统研究。他们将投资需求的解释变量分为三类：一类是预期未来需求的变量，包括销售、利润、股价指数等；另一类是以往决策对现在产生影响的变量，包含滞后的资本存量与投资率等；第三类是当前市场机会的变量，包含利率、要素价格以及利润等。经典的调整成本理论只涉及了后两类因素。为了分析第一类因素对投资需求的影响，卢卡斯与普雷斯科特描述了一个行业局部均衡的情况，在这个部门存在着固定数目、彼此等同的一组企业，每个企业资本的调整都是有成本的，它们面临共同的随机的产品需求线，未来的产品价格是随机变动的，但企业预期的价格与实际的价格具有相同的分布，即企业预期是理性的。虽然企业不能控制产品价格的变动，但是，企业能够对价格的变动作出理性的反映，并且会对资本存量作出最优化的调整。一旦确立代表性企业的最优资本存量规模，然后将这个最优资本存量规模乘以行业企业数目，就可以得到整个行业的最优资本存量规模。卢卡斯与普雷斯科特的模型表明，尽管价格和产业资本调整是随

---

① Lucas, R. E. and Edward C. prescott. 1971, Investment under uncertainty. Econometrica 39. May.

机波动的，但是从预期现值最大化这个意义上看，它们模型的均衡是最优的，事情不可能通过旨在使波动变得平缓的政府干预来获得改善。卢卡斯与普雷斯科特的这篇论文在20世纪70年代中期后兴起的“新古典主义宏观经济学”中具有基础性的地位。此后，投资不确定性及其对宏观经济的影响，受到越来越多的经济学家的高度重视。

20世纪80年代中后期，不可逆性投资理论①强调了固定资产投资决策中存在的不确定性和不可逆性对投资决策的影响，并从动态的视角发现了“等待”对投资者的巨大价值。即如果投资存在不可逆性，选择“等待”可能是企业的最优选择，投资选择实际上已经变成了一种买入期权。投资决策的实物期权研究表明，不确定性的上升会增加等待的价值，从而降低企业投资的可能性。在一些附加条件下，引入投资不可逆性可以使得投资与不确定性者之间出现负相关性。直到目前为止，这个结论得到了许多实证研究的支持。

七、现代金融投资与产业投资融合下的投资选择

伴随金融学与经济学的分野，现代金融投资理论出现并形成于20世纪50年代②，马科维兹（Harry Markowitz，1959）的最优投资组合理论的发表被认为是现代证券投资理论形成的标志。威廉·夏普（W. Sharpe，1964）、林特（J. Lintner，1965）和摩

---

① McDonald, Robert and Daniel Siegel, 1985, Investment and the Valuation of Firms When There is an Option to Shut Down, *International Economic Review*, June, 26 (2), pp. 331 – 349.

② 伴随金融学与经济学的分野，现代金融投资理论出现并形成于20世纪50年代，发展于60年代，到70年代，则是其理论和经验研究的繁荣阶段。20世纪80年代以来，金融投资理论受到了普遍的重视并得到了巩固和完善。

森（J. Mossin，1966）分别独立地提出了资本资产定价理论。20世纪60年代中后期以来，证券投资理论和产业投资理论都取得了长足的发展。就证券投资而言，默顿（Robert Merton，1969）发表了题为《不确定条件下终身资产组合选择》的论文，并于1971年发表题为《连续时间模型中的最优消费与资产组合规则》的论文，对资本资产定价理论作出了新的发展；伯莱克（F. Black）和肖尔斯（M. Scholes）于1973年创立了期权定价理论；1976年罗斯（Ross）提出了套利定价理论。在这一时期，有关资本资产定价理论和证券市场是否有效的实证研究也十分活跃。20世纪80年代以后，非线性分析方法被引入对一些证券投资问题的分析，同时一些学者还用心理学的观点来解释证券投资中无法以资本资产定价理论解释的异常现象，如噪音交易、羊群效应、锚定现象等。他们运用新古典经济学的方法，研究金融资产市场价格的决定机制，不仅为投资学后来的发展奠定坚实的经济理论基石，同时也为整个现代金融学的发展奠定了坚实的基础。

就产业投资而言，1968年，阿罗（Arrow）引入了投资不可逆假设；同时，Eisner与Strotz（1963）、Lucas（1967）、Gould（1968）以及Treadway（1969）则提出了资本调整成本核算的假设；托宾于1969年将厂商投资看作资本的市场价值与重置价值的比率Q的函数，率先将产业投资与资本市场联系起来。20世纪70年代后，不确定性和不可逆性成为产业投资研究的重点，多种不确定条件下的投资决策模型被发展出来，期权定价理论也被引入对不确定条件下的产业投资决策分析。金融投资与产业投资的理论与实践的融合，扩大了投资者的资产选择范围，产业项目和金融资产都成为投资者资产组合的一部分，约束条件则是投资者的行为偏好和对资产的收益、流动和风险的权衡。

八、预算软约束理论

预算软约束理论是分析传统社会主义国家投资需求决定的一种经典理论。其后，被西方经济学者用于分析企业与银行之间的信贷契约所具有的特殊关系。我们知道，资本、资源的有限性即预算硬约束是经济学的基本假设前提。所谓“预算软约束”主要是指由于某种制度安排，导致资本、资源约束对经济主体无效。

科尔内（Janos Kornai）以传统社会主义经济运行机制作为研究对象，在批判瓦尔拉斯一般均衡理论基础上，采用非均衡方法分析社会主义经济运行机制，描述、揭示并解释了社会主义经济关系中的各种对抗、摩擦和根源①。其著作《短缺经济学》（Economics of shortage Economics of shortage）对传统社会主义体制下投资需求的形成作了详细、深刻的描述和分析。他以社会主义经济中普遍和长期存在的“短缺现象”为主线，以企业行为“软约束”为分析重点，用“投资饥渴症”来说明资源配置失误的原因，用“父爱主义”来概述政府与企业之间的关系。科尔内认为，传统社会主义体制下，所有企业或非盈利机构都想得到投资，有着一种强烈的扩张冲动，但预算约束是软的，投资由国家财政无偿拨款供应，毋需还本付息，对于需求者是一种赠品。企业发生的投资损失总可以通过国家补贴、价格调整或其他方法得到补偿，没有破产的可能，因而存在着难以满足的投资饥渴症。在科尔内看来，产生扩张冲动有各种动因：一是这类组织的

① 1986 年前后，中国经济学界掀起了一股科尔内热。当时的经济学研究者，几乎将科尔内的《短缺经济学》作为描述社会主义经济体制的经典著作，就像马克思的《资本论》是描述资本主义经济体制的经典著作一样。见钟朋荣：《与张寄涛老师一起研究科尔内》，《中南财经政法大学学报》，2002 年第 6 期。

自我意识。每个组织的负责人都认为本单位是重要的，应当得到发展；二是较大的组织可以带来较大的声誉和权力，带来更多的奖金和薪金。所有企业都有着强烈的投资扩张冲动，只是动因不同而已。

20 世纪 70 年代庞泽（Ponzi）利用博弈模型从理论上分析了企业预算软约束问题。德瓦瑞庞特（Dewartripont）和米什金（E. Mashkin）利用博弈论和信息不对称的分析方法，系统分析和论述了预算软约束同经济体制之间的内在关系，他们通过建立的快—慢项目模型（Slow - and - Qick - Project Model）分析了由于在银行和企业之间存在的对项目质量的信息不对称而导致的银企之间的一种博弈关系及预算软约束的博弈结果。

九、发展中国家的投资理论

（一）早期发展经济学的观点

谭崇台（1999）的研究表明，早期以发展中国家为研究对象的发展经济学一致认为，资本短缺是发展中国家落后、贫困和经济恶性循环的根本原因，大规模投资是改变经济落后状况的惟一途径。20 世纪 60 年代中期以后，许多发展中国家经济增长速度减慢，并出现了一些社会问题。发展经济学家开始认识到，物质资本是经济发展的基本制约因素，但不是惟一因素；增加物质资本投资的数量固然重要，但还必须提高投资效率。围绕增加投资数量和提高投资效率，发展经济学研究了投资的部门分配、地区分配、外资利用、宏观管理等一系列问题。

（二）发展中国家跨国公司的对外投资理论

巴克利和卡森于 1976 年首次提出内部化理论。该理论认为：中间产品市场上的不完全竞争是导致企业内部化的根本原因。由于中间产品市场的不完全性，企业在进行知识产品的外部交易时，存在着泄密的危险和定价的困难，所以企业不得不用内部交易机制来取代外部市场，将知识产品的配置和使用置于统一的所有权之下，并在对外直接投资中加以利用，从而降低交易费用，使企业的技术投资获得充分的补偿①。威尔斯（L. T. Wells）的小规模技术理论认为，发展中国家跨国公司的竞争优势来自低生产成本，而这种低生产成本是与其母国的市场特征紧密相关的。发展中国家跨国公司的比较优势主要体现在拥有为小规模市场需要服务的小规模技术；就地取材和同种族优势；接近市场优势和低价产品营销战略。小规模技术理论对于分析经济落后国家的企业如何走向国际化，如何在国际竞争中争得一席之地是有启发的②。邓宁在20世纪80年代初提出投资发展周期理论，旨在从动态的角度解释发展中国家对外直接投资行为。邓宁实证分析了67个国家1967—1978年间直接投资流量与人均国民生产总值的联系，结果发现：一个国家对外直接投资与该国经济发展水平密切相关，一个国家对外直接投资的动力和能力的大小，直接取决于该国人均国民生产总值的高低③。拉奥的技术地方化理论则认为，发展中国家技术知识的当地化、对进口的技术和产品进行某些改造，创新活动中所产生的技术在小规模生产条件下具有更高的经济效益等，使发展中国家能够形成和发展自己独特优势，为

① P. J. Buckley: Problems and Developments in the Core Theory of Transnational Business, Journal of International Business Studies, Fourth Quarter: 65 - 657.

② 陈建南：《发展中国家对外直接投资理论评述》，《经济学动态》，2001年第2期。

③ J. H. Dunning: Reappraising the Eclectic Paradigm in an Age of Alliance Capitalism, Journal of International Business Studies, 26 (3): 92 - 461.

发展中国家对外直接投资提供了新的理论支持①。

（三）潮涌理论

林毅夫（2007）将中国出现的投资快速增长、消费相对不足、产能过剩问题的重复出现归结为“潮涌现象”②。他认为，在发展中国家，产业升级是沿着发达国家已经走过的“老路”进行的，企业对下一阶段具有比较优势的产业很容易形成共识，导致过多的企业同时投资于少数几个产业，其结果，是形成产能过剩和过度竞争，情况严重时，不少企业倒闭，银行呆坏账增加，还可能诱发金融危机和经济危机。这种现象在经济快速发展的发展中国家会一而再、再而三地重复出现，形成一波一波的投资潮涌现象。在这一过程中，银行与企业的看法很容易达成一致，银行会积极地发放贷款支持企业的投资，由此起了推波助澜的作用。为了避免投资周期性地向某些产业过度集中，林毅夫提出的治理措施是，政府应对产业升级加以具体指导③。

十、中国的投资理论

伴随着投资建设事业的迅速发展，中国的投资理论研究也在相应地演进和发展着④。

1978 年以前，在传统的计划经济体制下，国家财政统收统支，企业和居民家庭没有储蓄、投资概念，投资活动仅限于以国

---

① 聂名华：《发展中国家对外直接投资理论述评》，《经济学动态》，2000 年第 3 期。

② 林毅夫：《潮涌现象与发展中国家宏观经济理论的重新构建》，《经济研究》，2007 年第 1 期。

③ 林毅夫：《当前宏观经济条件下的改革和调控思路》，《人民日报》，2007 年 8 月 22 日。

④ 文明：《中国投资学理论的发展历程》，《投资研究》，1999 年第 2 期。

家政府为主体，无所谓投资理论研究。截至1981年，我国计划、财政、金融和统计的官方文件中只有基本建设之称，而没有投资范畴[①]。由于不承认社会主义社会存在资本，理论界用基本建设替代了投资，并把基本建设解释为固定资产的建设。当时只有国家基本建设项目的计划管理、拨款管理和统计、会计核算以及介绍前苏联、东欧社会主义国家工业基本建设理论的一些文献[②]。

20世纪80年代初期，由于理论认识上将基本建设投资看作是国民经济中必须由计划“管住管好”的方面，计划管理体制起主导作用。因此，投资研究的内容虽然有所拓展，但多数研究集中在基本建设在国民经济中的地位和作用、基本建设计划管理、建设程序、基本建设规模、基本建设结构、基本建设布局、建设项目财务与拨款、建设资金运动以及国民经济积累、消费综合管理等方面。基本建设规模等由国家计划决定和微观项目管理的计划、行政体制使相应的理论研究受到很大限制。研究的主要内容大多还是固定资产的宏观计划管理，而很少研究各类投资主体的决策原理和方法以及市场机制对投资的调节作用。其研究方法大多是规范分析。如著名学者梁文森（1982）主要是研究社会主义固定资产再生产和如何处理增加基本建设投资和经济增长、资金平衡的关系[③]。投资规模的宏观控制等[④]。当时出版的著作则主要研究诸如基本建设财务与信用、基本建设会计、基本建设统计、基本建设工程管理、基本建设预算、建设设计等

---

① “基本建设”一词是由斯大林提出的。见《斯大林全集》第8卷，人民出版社1954年版，第114页。

② 新中国成立之初，国家组织编译出版了《基本建设译文选》等多种基本建设读物及一部分专门的教科书。

③ 梁文森：《增加基本建设投资同经济增长和资金平衡的关系问题》，《经济研究》，1982年第6期。

④ 华生：《论基本建设投资规模》，《经济研究》，1984年第5期。

问题。

20 世纪 90 年代以来，随着市场经济体制改革目标模式的确立和国家计划和统计部门将基本建设和更新改造并称固定资产投资后，一批学者开始对我国投资的理论和实践问题开展深入研究。国内相继出版了一些研究微观投资项目的书籍和文章。对宏观投资经济理论研究则集中在投资与消费的关系方面。此点下文将会叙及。

第三节 投资供给理论：消费与储蓄

从投资决定的供给因素来看，投资来源于当期收入用于当期消费以后的剩余——储蓄，储蓄决定着投资的供给，投资、消费、储蓄是收入这一个事物的不同方面。从这种意义上说，消费理论又可以看作是投资供给理论，它与收入理论、储蓄理论相联。在论述投资供给决定，从而储蓄决定时，其实就是在论述消费总量的决定；反之，论述消费总量的决定时，也就是在间接地论述投资总量的决定。在归纳投资需求决定理论以后，以下对投资供给理论研究文献做一梳理和归纳。

一、宏观投资供给与均衡

从宏观的角度考察，投资是整个国民经济的一部分，而且是极其特殊的一部分。投资具有创造需求和创造供给的双重功能。一方面，投资创造需求，需要花费掉现期的一部分收入；另一方面，投资创造供给，投资形成的资产可以增加未来时期的国民收入。研究宏观投资，必须将其置于整个国民收入的流程之中来进行。

假定一国经济为封闭型经济，政府不介入经济，而且也不受货币因素的干扰，经济主体可以分为企业和居民户两部分。居民户向企业提供各种生产要素（劳动、资本、土地、企业家才能）；企业运用所得到的生产要素，生产出商品和劳务，卖给居民户；企业向居民户支付生产要素的报酬（工资、利息、地租、利润）；居民户用各自的收入向企业购买商品和劳务。如果没有注入量，也没有漏出量，上述收入循环将持续不已，但社会只能维持简单再生产。若要扩大再生产，居民必须将一部分收入用于储蓄，或把储蓄存入银行及其他金融机构，或用储蓄购买企业发放的有价证券，企业则必须用银行借款或用证券发行资金作为投资。

一定时期内的国民收入，可以从供给和需求两个角度来分析。从供给方面看，一国的国民收入是一定时期内各个生产要素供给的总和，其总量等于各个生产要素相应地得到的收入的总和，即工资、利息、地租和利润的总和。而各个生产要素收入中，除了用于消费的那部分收入外，余下的收入用于储蓄。以Y表示国民收入，以C表示消费，以S表示储蓄，则有：

$$Y = C + S$$

从需求方面分析，一国的国民收入是一定时期用于消费的支出和用于投资的支出的总和，即等于国内对消费品的需求和对投资品的需求的总和，亦即等于消费和投资的总和。以I表示投资，则有：

$$Y = C + I$$

如果设想一国一定时期的总支出能够购买尽该国的一定时期生产的全部产品，那么，总需求必然等于总供给，即：

$$C + S = C + I$$

$$S = I$$

上面的投资只是净投资，整个社会的投资中还包括重置投资。重置投资来源于国民生产总值中的折旧。将重置投资考虑在内，并以 I_c 表示总投资，以 I_1 表示净投资，以 I_2 表示重置投资，以 D 表示折旧，如果设想一国一定时期的总支出能够购买尽该国一定时期生产的全部产品，那么有：

$$C + I_1 + I_2 = C + S + D$$

$$即：I_c = S + D$$

投资和储蓄有意愿（desired or planned, or ex - ante）量与实现（realized or ex - post）量之分。储蓄实现量是一定时期国民收入用于消费后的剩余额，而投资实现量即包括固定资产形成额，又包括存货形成额。在统计上，有一定数额的储蓄就必然有一定数额的投资，而不论投资用于固定资产的形成，还是用于存货的形成，不论这种存货的增加是经济的，还是不经济的。因而一定年份的实现储蓄与该年的投资实现额始终是相等的。“这种衡量到的储蓄和投资的相等是根据定义而成立的。它也是复式簿记的一个恒等式。”① 但是，意愿投资并不必然与意愿储蓄相等。当意愿投资小于意愿储蓄时，社会上投资不足。相反，当意愿投资大于意愿储蓄时，或者投资意愿无法实现，或者挤占消费进行强制储蓄。在现实生活中，投资和储蓄受不同因素影响和制约，因而也就产生了投资不足和投资过度的可能性。研究投资总量问题，需要分别研究投资与储蓄各自不同的制约因素。意愿投资和意愿储蓄亦即对投资的需求和投资供给。为了便于与宏观经济学对总需求及总供给的分析，以及货币需求与供给的分析统一起来，又可称为投资需求与投资供给。

① 萨缪尔森：《经济学》（上册），商务印书馆 1979 年版，第 286 页。

另外，维克塞尔[①]将储蓄与投资相联系。他把储蓄作为借贷资本的供给，把投资作为借贷资本的需求，并在此基础上提出以货币利率等于自然利率、储蓄等于投资为核心的货币均衡方法。

二、绝对收入理论和相对收入理论

西方主流消费理论主要有绝对收入假说、持久收入假说、生命周期假说等。20 世纪 90 年代中期以后，预防性储蓄理论等更加前沿的消费理论发展起来。

凯恩斯于 1936 年提出了绝对收入消费理论，强调了消费支出是当期可支配收入的稳定函数，在短期内人们的消费主要取决于当期收入的多少。随着收入的增加，人们的消费也增加，但两者并不是按同一个比例增加，消费增量在收入增量中的比例递减，即边际消费倾向递减。由于边际消费倾向递减，所以随着收入的增加，平均消费倾向逐渐下降，而且在通常情况下，平均消费倾向大于边际消费倾向。绝对收入假说可以用线性消费函数来表示为：

$$C = a + bY \quad (a > 0,\ 0 < b < 1)$$

式中，C 为计划消费，Y 为收入（一般指可支配收入），a（常数）为自主消费，即不依存于收入的消费量，b 为消费对收入的变化率即边际消费倾向（MPC）。

凯恩斯将决定储蓄的因素分为客观与主观两类，并认为，对一个社会而言，储蓄倾向是具有很大惯性的，在短期内，储蓄量的变化决不是由储蓄倾向引起的，而决定于总所得量。以 S_w 代表储蓄量，以 Y_w 代表所得，则储蓄函数可以表示为：

$$S_w = S(Y_w)$$

---

① 维克塞尔：《国民经济学讲义》，译文出版社 1983 年版，第 374 页。

当所得增加时，人们将增加消费，但消费增加量不如所得增加量那么大。这样，储蓄的增加则快于所得的增加。这是一个社会储蓄的心理法则。

杜森贝里（Duesenberry，1949）最先提出相对收入消费理论。他认为：消费者的消费支出不仅受本人目前收入的影响，而且也受到消费的“示范效应”（Demonst ration Effect）和“不可逆性”的“棘轮效应”（Ratchet Effect）影响，强调了消费取决于相对收入水平。消费的示范效应是指消费者的消费支出不仅受到现期收入、过去的消费和收入水平的影响，而且受到周围人的消费行为及其收入和消费相互关系的影响。消费不可逆性的“棘轮效应”是指短期消费函数曲线就像棘轮一样，对消费的下降起着阻滞作用，收入偏离长期增长趋势时，短期边际消费倾向小于长期边际消费倾向。相对收入模型说明：由于示范效应与棘轮效应的存在，收入减少对消费减少作用不大，而收入增加对消费增加作用较大，所以提高收入是稳定地提高消费的根本。

三、最优储蓄理论

拉姆齐（Frank P. Ramsey）的无限期模型[①]和阿莱（Allsis）、萨缪尔森和戴蒙德（Diamond）的世代交叠模型[②]是对一国的储蓄适度问题进行了持久性的研究后提出的理论模型。

拉姆齐模型说明：消费增加、保持不变或减少，取决于资本的边际产量是否超过、等于或小于时间偏好率。资本的边际产量相对于时间偏好率越高，降低目前的消费水平，增加储蓄，在日

① Ramsey, F. P：《A Mathematical Theory of Saving》, Economic Journal, 1928, p38.

② 戴维·罗默：《高级宏观经济学》，上海财经大学出版社 2003 年版，第 65—77 页。

后享受更高的消费则越合算。其中，在资本存量条件下，稳态的人均消费达到最大的充分必要条件是：

$$f'(K^*) = Q + n$$

式中，K^* 为最优资本存量，Q 为时间偏好率，n 为人口增长率。其含义为：在稳定状态下，资本的边际产量等于时间偏好率与人口增长率之和。与最优资本存量 K^* 相对应的稳定消费水平 C^* 为：

$$C^* = f(K^*) - nK^*$$

世代交叠模型假定，在任何时点上，经济由两群人或两代人组成：年轻人和老年人。假设时刻 t 出生的个人在时期 t 消费 C_{1t}，在时期 t+1 消费 C_{2t+1}，其消费效用最大化的问题则为：

$$\max\left[u(C_{1t}) + (1+\theta)^{-1}u(C_{2t+1})\right]$$

式中，$C_{1t} + S_t = W_t$，而且，$C_{2t+1} = (1 + r_{t+1})S_t$，$r_{t+1}$ 为从时期 t 到时期 t+1 对所持储蓄支付的利率，S_t 为 t 时期的储蓄。$C_{2t+1} = (1 + r_{t+1})S_t$ 意味着个人在第二期中将消费掉他全部财产，无论是利息还是资本。公式表明储蓄是工资的增函数。但是，利率的影响很含糊。利率的提高会同时产生替代效应和收入效应。如果在两期中消费间的替代弹性大于1，那么，在这两期模型中，替代效应就占主导地位，利率的增加将导致储蓄增加。

四、生命周期理论和持久收入理论

生命周期理论是莫迪里亚尼等人提出的①。该理论认为：消费者是有理性的，其消费并不取决于现期收入，而取决于一生的收入和财产储蓄。根据边际效用递减规律，要使效用达到极大，

① F. Modiglian: Life ycle, Individual Thrift, and the Wealth of Nations,《American Economic Review》, Jan, 1986.

消费者就必须根据其一生的收入水平来平滑其在每个时期的消费，并安排最佳的消费和储蓄量。其消费函数公式如下：

$$C = a \times WR + c \times YL$$

式中，WR 为实际财富；a 为财富的边际消费倾向，即每年消费掉的财富的比例；YL 为劳动收入，c 为劳动收入的边际消费倾向，即每年消费掉的劳动收入的比例。根据该理论，个人的可支配收入的消费倾向和财富的消费倾向取决于个人的年龄，一个社会的消费水平与其人口年龄构成有紧密联系。一个社会中如果年轻人占总人口的比重较大，整个社会的消费倾向较高；社会向老龄化迈进，则消费倾向会降低。总储蓄和总消费会部分地依赖于人口的年龄分布，当有更多人处于储蓄年龄时，净储蓄就会上升。

弗里德曼等人所提出的持久收入消费理论指出：人们的消费支出主要不是由他的现期收入决定，而是取决于居民的持久收入，也就是一种长期平均的预期收入。通常是用过去几年收入的加权平均数表示，距离现在的时间越近，权数越大；反之，距现在时间越远，权数越小①。持久收入假说强调未来收入预期的形成。这意味着持久收入的消费倾向高于暂时收入的消费倾向。

$$C = kYp$$

式中，C 为持久消费；Yp 为永久收入；k 为长期边际消费倾向。如果用上期收入和现期收入的加权平均来估计消费函数，就可得到：

$$C = kYp = k\theta y + k(1-\theta)Y_{-1}$$

式中，短期边际消费倾向 kθ，显然小于长期边际（亦即长期平均）消费倾向 k。从公式看出：如果现期收入增加，消费者

① 萨缪尔森：《宏观经济学》，人民邮电出版社 2004 年版，第 95 页。

不能确定其是否能为持久性的，故不能把消费支出调整到较高收入水平，短期边际消费倾向偏小；而一旦确认收入的增加是持久性的，即 $Y = Y_{-1}$，消费者才会完全把消费支出调整到较高的与持久性收入相一致的水平。

此外，现代消费函数理论把持久收入方法对预期的强调和生命周期方法提出的对财富和人口统计变量的强调两者结合起来，其消费函数的简化形式如下所示①：

$$c = aWR + b\theta YD + b(1-\theta)YD_{-1}$$

式中，WR 为实际财富，YD 为可支配收入。YD_{-1}为滞后可支配收入。a、b 为财富消费倾向，θ 为比例。公式包括了现代消费理论强调的主要特征，也体现了对消费支出有着重要影响的财富的作用。

五、预防性储蓄理论

预防性储蓄理论试图说明消费者为什么要掌握大量财富②。所谓预防性储蓄，是指风险厌恶的消费者为预防未来不确定性导致的消费水平下降而进行的储蓄。未来的不确定性越大，预期未来消费的边际效用越大，就会吸引消费者储蓄，将更多的财富转移到未来进行消费。此时的消费者将采取比确定性下更为谨慎的行为，储蓄主要是为了避免未来不确定的收入所带来的冲击。预防性储蓄假说的理论意义在于把预防性动机包括进来，使不确定性真正成为消费函数的组成部分。

预防性储蓄理论强调了不确定性对居民储蓄和消费行为的影

① 多恩布什、费希尔：《宏观经济学》，中国人民大学出版社 1997 年版，第 265 页。

② 戴维·罗默：《高级宏观经济学》，上海财经大学出版社 2003 年版，第 304—306 页。

响。这一理论为消费研究提供了许多有用的视角，可对当前中国居民的消费行为提供部分解释。

另外，霍尔（1979）把理性预期方法应用于消费行为理论，并将弗里德曼的永久收入假说、莫迪利安尼的生命周期假说和理性预期理论相融合，形成了一种新的理性预期的生命周期模型——随机游动理论①。该理论认为：消费者的消费服从随机游动，消费与滞后的收入变量无关。它强调预期和不确定性，重视滞后消费、消费反应收入波动的敏感性及对特定时期而非整个生命周期或持久收入时期消费约束条件的研究。随机游走假说认为消费变化具有不可预测性；个人收入预期增长率与消费预期增长率无关；未来收入不确定性对消费不会产生影响。

然而，许多学者通过对该理论的检验发现，实际上消费变动与预期收入变动之间存在着显著的正相关性，并把这种现象称为消费的“过度敏感性”。现代西方经济理论的前沿就是从另一种角度来解释现实中存在的“过度敏感性”，以弥补消费者行为理论的缺陷，并对消费的过度敏感性假说给出解释。

六、流动性约束与消费约束理论

流动性约束假说则从另一角度对过度敏感性给出解释。该理论认为，永久收入/生命周期理论假设个人能够在相同的利率水平上借贷和储蓄。但在实际中却存在着流动性约束，也就是经济主体可能借不到或者不能按同一利率借入和借出资金。正是由于现实中流动性约束的存在，人们只能消费当前的财富，因此与无流动性约束相比，流动性约束下的消费者的消费比较低。也就是

① Hall, Robert E: 《Inter - temporal Substitution in Consumption》, cited by, 《Journal of Political Economy》, 1996, pp. 339 - 357.

说，流动性约束下的消费只与当期劳动收入正相关，这就对消费的“过度敏感性”给出了一种解释。所以，为了保证收入下降时消费不会大幅下降，消费者就会被迫降低当前的消费，增加储蓄，以应付未来收入下降的风险。流动性约束不在现期发生，但它将在未来发生的事实同样会降低现期消费①。

斯蒂格利茨（2006）认为，在西方，过分强大而设计不合理的公共保障体系导致了储蓄的减少和激励的减弱，政府采用基于消费的增值税，因为政府试图控制消费，增加投资。但中国可能是另一个极端。中国在向市场经济转型的过程中，社会保障体系被弱化了，有时弱化得比市场保障体系建立的速度还要快。家庭必须存钱支付子女未来的教育费用和防备突然的医疗需求。建立覆盖全国的、特别是农村地区的强大的公共医疗体系，建立强大的国家社会保障体系和国家失业保险体系都可以减少谨慎性储蓄②。

宏观经济的基本公式是：储蓄 = 投资 + 净出口。问题的严重性在于，净出口也成为或变相成为“投资”的一个部分。中国将产品出口国外取得外汇资金（主要是美元资产）后，并没有使用，而是以外汇储备的形式积攒起来，用于未来的消费，而这恰恰是投资的本质属性。西方经济学家已经认识到这一点。斯蒂格利茨认为，中国参与了所谓“卖方信贷”——向美国提供制成品，同时还以低利率贷款给美国数千亿美元用来支付购买。他认为，如果中国可以提供卖方信贷给美国从而支持对世界最富有国家的富人减税，那么，提供信贷给国内消费者以维持增长不是

① 戴维·罗默：《高级宏观经济学》，上海财经大学出版社 2003 年版，第 306—308 页。

② 黄杨：《斯蒂格利茨：中国经济增长要靠内需而不是出口》，《中国经济时报》，2006 年 3 月 17 日，第 3 版。

更明智吗？中国国家财富的对外实现也同样受制于内需不振。世界银行在2007年公布的《全球金融发展报告》中预计，今后几年，美元可能将每年贬值5%左右。这意味着，中国高达1万多亿美元的外汇储备的年损失将相当于几千万中国纺织工人一年的工资总额。追根溯源，中国被动地持有高额的外汇储备是因为大量的出口，而这是国内消费不足的结果，孱弱的内需难以消化过剩的生产能力。产业调整必须进行，但调整的路径在哪里？长期低估的人民币稳步升值是中国增加国家财富的有效途径，但是人民币升值必须的条件之一还是内需的启动。如果缺乏内需的适当缓冲，汇率升值带来的对中国经济的冲击可能会大得难以想象①。

七、中国的消费理论研究

宋铮（1999）运用预防性储蓄理论研究中国居民消费行为。他使用城市居民收入的标准差作为衡量不确定性的指标，对1985—1997年的数据进行了回归，结果发现，未来收入的不确定性是中国城镇居民预防性储蓄的主要原因②。龙志和、周浩明（2000）则用消费变化的方差来衡量不确定性，使用广义矩估计法（GMM）和面板数据进行计量，结果发现1991—1998年间中国城镇居民储蓄中存在着较强的预防性储蓄动机③。万广华等（2001）运用规范的经济计量模型检验了流动性约束对居民消费的影响。他们构建了一个可以包容各个理论的计量经济模型，并

① 张黎明：《罗奇：中美储蓄落差暗含危险》，http：//news. xinhuanet. com/fortune/2006 -03/16/content_ 430834. htm。

② 宋铮：《中国居民储蓄行为研究》，《金融研究》，1999年第6期。

③ 龙志和、周浩明：《中国城镇居民预防性储蓄实证研究》，《经济研究》，2000年第11期。

通过运用两阶段最小二乘法进行回归后发现：改革开放以来不确定性因素对消费有显著的影响，同时流动性约束型消费者的比重较高，这导致了现期消费水平和预期消费增长率的下降①。

黄少安和孙涛（2005）把行为消费理论和传统的生命周期假说结合起来，建立了一个比较复杂的消费理论模型②。他们认为：在足够大的财富偏好和遗赠动机的情况下，即使利率较低，储蓄率也会较高，从而为以中国为代表的东方文化圈的高储蓄率提供了一种解释。因为他们判断东方人的效用函数中遗赠和财富偏好占有较大权重，并且在儒家文化的影响下，中国消费者是非常节俭和耐心的。依据上述命题，他们认为，由于收入再分配不能改变上述消费者的消费动机，因此难以起到扩张消费的作用。

袁志刚和宋铮（2000）在一般均衡框架内，研究了我国最优储蓄率的决定问题③。他们首先用一个两期叠代模型推导出了两大命题：当消费的跨期替代弹性小于（大于）1时，最优储蓄与第2期青年人的数量负（正）相关，与利率负（正）相关。通过这两个命题可以看出，人口年龄结构的变化将通过影响利率和青年人的数量来影响最优储蓄。他们所作的数值模拟表明，人口老龄化大大提高了个人最优储蓄率。而由于中国的储蓄不能有效转化为投资，个人最优储蓄率很可能偏离了黄金率。这时可以通过技术进步来降低个人最优储蓄率。根据他们的数值模拟，10%的技术进步可以至少把个人最优储蓄率降低1.3个百分点。

---

① 万广华：《流动性约束、不确定性与中国居民消费》，《经济研究》，2001年第11期。

② 黄少安、孙涛：《非正规制度、消费模式和代际交叠模型》，《经济研究》，2005年第4期。

③ 袁志刚、宋铮：《人口年龄结构、养老保险制度与最优储蓄率》，《经济研究》，2000年第11期。

在借鉴国外消费理论的基础上，有学者构造出一些原创的中国式消费模型。余永定和李军（2000）最先构建了一个有中国特色的消费函数模型①。他们认为中国居民消费行为有两个主要特点：一是消费支出安排有明显的阶段性，一般可分为婚前、婚后、供养子女和退休几个阶段。消费者一般集中力量实现当期阶段效用最大化，较少考虑未来阶段效用最大化，即短视行为。二是在生命的不同阶段存在一个特定的支出高峰和相应的储蓄目标。这就决定了人们必须在每个阶段为迎接相应的支出高峰而储蓄。根据这种思想，余永定等人建立了消费者的效用函数模型和计量方程，并通过最小二乘法进行了估算，结果发现，实际工资与实际消费呈正向关系变动，但系数与西方国家相比相当小；实际消费与利息率呈负相关关系，但系数也很小。这是因为不管收入和利息率如何变化，储蓄目标是一定要实现的。总的来说，尽管中国消费理论研究近年来取得了一定进展，但还没有出现既有生命力又符合国情的原创性理论。

第四节 投资与消费关系理论

投资、消费两者密不可分。从逻辑上说，如果要对投资率进行分析研究，首先应该从消费与储蓄的研究开始，然后才是储蓄与投资的关系。从投资供给的角度讲，投资率的变动取决于消费率②。因此，在投资与消费关系问题的研究历史上，经济学家是

① 余永定、李军：《中国居民消费函数的理论与验证》，《中国社会科学》，2000年第1期。

② 罗云毅：《投资率本质上是由消费率决定的》，《中国投资》，2004年第6期。

从储蓄的研究开始的。本节将从多角度对投资与消费关系的理论进行描述。

一、马克思主义经典作家的论述

马克思和恩格斯在《共产党宣言》里对“积累”的理解是这样的：在资产阶级社会里，活的劳动只是增值已经积累起来的劳动的一种手段；而在共产主义社会里，已经积累起来的劳动只是扩大、丰富和提高工人生活的一种手段。在《哥达纲领批判》中，马克思确定了社会总产品的分配原则，指出应首先扣除补偿基金和积累基金，其余的部分才可以作为消费基金分配。对于积累基金的扣除量以及扣除比例，马克思没有给出明确答案。

在马克思创立的科学的国民收入理论里，对资本主义积累的分析占据着重要位置。马克思认为，在资本主义条件下，资本的积累与无产阶级及广大劳动群众的消费是一对不可调和的矛盾，这种矛盾只能通过社会革命的方式解决，因此也就不存在合理的积累与消费比例关系。对于社会主义经济中具体的积累与消费比例，马克思没有给出直接的答案。但是，由于资本主义积累是社会化大生产条件下的积累，马克思对资本积累的分析至今仍然具有理论意义。在阐述资本周转速度时，马克思对未来公有制社会处理积累与消费关系提出了一个重要设想，即：社会必须预先计算好，能把多少劳动、生产资料和生活资料用在这样一些产业部门而不致受到损害，这些部门在一年或一年以上的较长时间内不提供任何生产资料和生活资料，但会从全年总生产中取走劳动、生产资料和生活资料。

按照马克思经典作家的设想，计划经济的一切生产部门将由整个社会来管理，也就是说，为了共同利益按照总的计划和在社会的参加下来经营，共同使用全部生产工具和按共同协议来分配产品[①]。在这里，劳动时间的社会的有计划的分配，调节着各种劳动职能同各种需要的适当比例[②]。在马克思、恩格斯的设想中，计划经济不存在商品交换关系，不需要货币，因而产业投资表现为实物生产要素的投入。按照马克思的观点，生产要素的分配包含在生产过程本身中并且决定生产的结构，产品的分配显然只是这种分配的结果[③]。由此推论，对社会生产的集中决策和计划调节无疑包括对生产要素投入的集中决策和计划调节。

在马克思的理论框架中，消费是作为资本主义生产关系的一个侧面而存在的。人对物的消费，实际上反映着人们特定的社会关系。消费的性质是由生产的性质所决定的。在不同的生产方式下，特定的生产关系决定了消费的特殊性质[④]。马克思高度重视消费的意义，认为消费是生产的动力和目的，是再生产过程观念上的起点。“没有消费，就没有生产，因为如果这样，生产就没有目的[⑤]。他认为，生产和消费是作用和反作用的关系。在社会生产总过程中，只有直接生产过程中的关系是起支配作用的。消费只能按照生产所规定的性质和方式决定生产，并对生产起反作用。消费在两个方面生产着生产：第一，通过消费过程把产品消灭，使生产过程得以最终实现；第二，消费为生产创造出动力，创造出新的生产的需要，因而创造出生产的观念上的内在动机[⑥]。

---

① 《马克思恩格斯全集》第 1 卷，人民出版社 1975 年版，第 217 页。

② 《马克思恩格斯全集》第 23 卷，人民出版社 1972 年版，第 96 页。

③ 《马克思恩格斯选集》第 2 卷，人民出版社 1975 年版，第 99 页。

④ 《马克思恩格斯全集》第 42 卷，人民出版社 1979 年版，第 73 页。

⑤ 《马克思恩格斯全集》第 12 卷，人民出版社 1962 年版，第 741 页。

⑥ 《马克思恩格斯全集》第 23 卷，人民出版社 1972 年版，第 138 页。

二、西方经济学的观点

从历史上看，资产阶级古典学派经济学家已经开始注意国民收入中积累与消费的比例关系，其代表人物魁奈就研究了剩余价值分配使用中积累与消费的比例关系，并提出了一些重要的思想。比如，他明确指出了积累与消费的比例对社会再生产的决定性影响，注意到了维持一定消费需求对维持再生产规模的必要性。魁奈在他的经济表中，把“纯产品”（即剩余价值）按1：1的比例分配于“生产的支出”和“不生产的支出”，这可能是经济史上第一次明确地指出的定量化的积累消费比例①。

亚当·斯密认为，个人的资财可以分为两部分：一部分用于消费；另一部分是储存起来期望获得收入的部分。这里，他已经涉及到了投资与消费的关系问题②。他认为，积累资本有两条途径，或是增加收入，或者减少消费③。此后，西方经济学者大多沿袭了这种看法④。

在现代西方经济学家关于消费与储蓄的比例关系的分析中，凯恩斯给出了一个似乎为各派所接受的合理比例关系的定性标准。凯恩斯从总需求角度来研究消费—投资关系，他认为，要使国民经济均衡，就要使供给和需求相等，即要使：消费+投资=消费+储蓄，于是，投资=储蓄。

如果储蓄大于投资，说明供给大于需求，则会出现厂商因产品过剩而缩小生产，因此总产出将下降，直至一个较低的均衡水

① 魁奈：《魁奈经济著作选集》，商务印书馆1979年版，第176—240页。

② 亚当·斯密：《国民财富的性质和原因的研究》（上册），商务印书馆1972年版，第254页。

③ 李嘉图：《政治经济学及赋税原理》，商务印书馆1962年版，第34页。

④ 马歇尔：《经济学原理》（上卷），商务印书馆1983年版，第97页。

平。如果储蓄小于投资，说明需求大于供给，则厂商必定扩大生产，因此总产出将增加，直至一个较高的均衡水平。这样，从总产出均衡决定的框架出发，可以推论出，合理的投资水平应是以一定的总产出均衡水平为标准的与消费互补的水平。在这一标准制约下，如果消费多了，投资就应当少一点；如果消费少了，投资就应当多一点，从而保证储蓄与投资的平衡。按照凯恩斯的解释，由储蓄等于投资所决定的总产出水平还不一定是能够实现充分就业的总产出水平，为了达到充分就业，就要使总需求达到实现充分就业所需要的水平。因此，在凯恩斯的理论中，合理的投资水平应当是以实现充分就业为标准的与消费互补的水平①。

在上述定性的标准下，各派经济学家对实际消费率，储蓄（投资）率的形成又有着不同的理论解释。由于从长期看，消费是经济活动的最终目的，消费行为最终决定着储蓄行为，因此无论哪一种关于储蓄率形成的理论解释，其起点又都归结为关于消费行为的研究。实际上，凯恩斯之后还有一些经济学家正是以消费行为为研究的起点，对投资与消费比例问题进行研究的。

由凯恩斯阐发的绝对收入理论认为，在其他情况不变的情况下，绝对收入的上升将导致其用于消费的部分减少②。这也就是说，随着收入水平的提高，储蓄率，从而投资率也将逐步提高。理论界一般将其称为非比例论，同时认为这一理论有很明显的缺陷。因为，随着经济的发展而带来的收入水平的持续提高，投资率也将持续提高的判断显然与发达国家的经验数据不符③。如人

---

① 凯恩斯：《就业、利息和货币通论》，商务印书馆1981年版，第6、第7、第11、第15章。

② 爱德华·夏皮罗：《宏观经济分析》，中国社会科学出版社1985年版，第170页。

③ 余永定等：《西方经济学》，经济科学出版社1997年版，第329页。

们可以用美国长期的、相当稳定的储蓄率来批评这一点。为了弥补这一缺陷，绝对收入理论又引入了其他使消费函数上升的因素，从而使消费率保持了相对的稳定，弥合了理论与现实的差距。值得注意的是，亚洲国家的发展轨迹在一定程度上却证实了凯恩斯的非比例论。

对于凯恩斯提出的储蓄—投资总需求模型，许多经济学家随后进行了更深一步的研究和讨论。斯图尔特认为：储蓄与投资是建立在国民收入水平之上的，如果二者不在均衡经济环境中则任何国民收入的水平都不能持久，它将会一直变动直到家庭需要的储蓄量等于企业家需要的投资量的水平为止[①]。罗伯特指出：收入和支出都是有时滞的，今天的储蓄等于昨天的收入减去今天的消费，今天的投资等于今天对新投资品的实际支出，因此储蓄和投资存在着差异，当投资大于储蓄时会产生通货膨胀；反之则会产生通货紧缩[②]。汉森认为：在凯恩斯所有基本的函数关系中，预期起了作用。预期成为投资需求、灵活偏好以及乘数的基础[③]。阿克利在《宏观经济理论》一书中提出：事前储蓄或投资与计划储蓄或投资的内涵不同。在事前意义下的储蓄和投资，是指经济主体对未来经济变量的预期，这种预期的变量既包括受经济主体控制的变量，也包括不受经济主体控制的变量[④]。

在研究投资与消费比例关系的过程中有一些理论模型具有深远的影响。

弗兰克·拉姆齐（1928）在《储蓄的数学理论中》首次提

---

① 斯图尔特：《凯恩斯理论及其以后的发展》，台湾，银行经济研究所 1970 年版，第 57 页。

② 罗伯特：《繁荣与萧条》，商务印书馆 1963 年版，第 200 页。

③ 汉森：《凯恩斯学说指南》，商务印书馆 1963 年版，第 53 页。

④ 阿克利：《宏观经济理论》，译文出版社 1986 年版，第 354—355 页。

出拉姆齐模型[1]，用来回答一个国家应当储蓄多少才能得到最大满足这个问题。拉姆齐经过一系列假定得到以下公式：

$$\min\int_0^{\infty}\left(B-U(c)+V(L)\right)dt$$

$$dK/dt+C=F(K,L)$$

式中，B代表人们从消费中得到的最大享乐率；U（c）代表人们从消费中得到的效用；V（L）代表工作的负效用。从公式看出，储蓄率乘以消费的边际效用，应该等于效用的总净享乐率与最大享乐率之差。

拉姆齐模型的意义是第一次从动态最优化角度探讨了福利的最大化问题，并将当时前沿的数学分析方法——变分法应用在对消费行为和储蓄行为的长期动态分析中，从而得出了决定储蓄率的“凯恩斯—拉姆齐规则”[2]。

哈罗德模型是旨在确定上一期的收入或者产量增长率是否具备足够的吸引力，足以吸收本收入期的储蓄，并将其转化为投资以实现稳定增长。用公式表示为：

$$GC=S$$

式中，G是t收入期与t-1期之间的实际产出增长率，C是资本实际增加量，K是产量与实际增加量Y之比，将其代入上式可得：

$$\Delta Y/Y=1/\Delta Y=S/Y$$

该方程的含义为：储蓄决定于收入，投资决定于收入的增

---

① Ramsey, F. P.: A Mathematical Theory of Saving. Economic Journal, 1928, (38) No. 152.

② 拉姆齐—凯恩斯规则是拉姆齐在其经典论文中提出来的。凯恩斯在其文中对这一规则作了详细解释，所以称为拉姆齐—凯恩斯规则。它是一条反映了典型行为人的理性决策的规则，即“边际替代率等于边际转换率”。

量；实际的投资和实际的储蓄是恒等的。哈罗德认为：预期投资等于预期储蓄是实现一国经济稳定增长的充分条件，产量的增长才能由此引致足够的投资，以吸收本收入期的储蓄。合意投资率能够实现产出增长率，而合意投资率又取决于上期收入决定的储蓄以及足够的投资吸引机制。

多马在分析投资对总供求的影响后得出基本方程式为：

$$\frac{\Delta I}{I} = \sigma S$$

多马认为：有三个因素决定着投资—生产能力的增加，需要增加的总需求和长期的均衡增长的实现条件。要想使增加的生产能力得到利用，只要提高总需求。而消费支出和投资支出是决定总需求的两个重要因素，其中投资是关键因素，只有扩张投资才能够扩大总需求。多马方程表示，净投资的增长率必须等于投资的潜在社会平均生产率和储蓄倾向的乘积，这样才能长期保持充分就业的均衡状态①。

索洛的经济增长模型②认为，利率的变动会导致储蓄和投资趋于一致。索洛模型假定：在劳动力增长率 n 和储蓄 s 给定条件下，通过 K/L，Y/L 和 K/Y 的调整变化，可以实现充分就业状态下的经济增长。索洛通过一系列假定推导出基于投资的经济增长模型为：

$$sf\,(k) = nk$$

式中，$k\,\frac{K}{L}$为资本与劳动比，其中的 3 个变量分别为各自的

① Paul M. Romer：The Origins of Endogenous Growth，The Journal of Economic Perspectives，Volume 8，Issue 1，1994.

② R. M. Solow：A Contribution to the Theory of Economic Growth，Quarterly Journal of Economics，Volume 70，Issue 1，1956.

增长率，s 为储蓄比例，f（k）为人均产量，n 为人口增长率。该式的投资学含义是：若 s 和 n 为给定，通过市场利率的变化，追求利润最大化的投资人会选择一种方法，该生产方法的 K 值，即原有劳动力和本期新增劳动力合计为 L 的人均装备的资本的值，即：K $\frac{K}{L}$，它可以使得与人均资本 K 相应的人均产量保证 f（k）和 sf（k）＝nk。

“资本的黄金规则”是从索洛模型演化出的研究投资与消费比例关系的又一重要理论模型[①]。该模型阐释出，储蓄率可以决定经济的稳定状态，即长期均衡状态。由于个人本身并不关心经济中的资本量，甚至也不关心产出，他们关心的是他们可以消费的物品与劳务量，因此决策者在选择一种稳定状态时，就要选择使社会的个人福利最大化、消费水平最高的稳定状态。这种使消费最大化的稳定状态值被称为资本的黄金规则水平。

黄金规则的提出对讨论消费、储蓄比例最优化具有重要理论意义，但它也存在一些缺陷。该模型的提出以个人物品和劳务的消费最大化为前提，但消费者却往往并不以此作为确定其储蓄行为的出发点；而资本黄金规则水平是以稳定状态为特征的，但现实中一个国家要想真正达到所谓的稳定水平，却很难实现。

上述理论都只是研究了储蓄与积累的比例关系，但在储蓄量既定的条件下，储蓄是如何向投资转化的，储蓄又有多大比例能够转化为投资。对于这个问题凯恩斯没有进行分析，而哈罗德—多马模型则认为，只要保证经济有一个合意的增长率，储蓄便能自动地全部转化为投资。但是现实却并非如此。因为，储蓄能够

① 罗云毅：《关于最优消费投资比例存在性的思考》，《宏观经济研究》，2006 年第 12 期。

有多大比例转化为投资，这对一国经济的稳定增长是至关重要的，从而使得储蓄与投资的相关性问题成为了现代宏观经济研究的核心问题之一①。

菲尔斯廷和赫瑞克（1980）对16个OECD国家1960—1974年的平均储蓄和平均投资数据进行截面回归发现：投资率与储蓄率的回归系数几乎接近于1，由此断定，OECD国家的储蓄与投资具有高的正相关性，并且将这一相关性作为国际资本流动程度的检验标准。但对于这个结果的解释，经济学家却各有侧重。以菲尔斯廷为代表的经济学家认为，储蓄—投资的高相关性是与国际资本流动有关的，认为低水平的国际资本流动是导致这种结果的主要原因；但特萨（Tesar）却认为：储蓄与投资的高相关性是由理论模型所解释的一个重要实证规律，在国际资本流动问题上几乎没有提供任何依据②。卡宾（2001）证实了储蓄—投资的高相关性不是源于资本缺乏流动性，而是由于真实经济周期模型中储蓄和投资的周期性特征③。另一些经济学家则认为储蓄—投资的高相关性是与经济周期冲击密不可分的。弗兰克（1986）等分析表明，由于商品市场的不健全违背了购买力评价原则，尽管金融资本是完全流动的，但各国的实际利率仍存在着差异，进而影响到国内储蓄和投资的相关性④。里德斯曼（1991）用剔除人口增长，实际利率和政府支出影响后的储蓄、投资数据进行回

① 张倩肖：《储蓄与投资相关性理论研究综述》，《经济学动态》，2003年第10期。

② Tesar, L: “saving, investment and international capital flows”, Journal of International Ecnomics 31: 55 – 78.

③ Corbin, A: “Country specific effect in the Feldstein – Horioka paradox”, Economics Letters 72: 297 – 302.

④ J. A. Frankel: “International capital mobility”, IMF Staff Paters 34: 503 – 530.

归，发现储蓄、投资间的相关性仍为正，但明显低于原始数据储蓄与投资的相关性①。也有研究者认为，在资本完全流动的条件下储蓄和投资相关的另一原因是受国家规模的影响。莫菲等人通过研究发现，国内储蓄—投资高相关性反映了世界经济中一国的金融规模②。而巴科斯特的进一步研究说明：最大国家（比如美国）的储蓄—投资相关性最高，而最小国家（比如瑞士）的储蓄—投资相关性也不低③。以上分析表明，大国与小国相比，其储蓄—投资相关性较高，国家规模是储蓄、投资变动的一个重要决定因素。

著名经济学家霍利斯·钱纳里在概括不同收入水平上经济结构的变化规律时，揭示了经济发展进程中投资率、消费率的标准演变特征，提出了著名的钱纳里“标准结构”。

三、国外对传统社会主义国家的投资与消费关系的研究

在前苏联和东欧的社会主义阵营存在时期，有一大批经济学家研究了投资与消费的比例问题。如：费尔德曼（1928）开创了利用数学模型把社会主义经济中的积累率决定与国民收入或消费增长问题联系起来的先例④。涅姆钦诺夫（1962）则认为，在国民经济最优计划的条件下，确定积累基金和消费基金之间的最优比例的准则，应是在长时期内能保证消费基金有最大可能的增

① Leachman, L:“Saving, investment and capital mobility among OECD countries”, Open Economics Review 2：137 - 163.

② Murphy, R. G：“Capital mobility and the relationship between saving and investment rates in OEDN countries”, Journal of International Money and Finance 3：327 - 342.

③ Baxter, M： “Explaining saving-investment correlations”, American Economic Review 83：416 - 436.

④ 费尔德曼：《经济数学方法和模型》，苏联《计划经济》，1928 年第 11 期。

长[①]。亚诺什·科尔内（1988）没有直接从量上定义和计算积累消费比例的合理标准，但却提出了所谓和谐增长的 12 项原则，其中第一条就是均匀而有规律地提高人均消费水平[②]。米塞斯（L. Von. Mises）[③] 和哈耶克（Friedrich. A. Hayek）[④] 认为，在计划经济条件下，由于生产资料市场和价格机制消失，国家无法确切地核算投资的经济效率，因而无法合理有效地按比例配置资源。运用联立方程求解的想法，在理论上可以设想，但在实践中是不可能存在的。巴伦（E. Barone）等人提出，中央计划当局可以通过联立方程来计划经济安排资源。奥斯卡·兰格则认为：社会主义国家根本毋需同时解出几百万个方程式，通过一种模拟市场的过程，可以使计划价格具有指导资源达到有效分配的作用[⑤]。

四、中国的研究

早在 1956 年周恩来就指出，在分配再分配国民收入时，必须使消费部分和积累部分保持适当的比例。消费部分所占比重小了，会妨碍人民生活的改善；积累部分所占比重小了，会降低扩大再生产的速度[⑥]。陈云提出了建设规模必须和国家的财力、物

① 涅姆钦诺夫：《经济数学方法和模型》，商务印书馆 1980 年版，第 29 页。

② 亚诺什·科尔内：《突进和和谐的增长》，经济科学出版社 1988 年版，第 9 页。

③ 米塞斯：《社会主义中的经济核算》，《比较经济体制》，中国财政经济出版社 1982 年版，第 158 页。

④ 哈耶克：《经济信息与价格体系》，《比较经济体制》，中国财政经济出版社 1982 年版，第 41 页。

⑤ 兰格：《论社会主义的经济理论》，美国《经济研究评论》，1936 年版，第 166—177 页。

⑥ 《中国共产党第八次全国代表大会文献》，人民出版社 1957 年版，第 126 页。

力相适应的著名论断①。薄一波认为在正常情况下，国民收入中积累的比重应不低于20%，既保证工业、重工业的迅速发展，又保证人民生活水平的逐步提高②。改革开放以前经济学界主要是对积累率合理性的讨论，不涉及投资的概念。分析方法主要是经验分析和定性分析。

改革开放初期，经济学者对积累与消费比例问题做了较多研究。薛暮桥认为，该问题太复杂，难以求出一个确定的数字来③。刘国光测算了两大部类间不同投资比例对扩大再生产速度和平均消费水平的影响，但没有得出结论。杨坚白认为，“最佳积累率”应该是既能使国民收入增长最快，又能使消费水平增长最快的积累率，并必须从数量关系上证明。张守一建立了以规划期人均消费量增长最大为目标函数的消费极大模型，但从其结果看，所得到的积累率区间相当大，得出的积累率很高，与历史数据不符合④。刘慧勇认为：生产力落后的农业国向生产力较高的工业国转变的时候，其积累率会随着社会剩余产品增多和国家积累能力的增强而上升。当一个国家实现了工业化，拥有了大量固定资产，提取的折旧基金成为固定资产投资的重要来源的时候，积累率就会停止上升⑤。汪海波强调社会生产力的发展水平对积累消费比例关系的制约作用，并认为由此才可以解释，为什么在人类社会发展的各个阶段，积累率经历了由低到高的发展⑥。

① 陈云：《陈云文选》，人民出版社1986年版，第45页。

② 《中国共产党第八次全国代表大会文献》，人民出版社1957年版，第126页。

③ 薛暮桥：《社会主义经济理论问题》，人民出版社1979年版，第41页。

④ 张守一：《积累与消费比例及其优化问题》，《社会主义社会国民收入的若干问题》（杨坚白主编），中国社会科学出版社1983年版，第214页。

⑤ 刘慧勇：《投资规模论》，中国财政经济出版社1989年版，第112—115页。

⑥ 汪海波：《中国积累和消费问题研究》，广东人民出版社1986年版，第213页。

20世纪90年代以来，经济学界对中国日趋降低的消费率和持续走高的储蓄率又进行了一些研究。其中，有代表性的是中国人民银行在世界银行援助下开展的课题研究。该研究建立了国民储蓄率的数学模型，认为中国高储蓄率和低消费率主要是受经济增长率和居民抚养系数的影响。但并没有给出储蓄、消费比例是否适当的判断①。汪同三等（2006）研究了收入分配对资本积累及投资结构的影响，认为这种影响是通过“收入分配方式——收入水平——有效需求——资本积累——投资结构”这一机制来实现的。他们利用格兰杰因果检验、误差修正模型等方法对年度数据进行实证检验，结果表明：城镇居民收入提高和收入差距扩大将加大重工业的比重和加快其发展，而农村居民收入提高则会促使轻工业投资比重和增长速度的提高②。

总的来看，尽管经济学界从多方面对投资与消费的关系进行了研究，但主要还是停留在探讨和方法论的阶段，研究结论没有达成共识③。

五、中国国家政策的变化

中国国家政策对消费与投资关系的处理是随着中国的经济理论创新、改革开放的深入和经济发展水平的变化而变化的。

在传统体制下，我国对消费和投资关系的政策主要是：限制消费，促进积累，居民消费服从重工业发展目标，为促进资本积

① 中国人民银行课题组：《中国国民储蓄和居民储蓄的影响因素》，《经济研究》，1999年第5期。

② 汪同三、蔡跃洲：《改革开放以来收入分配对资本积累及投资结构的影响》，《中国社会科学》，2006年第1期。

③ 罗云毅：《投资消费比例关系理论研究回顾》，《宏观经济研究》，1999年第13期。

累创造条件。在“先生产，后生活”政策的指导下，强制性储蓄成为必然的选择。理论界忽视对消费问题的研究，政府则集中力量于投资建设和生产领域。

“一五”计划（1953—1957 年）是实现国家过渡时期总任务的时期。一般认为，在此期间，由于奉行“必须以发展重工业为大规模建设的重点，但又绝不能忽视轻工业、农业和地方工业以及文教事业的发展。”的指导方针，我国较好地兼顾了积累和消费的关系，不仅保持了基本建设投资逐年增加，而且使职工就业人数有所增加，平均工资也有所上升。但同时“一五”计划也存在一些教训，比如：投资总规模方面偏大，形成物资紧张的平衡。在投资分配方面，重工业偏多，农业和轻工业偏少；制造业偏多，煤电运等基础产业偏少；内地偏多，沿海偏少；军用偏多，民用偏少等。

“二五”计划到“五五”计划期间，经济政策先是强调要“鼓足干劲，力争上游，多快好省地建设社会主义”，要“以钢为纲，全面跃进”，“速度是总路线的灵魂”，进入 20 世纪 70 年代，提出了“必须立足于战争，从准备大打、早打出发，把国防建设放在第一位，加快三线建设”的经济方针政策。这一时期的经济政策总体上制约了居民生活水平的提高（在“二五”期间出现了负增长），也使得工农业生产受到影响。

改革开放以来，经济生活逐渐告别了短缺。消费在国民经济中的重要地位被人们日益认识。中国开始重视对消费理论的研究，并力求通过对消费领域的调节来实现投资与消费比例关系的协调，实现国民经济的持续、快速、健康发展。

1979 年中国制定了“调整、整顿、改革、提高”的经济改革方针，强调要改革农、轻、重之间的比重，要加快发展轻工业，要通过调整冶金、机械、化工等行业的产品结构和服务方向，使重工业更好地为发展消费品生产服务。在这一政策指导下，1983—1984年国民经济发展平衡，一些重要的比例关系逐步恢复正常。但随后，急于求成的指导思想又开始抬头，不少地区和部门盲目追求高速度、产值最大化，再加上当时经济承包制所带来的负面效应，最终导致固定资产投资规模和个人收入双膨胀，通货膨胀率突破了两位数。于是，国家采取了从紧的财政政策和货币政策，以抑制通货膨胀。

1998年，为了抵御亚洲金融危机的影响，开始采取"增加投资、扩大内需"的政策方针，中国果断地实施了积极的财政政策和稳健的货币政策，并且在扩大投资需求的同时，采取有力措施引导和扩大消费需求，以形成投资和消费对经济增长的双重拉动①。

进入21世纪以来，国家继续坚持"扩大内需，努力提高消费和投资对经济的双重拉动作用"这一经济政策，并实施与之相配套财政政策、货币政策和其他的宏观经济政策。

2002年，朱镕基在《政府工作报告》中指出：为了扩大国内需求，首先必须增加城乡居民特别是低收入群体的收入，培养和提高居民的购买力。为此，一是要采取有力措施，千方百计增加农民收入，切实减轻农民负担；二是要进一步完善城镇社会保障体系；三是要继续适当提高机关事业单位职工基本工资，并增加机关事业单位离退休人员离退休金；四是要努力拓宽就业渠道，积极扩大就业和再就业；五要拓宽消费领域，改善消费环境②。

---

① 朱镕基：《政府工作报告》，1999年，中国中央政府门户网站 http：//www.gov.cn。

② 朱镕基：《政府工作报告》，2002年，中国中央政府门户网站，http：//www.gov.cn。

2004年温家宝在《政府工作报告》中强调：要把合理调整投资与消费的关系，作为宏观调控的重要方面来抓。消费在国内生产总值中的比重偏低，不利于国内需求的稳定扩大，不利于国民经济持续较快增长和良性循环。要努力增加城乡居民收入，提高居民购买力水平；加大收入分配调节力度，提高中低收入居民的消费能力；发展消费信贷，完善消费政策，改善消费环境；适应消费结构的变化，扩大服务消费领域，改善生产供给结构；各项改革措施要有利于增强消费者信心，形成良好的消费预期，增加即期消费。要通过不断努力，逐步改变投资率偏高、消费率偏低的状况①。

针对2004年以后出现的固定资产投资过快增长现象，2005年《政府工作报告》指出：鉴于投资规模已经很大、社会资金增加较多，所以有必要也有条件由扩张性的积极财政政策转向松紧适度的稳健财政政策，控制固定资产投资规模，着力优化投资结构，引导社会资金投向发展的薄弱环节；积极扩大消费需求，努力改善消费环境，培育新的消费热点，扩大服务性消费；引导消费预期，增强消费信心，增加即期消费。

2005年，中央经济工作会议明确指出：要实现经济平稳较快增长，关键是要努力扩大国内需求，扩大内需是我国经济发展的长期战略方针和基本立足点。要努力调整投资消费关系，把增加居民消费特别是农民消费作为扩大消费需求的重点，不断拓宽消费领域和改善消费环境。这一决策是在经济增长主要以投资拉动为主，居民消费需求下降的背景下提出的。因此，强调消费的重要作用，促进经济增长方式由投资拉动型向消费主导型转变，对实现经济持续增长有重要意义。

---

① 此处引用资料均来自中国中央政府门户网站，http：//www.gov.cn。

我国《第十一个五年规划纲要》明确指出：推动经济社会发展要进一步调整推动发展的思路，转变推动发展的方式，明确推动发展的政策导向。要立足扩大国内需求推动发展，把扩大国内需求特别是消费需求作为基本立足点，促使经济增长由主要依靠投资和出口拉动向消费与投资、内需与外需协调拉动转变①。

2006 年，温家宝在《政府工作报告》指出：坚持扩大内需的战略方针，重点是扩大消费需求，增强消费对经济发展的拉动作用。一是努力增加城乡居民收入。要调整收入分配关系，规范收入分配秩序，增加中低收入者的收入。坚持“多予、少取、放活”，特别要在“多予”上采取更多措施，增加农民收入。二是稳定居民支出预期，扩大即期消费。通过加快完善社会保障体系和解决教育、医疗卫生、住房等领域的突出问题，减轻居民增加消费的后顾之忧。三是大力开拓农村消费市场。还要保持固定资产投资适当规模，坚持有保有压，优化投资结构，防止投资过快增长。同时，进一步加强经济社会发展薄弱环节和重点领域的建设。

中国共产党的“十七大”报告对我国经济发展方式转变进行了完整的理论阐述，着重指出，转变经济发展方式，要坚持走中国特色新兴工业化道路，坚持扩大国内需求特别是消费需求的方针，促进经济增长由主要依靠投资、出口拉动向依靠消费、投资、出口协调拉动转变，由主要依靠第二产业带动向依靠第一、第二、第三产业协同带动转变，由主要依靠增加物质资源消耗向主要依靠科技进步、劳动者素质提高和管理创新转变。

---

① 资料来源：http：//news. xinhuanet. com/politics/2006 - 03/16/content _ 4308599. htm。

2007 年，温家宝在《政府工作报告》中提出，要调整投资与消费的关系，坚持扩大内需方针，重点扩大消费需求。要采取多种措施，努力增加城乡居民收入特别是中低收入者的收入。合理调整和严格执行最低工资制度，落实小时最低工资标准，加强企业工资分配调控和指导，建立健全工资正常增长机制和支付机制。各地要检查最低工资制度和小时最低工资标准的执行情况。

第五节 评论及本书的研究视角

一、评论与总结

以上综述表明，已有研究具有以下几个特点：

第一，投资理论研究的路径主要是沿着投资需求决定而展开的。主要集中在考察投资需求的决定因素和投资者的投资行为。微观投资理论对投资主体行为的早期分析基于马歇尔的长期与短期均衡分析。凯恩斯理论将有效需求和有关的投融资条件作为投资决定的关键因素。以乔根森为代表的经济学家认为最优资本存量的衡量标准应该是公司现值的最大化。托宾将产业投资的决定与资本市场结合，突出了资本的市场价格对投资的影响。不可逆性投资理论强调投资决策中存在的不确定性和不可逆性对投资决策的作用，并从动态的视角发现了“等待”的巨大价值。宏观投资理论研究个体投资行为如何达到总体经济变量均衡以及这些均衡的动态性质、与经济周期相关联的总体波动等。传统社会主义投资理论的研究突出了其特有的国家与企业的关系、预算软约束等体制背景的因素。我国投资理论研究处于借鉴阶段，林毅夫等人则认为，西方投资理论无法解释我国的投资现象，潮涌理论的提出就试图开辟一种新的理论解释。

第二，投资供给理论的发展路径是沿着消费和储蓄的理论和实证研究展开的。尽管各经济学派对储蓄的形成有不同解释，但解释的起点都是对于消费行为的研究。一是消费理论的演进与整个西方主流宏观经济学发展的潮流相吻合，即为宏观消费理论建立微观个体消费基础；二是消费理论从确定性分析框架拓展到不确定性分析框架。三是消费理论从一般理论推演过渡到具体约束条件的剖析。自凯恩斯首创消费函数理论后，莫迪里安尼、弗里德曼将消费函数引入新古典经济的分析框架里，力图为宏观消费理论奠定相应的微观基础，并实现了从短期分析到长期分析的跨越；霍尔的随机游走假说和预防性储蓄理论，将不确定性引入消费函数，实现了从确定性分析到不确定性分析的拓展①。流动性约束和斯蒂格利茨的社会保障体系约束则实现了消费理论的逻辑演绎到具体约束条件的剖析。我国理论界的研究在初期主要是介绍国外的理论并将国内实际与之比较，说明两者的差异，其后是检验西方理论在中国的适用性，并试图创建具有中国特色的消费理论。

第三，投资与消费关系理论的发展始终是沿着两条主线展开。一是比例关系及其均衡的理论。从凯恩斯的储蓄等于投资的总量均衡理论，到大多数宏观经济的动态增长模型，积累和消费都被作为经济增长中相互依赖、相互影响、有着内在联系的两个方面。它们相辅相成，互为因果，总要保持着一定的比例关系，否则，社会再生产就可能受到影响。二是消费率及储蓄率的形成

---

① 汪浩瀚：《微观基础、不确定性与西方宏观消费理论的拓展》，《经济评论》，2006 年第 2 期。

本质上是一个随经济条件变动而变动的自然过程。从长期的宏观经济运行的角度看，只有产出状况的实质性变动才可能真正影响消费—储蓄比例，而能对产出状况产生实质性影响的主要是长期的经济变量和制度性措施，对短期的政策调整的效果不应寄予过高的期望。

总括已有研究，本书作者认为：

第一，必须注意研究背景的差别。由于除了经济发展阶段、资源状况、分配状况等经济因素外，经济制度、传统、历史和文化等非经济因素也在相当大的程度上起作用，因此，国与国之间的投资消费比例决定可能是不同的。以西方经济学家主导的现有投资理论研究，在相当大的程度上是以其自身的经济发展特别是美国经济为研究对象的。投资需求决定理论及模型都暗含了一定的假设前提。这些假设条件即使在成熟的市场经济国家也不一定能够都获得满足。例如，西方经济学家的理论模型大多都假定企业经营者是服从企业所有者利益的，并且假定存在一个完善的资本市场。然而，企业的实际投资与企业治理相关，同时必然受到资本市场的约束。以发展中国家为研究对象的经济理论则比较分散，或是研究发展中国家的某一局部现象，对中国的解释力较弱。

第二，当前还没有一个完整的理论框架能够完满地解释中国的投资消费比例关系。分析中国的投资和消费问题，应熟悉现代经济学理论，但西方理论框架不能生搬硬套到中国经济的实际情况中。国内已有研究大都是从投资率决定的某一因素展开，虽然在一定程度上说明了该因素对投资消费的影响，但显然是不全面的，仍然无法解释我国转轨时期的投资、消费的比例关系所具有的特征、成因和可能的变化，不能用来说明为什么我国与不同经济体间的投资比例关系的显著差异。

第三，由于所涉及问题的极端复杂性，投资消费比例关系的形成涉及因素复杂。理论分析应着重于对其形成的中长期本质因素的分析为主，短期影响因素为辅。因为，长期因素决定了投资消费比例的水平和变动趋势，而短期因素则涉及这一关系的短期走向。而分析时期越短，非本质因素的影响就越大。研究投资消费比例关系，应注意区分其形成的主导原因是长期因素还是短期的，如果是短期因素在起主导作用，可以期望政策措施的调整。而如果是长期因素在起主导作用，就不应对宏观经济政策调整的效果寄予过高的期望。

第四，从数量上直接测定最优或合理的投资消费比例至今仍是经济理论研究中未获解决的难题。无论是国内国外的哪一派理论，从本质上看，都只是一种关于投资消费比例关系形成原因的原则性分析，均不能直接用于设计或测定一个特定经济的合理或最优消费率。各种定量的研究中也还没有取得能为各方广泛接受的、令人十分满意的成果。

第五，必须注意中国的储蓄率、投资率较高，可能有文化、历史、人口等因素的影响。以中国为代表的东方文化圈可能为高储蓄率提供了一种解释。而人口年龄结构的变化也可能通过某些变量来影响最优储蓄。

二、本书研究视角

我国正处于经济转轨过程中，社会再生产中投资与消费比例关系的学术研究还有待深入，这一关系作为政府宏观经济调控的参考指标具有重要价值。在这一背景下，深入研究这一问题无论在理论还是实践上均有重大意义。

本书试图构建一个从投资需求与投资供给两方面考察投资比例关系的理论框架，以此作为研究投资、消费比例关系的基础，并将转轨过程中影响投资率的主要因素作为变量纳入该基本分析框架，试图从理论和实证的角度，解释转轨经济中我国投资、消费比例关系形成的基本原因和决定因素。最后，利用实际数据建立计量模型，对我国适度投资率的数量界限作出预测。

第三章 投资消费比例关系的经验观察及解释

研究投资率问题，首先需要以实际数据为基础，进行经验性分析和比较研究，以判断我国投资率与消费率的状况。本章描述了中国投资率与消费率的总体运行轨迹和不同国家的投资、消费比例关系。通过中外比较，分析了中国的投资、消费比例关系的特征。

第一节 投资消费比例关系界定

一、核算体系和理论定义

投资和消费是社会产品最终使用的两个主要方面，也是构成社会最终需求的两大因素。

投资与消费的概念是通过统计指标来体现的，而反映投资与消费的统计指标则因核算模式不同而有差异。

1949年以后，中国在相当长的时期里实行计划经济体制，与此相适应的核算体系是以马克思主义再生产理论为依据，将社会总产值和国民收入作为反映国民经济活动总成果指标的物质产品平衡表体系，即MPS。在此体系之下，反映国民经济运行的经济总量指标是国民收入，即一定时期物质生产部门所创造的净产值之和。积累额指的是国民收入中用于社会扩大再生产和“非生产性”建设以及增加社会储备的部分，消费额指的是用于居民个人的生活消费与社会公共消费部分，两者之和等于国民收入使用额。由于MPS的生产范围局限于物质生产部门，因此，国民收入使用额及其中的积累额和消费额，都只限于物质产品，其价值形态是物质生产部门新创造价值的总和，其实物形态是全部消费资料和用于扩大再生产的生产资料。

改革开放后，特别是在党的十四大以后，为了和国际接轨，也为了适应建立社会主义市场经济体制的要求，我国开始实施新的核算体系，即国民账户核算体系（SNA）。生产的范围由原来的物质生产部门扩大到包括所有行业的货物和服务的生产活动，核算国民经济运行的总量指标也由原来的国民收入改为国内生产总值，衡量积累和消费的指标也相应地改为资本形成总额和最终消费。“积累和消费”这组概念随之被“投资和消费”所取代。

在新的核算体系（SNA）下的“投资和消费”与MPS体系下的“积累和消费”有所不同。其中，投资与积累的区别主要体现在价值构成上的不同，积累是新创造价值用于扩大再生产的部分，不包括固定资产折旧这部分转移价值；而投资则包括折旧价值，因为它是社会最终产品价值的组成部分，是固定资产投资的资金来源之一。消费的概念也有差异，MPS体系下的消费是物质产品的消费，而新核算体系下的消费不仅包括物质产品的消费，而且包括服务消费的价值。

在国民账户核算体系 SNA 中，反映国民经济最终使用的总量指标是支出法国内生产总值，即国内生产总值使用额 GDP，主要包括：消费、投资、政府购买和净出口四部分。用公式表示为：

$$GDP = C + I + G + (X - M)$$

式中，C 表示消费；I 表示投资；G 表示政府购买；（X－M）表示净投资。

GDP 中，用于投资的部分是资本形成总额，包括固定资本形成总额和存货增加两部分。

固定资本形成总额是指常住单位在一定时期内建造、购置、转入和自产自用的固定资产价值，扣除销售和转出的固定资产后的总额；存货增加是指常住单位在一定时期内存货实物量变动的市场价值，即期末价值减去期初价值的差额，存货包括生产单位原材料、燃料、产成品、半成品、在制品库存，销售单位商品库存，以及物资储备等。

国内生产总值使用额中用于消费的指标是最终消费，指在核算期内为满足居民物质文化生活需求和社会公共需要，对货物和服务的支出。最终消费分为居民消费和政府消费：

居民消费指的是常住居民对货物和服务的全部最终消费支出，包括以货币形式购买货物和服务的消费支出与以其他方式获得的货物和服务的消费支出；政府消费指的是政府部门为全社会提供的公共服务的消费支出，以及免费或以较低价格向居民住户提供的货物和服务的净支出。

在这里，投资与消费关系，实质上是经济运行中建设与当前人们生活的关系，在资源分配上，既要保证居民生活消费水平得到一定提高，又要满足扩大再生产对投资的需要。所以，投资和消费比例关系问题一直是经济学研究的焦点之一。

二、投资率与消费率

投资与消费的比例关系用统计指标来反映就是投资率与消费率，具体计算方法如下：

投资率，又称资本形成率，通常指一定时期内资本形成总额占 GDP 的比重，一般按现行价格计算。用公式表示为：

投资率 =（资本形成总额/支出法 GDP）×100%

按照支出法计算的 GDP 由三部分组成：资本形成、最终消费和净出口，资本形成占 GDP 的比例就是投资率。必须指出的是，在我国，另一种常见的计算投资率方法是分子用“全社会固定资产投资总额”表示，分母不变，这样计算出来的投资率其实是“固定资产投资率”。由于资本形成包括固定资本形成和存货增加两部分，故投资率与固定资产投资率是有区别的概念，但两者当期的吻合度和长期的变化趋势非常相近，在进行理论研究时一般不会影响分析结论。

消费率，又称最终消费率，通常指一定时期内最终消费额占国内生产总值的比重，一般按现行价格计算。用公式表示为：

消费率 =（最终消费/支出法 GDP）×100%

需要指出的是，按上述公式计算的投资率和消费率相加不等于100%，因为国内生产总值使用额除用于投资和消费外，还用于净出口（出口减去进口）。由于我国净出口与国内生产总值使用额之比很小，一般在3%左右，因此，从投资率和消费率可以大致看出投资与消费的比例关系。

第二节 中国投资率与消费率的运行轨迹

一、投资率与消费率的运行走势

自1978年以来，中国的投资率的年平均值约为37%，并在波动中上升。1978—1992年的投资率维持在30%—40%之间，1993年提高到40%以上，虽然在1996—2002年之间有所回落，但自2003年开始，又提高并稳定在40%以上。1978—2006年的29年中，投资率最低年份是1982年，为31.9%，最高年份是2004年，达到创纪录的43.2%。而同期消费率的年平均值约为61%，并呈现逐年下降趋势。1978—1992年间，消费率保持在62%以上，最高年份是1981年，达到67.1%。自1993年开始，消费率步入下降通道，年平均值在60%以下，为57.9%。1999—2001年，消费率曾短暂回升至60%以上，但2002年又开始掉头向下，2006年达到最低值，为49.9%。从表3-1和图3-1中可以看到改革开放以来投资率和消费率的年度变化和运行轨迹。

如果我们把改革开放前的数据也纳入时间序列进行比较，可以更加清楚地反映出投资率上升、消费率下降的总体态势。表3-2是1952年和“一五”至“五五”时期的投资率与消费率的具体变动情况。由表3-2可知，1952—1980年，伴随工业化的建设进程，中国的投资率也是逐步上升，由“一五”时期20%左右上升到“五五”时期的35%以上；消费率相应逐步下降，由80%左右下降到65%以下。总的来看，投资率从1952年的18%上升到2006年的42.5%，同期的消费率则由83.6%下滑到49.9%，前者上升了24个多百分点，而后者则下滑近34个百分点。

表3-1　1978—2006年中国投资率与消费率的变动

年份	支出法GDP（亿元）	最终消费支出（亿元）	资本形成总额（亿元）	投资率（%）	消费率（%）	GDP增长率（%）
1978	3605.6	2239.1	1377.9	38.2	62.1	11.7
1979	4092.6	2633.7	1478.9	36.1	64.4	7.6
1980	4592.9	3007.9	1599.7	34.8	65.5	7.8
1981	5008.8	3361.5	1630.2	32.5	67.1	5.2
1982	5590.0	3714.8	1784.2	31.9	66.5	9.1
1983	6216.2	4126.4	2039.0	32.8	66.4	10.9
1984	7362.7	4846.3	2515.1	34.2	65.8	15.2
1985	9076.7	5986.3	3457.5	38.1	66.0	13.5
1986	10508.5	6821.8	3941.9	37.5	64.9	8.8
1987	12277.4	7804.6	4462.0	36.3	63.6	11.6
1988	15388.6	9839.5	5700.2	37.0	63.9	11.3
1989	17311.3	11164.2	6332.7	36.6	64.5	4.1
1990	19347.8	12090.5	6747.0	34.9	62.5	3.8
1991	22577.4	14091.9	7868.0	34.8	62.4	9.2
1992	27565.2	17203.3	10086.3	36.6	62.4	14.2
1993	36938.1	21899.9	15717.7	42.6	59.3	13.5
1994	50217.4	29242.2	20341.1	40.5	58.2	12.6
1995	63216.9	36748.2	25470.1	40.3	58.1	10.5
1996	74163.6	43919.5	28784.9	38.8	59.2	9.6
1997	81658.5	48140.6	29968.0	36.7	59.0	8.8
1998	86531.6	51588.2	31314.2	36.2	59.6	7.8
1999	91125.0	55636.9	32951.5	36.2	61.1	7.1

续表

年份	支出法 GDP（亿元）	最终消费支出（亿元）	资本形成总额（亿元）	投资率（%）	消费率（%）	GDP 增长率（%）
2000	98749.0	61516.0	34842.8	35.3	62.3	8.0
2001	108972.4	66878.3	39769.4	36.5	61.4	7.5
2002	120350.3	71691.2	45565.0	37.9	59.6	8.3
2003	136398.8	77449.5	55963.0	41.0	56.8	9.3
2004	160280.4	87032.9	69168.4	43.2	54.3	9.5
2005	188692.1	97822.7	80646.3	42.7	51.8	10.2
2006	221170.5	110413.2	94103.2	42.5	49.9	10.7

资料来源：中国国家统计局：《中国统计年鉴 2007》，第三部分“国民经济核算”。《2007 年国民经济和社会发展统计公报》。

注：(1) 支出法国内生产总值不等于国内生产总值是由于计算误差的影响。

(2) 投资率指资本形成总额占支出法 GDP 的比重；消费率是最终消费支出占支出法 GDP 的比重。投资率和消费率之和不等于 1，是由于货物和服务净出口的影响。当年净出口为负值、零和正值时，投资率、消费率之和分别大于 1、等于 1、小于 1。

(3) 因 1999 年国际收支平衡表中的数据发生变化，故对该年支出法 GDP 作出调整。

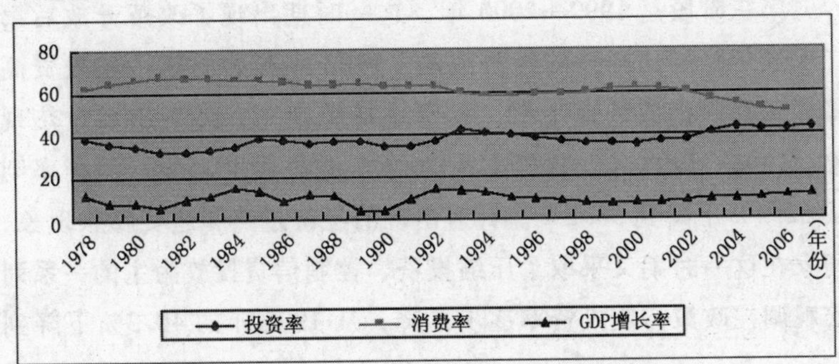

图 3-1 1978—2006 年中国投资率、消费率走势

为了进一步说明转轨时期投资率、消费率的变化情况及其主要原因，我们根据经济周期的变化，将改革开放后 30 年的经济发展分成四个阶段，分别加以描述。

第一阶段是 1978—1983 年，这是中国经济从“十年动乱”[①]中逐渐恢复发展的阶段。在这 6 年里，国家对长期实行的重积累、轻消费的经济发展战略进行了调整，重新安排积累与消费的比例关系，使得投资率由 1978 年的 38.2% 下降到 1983 年的 32.8%，累计下降了 6.3 个百分点；消费率从 1978 年的 62.1% 上升到 1983 年的 66.4%，连续 5 年上升，上升了 4.3 个百分点。

第二阶段是 1984—1991 年，这一时期中国经济经历了一次从过热到调整的经济周期。1984—1988 年间，工业化开始加速，投资旺盛，通货膨胀率较高[②]，使得消费率由 1984 年的 65.8% 下降到 1988 年的 63.9%，下降了约 3%；而投资率则从 1984 年的 34.2% 上升到 1988 年的 37.0%，上涨了约 9%；1989 年国民经济的治理整顿开始，此后 3 年，国家采取措施压缩固定资产投资规模，投资率下降到 34.8%，消费增长也放缓，经济增长出现大幅度下滑。

第三阶段是 1992—2000 年，这一时期出现了改革开放后第二次通货膨胀到调整的经济波动。1992 年开始的新一轮投资高峰导致物价指数快速上涨，投资率持续走高，经济出现过热现象。1992—1994 年，投资率从 36.6% 提高到 40.5%；消费率则从 62.4% 下降到 58.2%。针对出现的经济过热和通货膨胀现象，国家在这一时期又采取了压缩投资、控制信贷投放为主的一系列宏观调控政策，使投资率逐步下降，从 1995 年的 40.3% 下降到

---

① 指 1966—1976 年发生在中国的“文化大革命”。

② 1988 年的通货膨胀率达 18.5%，比 1986 年高出 12 个百分点。

2000 年的 35.3%；另外，国家启动了扩大内需的方针，采取经济政策引导消费，使消费率逐步上升，从 1995 年的 58.1% 上升到 2000 年的 62.3%。

第四阶段是 2001 年以来的时期。受重工业化、城市化加速和房地产投资大幅度增长等因素的影响，加上 1997 年亚洲金融危机以来多年实施积极财政政策和扩张性货币政策的累积效应，自 2001 年开始，中国经济又进入了一个新的扩张性周期，固定资产投资快速增长，但居民消费却迟迟没有启动。2006 年年底以后，生活消费品价格水平开始较快上涨。这一时期的投资率明显回升，从 2001 年的 36.5% 上升到 2006 年的 42.5%，而消费率则从 61.4% 下降到 49.9%。2007 年国家开始了又一轮的经济宏观调控。

需要指出，尽管中国的投资率和消费率整体上呈现前者上扬而后者下降的趋势，但是，观察表 3－1 和表 3－2 可以发现，改革开放前后的投资率和消费率的比例变动有着明显的差异："一五"时期，两者之比为 79.4：21.2；而到了"五五"时期，变成了 64.8：35.3。"六五"时期平均为 66.4：33.9；"七五"时期为 63.9：36.5；"八五"时期为 61.4：38.9；"九五"期间为 60.24：39.5；"十五"期间为 69.2：47.3。改革开放后，投资率与消费率两者比例的变动幅度明显小于改革开放前。

表 3－2　1952—1980 年中国投资率与消费率的变动　单位：%

年　份	最终消费率（%）	投资率（%）	GDP 年均增长率（%）
1952	83.6	18.0	—
"一五"时期（1953—1957 年）	79.4	21.2	9.2
"二五"时期（1958—1962 年）	71.3	28.3	－2.0

续表

年　份	最终消费率（%）	投资率（%）	GDP 年均增长率（%）
“三五”时期（1966—1970 年）	71.8	27.9	6.9
“四五”时期（1971—1975 年）	65.5	34.2	5.9
“五五”时期（1976—1980 年）	64.8	35.3	6.5

数据来源：李建伟：《投资率和消费率的演变规律及其与经济增长的关系》，《经济学动态》，2003 年第 3 期。

二、投资率与消费率的运行特征

（一）投资率与消费率变动的趋势与工业化进程中的变动规律近似

投资与消费比例演变的一般规律是：在工业化初期和进程中，投资率不断上升，消费率相对下降，但随着工业化进程的结束，投资率与消费率将趋于稳定。通过以上分析我们发现，我国投资率与消费率的变化大致符合工业化时期一般国家投资率和消费率的演变规律，即：投资率在波动中逐步上扬，消费率在波动中呈下降趋势，并且两者波动幅度逐渐缩小。1978 年至今的投资率、消费率和 GDP 增长率分别围绕着 40%、60%、10%上下波动。直观判断，“4 - 6 - 1”模式大体上符合工业化进程中投资率、消费率和 GDP 增长率三者之间关系的自身演变趋势。

（二）投资率高、消费率低，投资是 GDP 增长的主要拉动因素

在图 3 - 1 中，结合 GDP 增长率的变化我们不难发现，投资率的波动与经济增长率的波动幅度与趋势基本一致。投资率高的年份，经济增长率也高，反之，投资率低的年份，经济增长率也

低，两者之间存在着同步的周期性变化。而消费率的波动与经济增长率波动的幅度与趋势则没有表现出明显的相关性。1992年以前，除少数年份外，投资率低于年均值时，经济增长率可达10%以上；1993年以后，投资率低于年均值时，经济增长率都在10%以下，这说明，中国的经济增长越来越依赖于投资的增长和拉动作用。投资率高而消费率低。

（三）投资率波动明显，消费率的变化相对平稳

改革开放以来，出现了三次投资过热和三次投资下降的情况。投资过热分别是1985—1986年，1993—1994年和2003年至今；投资下降分别是1981—1983年，1989—1991年，1997—2001年。1985年的投资过热与1982年提出“翻两番”的经济增长目标有关，1993年的投资过快增长与邓小平“南巡讲话”后各地兴起的投资热潮有关，2003年至今的投资过快的成因较复杂，在银行信贷支撑下的能源、汽车、城市基础设施和房地产投资的高速增长是重要原因①。而投资下降往往与某些特殊事件的外部冲击有关，1989年政治风波、1997年亚洲金融危机都导致了经济增长的突然下滑，投资增长的显著下降。

（四）在投资率构成中，政府投资率逐年上升，非政府投资率变动幅度明显

政府投资率从1992年的2.3%逐步上升到2004年的5.1%。政府投资率的这种上升反映了经济社会发展对政府投资的需求，

① 有研究认为，中国存在以尾数“3”、“8”的年份为界限的“投资政策周期”，既换届选举产生的新一届政府为了给经济开个“好头”，往往大力招商、引资、上项目，对投资扩张起了推波助澜的作用。

尤其是为了应对亚洲金融危机的冲击和国内通货膨胀的影响，连续数年实行积极财政政策，这必然会促使政府投资率提高。相比之下，非政府投资率表现出缓慢上升—迅速回落—逐渐上升的变化轨迹（见表3－3）。

表3－3 1992—2005年政府投资、非政府投资率变动轨迹 单位：%

年份	政府投资率	非政府投资率	投资率	年份	政府投资率	非政府投资率	投资率
1992	2.3	35.0	37.3	1999	3.4	33.7	37.1
1993	2.8	40.7	43.5	2000	3.5	32.8	36.4
1994	2.9	38.4	41.3	2001	3.8	34.2	38.0
1995	2.7	38.1	40.8	2002	3.6	34.3	37.9
1996	2.7	36.6	39.3	2003	4.9	36.0	41.0
1997	3.1	34.9	38.0	2004	5.1	38.0	43.2
1998	3.4	37.4	34.0	2005	—	—	—

数据来源：根据历年《中国统计年鉴》“国民经济核算”中“资金流量表（实物交易）”里的数据计算得。具体计算方法为：政府投资率＝政府部门资本形成总额/支出法GDP；非政府投资率＝（资本形成额－政府部门资本形成额）/支出法GDP。

（五）在消费率构成中，居民消费率所占比重比较大，且波动幅度相对较大，呈现波动下降趋势；而政府消费率相对波动较小，呈现稳中上升趋势

从表3－4和图3－2中可以看出，居民消费率从1978年的78.6%下降为2006年的72.6%；而政府消费率则从1978年的21.4%上升为2006年的27.4%。这表明：居民消费率的变动对最终消费率的影响比较大，在近年来持续下降的消费率中，下降的主要是居民消费率；由于社会公共支出方面的需要，我国政府消费率比重逐渐提高。

表 3-4　　1978—2006 年最终消费支出构成　　单位:%

年份	居民消费率	政府消费率	年份	居民消费率	政府消费率
1978	78.6	21.4	1993	74.9	25.1
1979	76.4	23.6	1994	74.7	25.3
1980	77.5	22.5	1995	77.2	22.8
1981	78.2	21.8	1996	77.3	22.7
1982	78.1	21.9	1997	76.7	23.3
1983	78.3	21.7	1998	76.0	24.0
1984	77.2	22.8	1999	75.3	24.7
1985	78.3	21.7	2000	74.5	25.5
1986	77.7	22.3	2001	73.6	26.4
1987	78.5	21.5	2002	73.3	26.7
1988	80.0	20.0	2003	73.4	26.6
1989	78.9	21.1	2004	73.3	26.7
1990	78.2	21.8	2005	72.8	27.2
1991	76.1	23.9	2006	72.6	27.4
1992	75.6	24.4			

数据来源：中国国家统计局：《中国统计年鉴 2007》。

为便于直观地比较居民消费率和政府消费率的变化趋势，我们将它们的变动轨迹制成图 3-2。

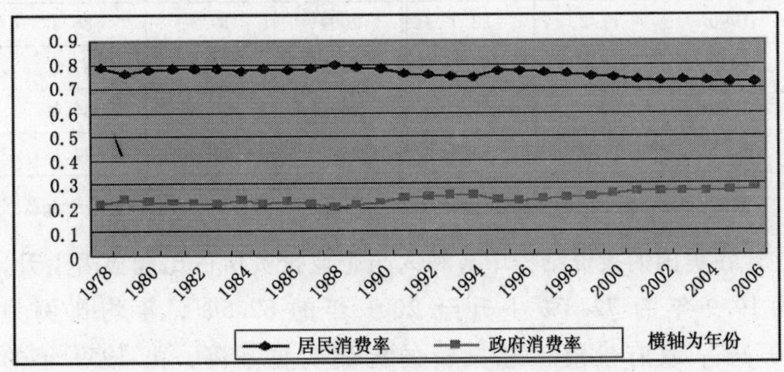

图 3-2　1978—2006 年中国居民消费率与政府消费率走势

第三节　不同国家的投资、消费比例关系

一、发达国家

美国、日本和英国作为发达国家的代表，其投资率与消费率的变化能够反映出发达国家投资与消费比例变化的一般规律。

（一）美国

近四十年间，美国的消费率呈现波动上升趋势，而投资率呈现波动下降趋势（参见表3－5）。在1970年到2007年间，美国最终消费率由80.3%上升到87.1%；资本形成率则是先降后升，基本维持在18%左右。

表3－5　美国的投资率与消费率　单位:%

年份	投资率	消费率	年份	投资率	消费率
1970	18.1	80.3	2002	18.2	86.0
1980	19.9	80.3	2003	18.6	86.5
1990	17.2	83.7	2004	19.3	86.8
1995	18.6	84.0	2005	19.7	87.1
2000	20.7	83.4	2006	20.0	86.3
2001	18.7	84.9	2007	19.0	87.1

数据来源：http：//www.imf.org/external/pubs/ft/weo/2007/01/data/weoselser.aspx。

在美国的投资结构中，私人与企业投资所占比例显著上升，由1959年的72.8%上升至2001年的82.5%，年均比例为80.2%；政府投资占总投资的比例明显下降，由1959年的27.2%下降到2001年的17.5%，年均比例为19.8%。由此可以

总结出，近40年来，美国非政府需求占总需求的比例趋于上升，而政府需求占总需求的比例趋于下降①。

而在最终消费内部，美国的政府消费率先升后降，由20.7%下降到17.9%；私人消费率却是先降后升，由79.3%上升到82.1%。与其他工业化国家相比，美国的政府消费率偏低，而私人消费率较高。

（二）日本

从1952年到2006年间，日本的最终消费率平均为67.3%。这一时期日本消费率呈现“U”字形变化，先是从1952年的77%下降到1970年的60%，而后缓慢回升，到2006年达到72%。日本的资本形成率与消费率变动趋势恰好相反，在20世纪50年代到70年代期间，资本形成率从24%上升到39%，而后长期保持在30%以上，同时，这一时期也是日本高速增长时期（参见表3-6）②。

表3-6　日本的投资率与消费率　单位：%

年份	投资率	消费率	年份	投资率	消费率
1960	28.7	71.3	2002	24.0	74.7
1970	39.0	59.7	2003	23.9	74.5
1980	32.4	67.6	2004	23.0	73.2
1990	32.9	66.2	2005	23.4	73.0
2000	26.3	72.3	2006	24.1	72.0

数据来源：http：//www.imf.org/external/pubs/ft/weo/2007/01/data/weoselser.aspx。

---

① 刘立峰：《消费与投资关系的国家经验比较》，《经济研究参考》，2004年第72期。

② 资料来源：Japan Statistical Yearbook 1975，2001，Statistics bureau，Management and Coordination Agency，Government of Japan。

在日本的最终消费中，私人消费和政府消费的比例长期保持稳定。1959 年到 2000 年间，日本私人消费占最终消费的比例基本在 86% 左右，而政府消费比率在 14% 左右。与其他工业化国家相比，日本的私人消费率较高，而政府消费率明显偏低。

在日本的资本形成中，固定投资比率呈明显上升趋势，而库存投资比率则明显下降。与美国相比，在日本的总投资中，私人与企业投资占总投资的比率较低，而政府投资比例较高。从 1980—2000 年间，日本私人与企业投资占比平均为 73.3%，而政府投资占比平均为 26.7%。私人与企业投资占比趋于下降，而政府投资占比则趋于上升①。

（三）英国

英国的最终消费率一直保持在 80% 以上的较高水平，而其投资率则长期处在 20% 左右。

从 1948 年到 2002 的 54 年中，英国的最终消费率呈现出 U 字形变化趋势。先是从 1948 年的 89% 下降到 1978 年的 78%，而后又逐渐回升到 2002 年的 86%；投资率的变动趋势正好与消费率相反，表现出先升后降的变化趋势，从 1948 年的 18% 上升到 1975 年的 22% 后又下降到 2002 年的 19%②。

总的来说，英国这 60 年来投资率与消费率的变化幅度都不明显，这和美国的投资率与消费率变化轨迹相似；但和日本相比，虽然两者的最终消费率都呈现出 U 形曲线的特征，可是日本由于受战后重建和经济复苏的影响，使得它投资与消费比例变

① 资料来源：Japan Statistical Yearbook 1975，2001，Statistics bureau，Management and Coordination Agency，Government of Japan。

② 资料来源：National Statistical，UK，http：//www. statistics. gov. uk/statbase。

动的幅度要明显大于英国，而且日本消费率的总体水平要低于英国，投资率则高很多。

二、新兴市场国家

从世界范围来看，经济增长率与投资率之间并无明显的依存关系，即经济高增长率不一定必须依靠高投资率才能实现。但东亚一些国家和地区比较特殊，经济增长率和投资率都是最高的[①]。下面以韩国、泰国和印度为例来说明。

（一）韩国

表 3 - 7　　韩国的投资率与消费率　　单位:%

年份	1970	1980	1990	2000	2001	2002	2003	2004	2005	2006
投资率	24.97	31.61	36.5	21.0	29.3	29.1	29.4	30.4	30.1	29.8
消费率	83.90	77.34	64.7	65.8	68.4	69.5	68.1	65.4	67.6	69.1

资料来源：http：//www. stats. gov. cn/tjsj/qtsj/gjsj/2007/。

韩国在 20 世纪 60 年代以前是一个典型的农业国，但在 1960 年以后进入快速工业化时期。1960—1990 年期间，随着第二产业增加值占 GDP 比重和工业化程度的不断提高，韩国的投资率也不断提高，工业化程度与投资率表现出相同的趋势。根据 1970—2002 年的数据资料可以看出，韩国的消费率呈现出 U 字形的变化。韩国在 1970 年时消费率高达 83.9%，而后逐渐下降，直到 1990 年的 64.7%；从 20 世纪 90 年代开始，韩国的消费率又开始缓慢回升，到 2003 年达到 68.1%（参见表 3 - 7）。由于在 20 世纪 80 年代以前的时间里，韩国的贸易与服务逆差占

① WBG. Key Development Data & Statistics. 2007 - 05 - 11，http：//web. worldbank. org/ WB2SITE/ EXTERNAL/ DATASTATISTICS.

GDP的比重较大，所以在消费率较高的情况下投资率也并不低。投资率从1970年的22%一直上升到1998年的38%左右。由于受亚洲金融危机的影响，又迅速下降到21%，而后保持稳定①。

（二）泰国

表3-8　　泰国的投资率与消费率　　单位:%

年份	1970	1980	1990	2000	2001	2002	2003	2004	2005	2006
投资率	25.6	29.1	41.4	22.8	24.1	23.9	25.2	27.1	31.7	29.1
消费率	—	—	66.2	68.6	69.4	68.9	68.0	68.3	70.1	69.9

资料来源：http：//www.stats.gov.cn/tjsj/qtsj/gjsj/2007/。

泰国经济在1960年以后进入工业化时期。其投资率呈现出倒U字形变化，从1960年的15.4%，上升到1990年的41.4%，总计上升了29个百分点。但自从1990年以后，泰国的工业化进程明显弱化，与此同时投资率也显著降低，到了2000年只有22.8%，而后虽然有所回升，可仍无法达到1998年以前的水平。与韩国类似的是，泰国的投资率虽然在1960—1998年这段时间里逐年上升，但其消费率也保持在65%以上，可见，泰国的贸易与服务逆差占GDP的比重也较大（参见表3-8）。

（三）印度

表3-9　　印度的投资率与消费率　　单位:%

年份	1990	2000	2001	2002	2003	2004	2005
投资率	24.1	22.7	22.3	22.8	23.8	31.0	33.4
消费率	77.4	78.1	78.3	77.5	77.7	70.8	69.6

资料来源：http：//www.stats.gov.cn/tjsj/qtsj/gjsj/2007/。

---

① 资料来源：National Statistical Office，http：//www.nso.go.kr/cgi-bin。

与韩国、泰国、马来西亚等新兴工业化国家不同，印度经济自1964年以来的工业化进程比较缓慢。印度的工业化水平在1964年时与韩国、泰国的工业化程度基本相当。但此后，韩国、泰国和马来西亚的工业化程度持续快速提高，而印度工业化进程则明显落后。即便如此，印度的投资率也随着其工业化程度的不断提高而逐渐提升，从1964年的16.8%逐步提升到2003年的23.8%。观察印度的投资率及其发展趋势可以看到，它也同样存在着围绕工业化发展趋势的周期性波动现象，但波动幅度小于韩国、泰国（参见表3－9）。

三、不同收入水平国家

（一）低收入国家

在1980—2005年期间，低收入国家的产业结构总体上呈不断提升状态，工业化程度不断提高。在这一变化过程中，只要工业增加值占GDP的比重上升，投资率便提高，消费率或最终需求率下降；反之，如果工业增加值占GDP比重下降，服务业增加值占比重提高，投资率便下降，而消费率或最终需求率上升。具体来看：从1980—2005年，低收入国家的投资率从20.0%提高到28.8%；最终消费率从1980年的79.8%下降到2004年的73.1%。低收入国家的投资率逐渐增长，这表明其投资逐渐加快，工业化进程明显提速（参见表3－10）。

表3－10　　低收入国家的消费率与投资率　　单位：%

年份	1980	1990	2000	2002	2003	2004	2005
投资率	20.0	21.1	22.2	23.5	24.8	26.6	28.8
消费率	79.8	78.6	77.5	76.3	75.2	73.1	—

数据来源：国家统计局网站各年国际统计数据。http：//www.stats.gov.cn/tjsj/qtsj/gjsj。

（二）中等收入国家和地区

中等收入国家与低收入国家投资率和消费率的变化特征类似。1980—1990 年间，中等收入国家产业结构的提升主要发生在工业和服务业，产业结构的这一变化导致投资率下降、消费率上升。投资率从 1980 年的 26.7% 下降到 1990 年的 25.9%，同时消费率从 1980 年的 73.2% 提高到 1990 年的 74.1%。1990 年以后该类国家的产业结构的变化不大，服务业与工业增加值占 GDP 的比重相对稳定。与此相对应，投资率和最终需求率仅有小幅变动，投资率从 1990 年的 25.9% 小幅下降后到 2004 年又回升，消费率则在 74.1% 上下小幅震荡（参见表 3－11）。

表 3－11　　中等收入国家投资率与消费率　　单位：%

年份	1980	1990	2000	2002	2003	2004	2005	2006
投资率	26.7	25.9	24.2	23.7	24.6	25.9	26.2	26.0
消费率	73.2	74.1	73.9	76.2	75.3	74.2	—	—

数据来源：国家统计局网站各年国际统计数据。http://www.stats.gov.cn/tjsj/qtsj/gjsj。

（三）高收入国家

1960—2004 年，高收入国家工业和服务业增加值占 GDP 的比重变化很小，但发生在工业和服务业之间的产业结构变化依然十分明显，投资率和消费率因此出现了较大幅度的变化。投资率从 1960 年的 21% 提高到 1980 年的 23.9%，消费率从 1960 年的 78.5% 下降到 1980 年的 75.3%。1980—2003 年，工业和服务业增加值占 GDP 比重有所下降，由此引致投资率从 1980 年的 23.9% 下降到 2003 年的 19.9%，下降了 4 个百分点；而消费率却从 1980 年的 75.3% 上升到 2003 年的 78.7%，上升了 3.4 个百分点（参见表3－12）。

表3－12　　高收入国家投资率与消费率　　单位:%

年份	1960	1980	1990	2000	2002	2003	2004
投资率	21.0	23.9	22.9	22.0	19.9	19.9	20.4
消费率	78.5	75.3	75.9	77.6	78.9	78.7	—

数据来源：国家统计局网站上各年国际统计数据。http：//www.stats.gov.cn/tjsj/qtsj/gjsj。

第四节　中外投资率与消费率比较

一、与世界各国比较

世界银行根据各国人均收入水平将所有国家划分为低收入国家、中等收入国家（包括下中等收入国和上中等收入国）和高收入国家。下面按照世界银行的这种划分方法，通过国际比较，进一步分析我国投资率、消费率运行的特点。

（一）投资率比较

1. 中国的投资率远远超过世界各国的平均水平。表3－13显示，在各个年份，中国的投资率都高于世界平均水平。如1990年和2000年，世界平均投资率为23.2%、23.4%，我国平均为35.2%、35.3%，比前者分别高出12.0个百分点和11.9个百分点。从长期平均水平来看，这种差距还要更大一些。1980—2003年期间，世界平均投资率为22.0%，我国是40.6%，比世界平均水平高出18.6个百分点。不仅如此，根据世界银行资料，20世纪90年代中国投资率的绝对水平也高于各国工业化时期的一般水平，接近马来西亚、泰国等新兴工业化国家在1990—1997年期间的历史最高水平。表3－13为世界银行公布的1970—1994年世界各国的投资率状况。从表中可以看到：（1）以美国、英国为代表的各西方发达国家的投资率比较稳定且水平较低。但日本的投资率明显要高一些。（2）一些发展较为缓慢和经济落后的第三世界国家如亚洲的孟加拉国、缅甸、巴基斯坦，非洲的尼日利亚等投资率很低。（3）新兴工业化国家如马来西亚、韩国、泰国、新加坡等国家的投资率一直较高。（4）前苏联、东欧国家和部分发展中国家的投资率处于中间水平。（5）1980—1994年间，中国的投资率一枝独秀，稳定在35%以上，高于表列的其他国家及其均值。

表3－13　　1970—1994年世界各国投资率　　单位：%

国别＼年份	1970	1980	1985	1987	1988	1989	1990	1991	1992	1993	1994
世界	23.0	24.1	22.3	22.5	23.3	24.4	23.2	22.5	21.7	21.5	—
中国	—	35.0	38.7	36.9	37.5	37.1	35.2	35.4	37.2	43.4	40.8
孟加拉国	11.3	14.9	12.9	12.9	12.4	12.9	12.8	11.5	12.1	13.8	14.0
印度	17.1	20.9	23.9	23.7	25.6	25.6	25.7	22.9	23.3	21.3	23.0
印度尼西亚	15.8	24.3	26.2	27.3	28.2	29.5	30.9	31.5	30.3	27.8	29.1
伊朗	—	29.6	21.1	25.5	19.1	23.8	28.6	33.2	35.4	29.2	14.9
以色列	27.4	21.8	17.8	17.6	16.9	15.8	18.5	23.6	23.2	22.3	—
日本	39.0	32.2	28.2	28.7	30.6	31.8	32.8	32.5	31.1	29.9	—
哈萨克斯坦	—	37.7	47.5	42.5	39.9	40.1	42.6	31.3		24.0	24.0
马来西亚	22.4	30.4	27.6	23.2	26.0	28.6	31.5	37.0	33.8	35.0	38.5
蒙古	—	46.2	58.4	45.7	43.4	46.0	42.3	28.9	14.5	19.0	20.9
缅甸	14.2	21.5	15.5	11.6	12.8	9.20	13.4	15.3	13.6	12.1	12.5
韩国	24.4	32.0	29.6	29.8	31.1	33.6	36.9	38.9	36.6	34.3	38.4
巴基斯坦	15.8	18.5	18.3	19.1	18.0	18.9	18.9	19.0	20.2	20.7	19.5
菲律宾	21.3	29.1	15.3	17.5	18.7	21.6	24.2	20.2	21.3	24.5	25.3

续表

年份 国别	1970	1980	1985	1987	1988	1989	1990	1991	1992	1993	1994
新加坡	38.7	46.3	42.5	39.0	36.5	34.8	39.5	38.0	36.4	38.4	32.2
斯里兰卡	18.9	33.8	23.4	22.9	22.3	21.4	21.9	22.6	24.6	25.6	26.9
泰国	25.6	29.1	28.2	27.9	32.6	35.1	41.1	42.2	39.6	39.9	40.1
土耳其	19.8	21.9	21.0	25.7	26.2	22.5	25.5	23.5	23.1	26.8	21.6
越南	—	—	—	14.6	19.2	14.6	13.0	15.0	17.6	20.5	24.2
埃及	13.9	27.5	26.7	18.0	24.2	23.3	21.9	20.4	18.0	17.0	17.5
尼日利亚	14.8	22.2	9.00	12.5	13.6	13.5	13.6	16.6	16.6	15.1	10.1
南非	30.4	28.3	20.1	18.5	21.0	21.1	17.1	16.3	14.8	15.3	17.7
加拿大	21.8	23.6	20.3	21.9	22.7	23.2	20.9	19.3	18.3	18.2	—
墨西哥	21.3	27.2	21.2	19.3	20.4	21.4	21.9	23.4	24.4	22.8	24.5
美国	18.1	19.9	20.2	19.0	18.4	18.4	17.2	15.6	15.7	16.5	—
阿根廷	24.4	25.3	17.6	19.6	18.6	15.5	14.0	14.6	16.7	18.2	19.9
巴西	20.5	23.3	19.2	22.3	22.7	24.8	21.5	18.9	19.1	19.2	16.5
委内瑞拉	32.9	26.4	18.5	24.6	28.0	12.7	10.2	18.7	23.7	18.7	9.40
白俄罗斯	—	19.5	21.3	23.3	22.4	27.4	27.4	30.0	32.3	35.0	—
保加利亚	—	34.0	32.2	32.9	34.4	33.1	25.6	27.9	22.3	18.9	20.3
捷克	—	31.0	27.6	29.3	27.4	26.8	28.6	29.8	26.6	17.8	—
法国	26.9	24.2	18.9	20.2	21.4	22.3	22.5	21.4	19.7	17.6	—
德国	27.6	23.4	19.6	19.4	20.0	20.9	21.4	23.6	23.2	22.0	—
意大利	27.4	27.0	22.5	21.0	21.5	21.3	21.0	20.4	19.4	16.9	—
荷兰	28.2	21.8	20.0	20.7	21.4	22.6	22.2	21.4	20.5	19.4	—
波兰	—	26.3	27.7	28.8	32.6	38.5	25.6	19.9	15.2	15.6	14.6
罗马尼亚	—	39.8	33.0	31.8	28.4	26.8	30.2	28.0	31.0	27.1	26.6
俄罗斯	—	22.4	26.6	25.3	27.3	33.8	30.1	39.1	30.2	28.0	27.0
西班牙	26.8	23.2	19.2	21.5	23.7	25.1	25.4	24.6	22.7	19.9	—
乌克兰	—	23.8	27.3	27.3	25.5	27.3	26.3	18.6	11.6	8.40	5.00
英国	19.6	16.9	17.2	17.9	20.1	20.7	19.0	15.7	15.5	15.1	—
澳大利亚	27.2	25.4	25.3	24.0	26.2	25.4	21.0	19.2	19.5	19.7	—
新西兰	24.6	20.8	26.2	21.7	19.8	23.4	21.3	17.5	19.7	21.1	—

资料来源：世界银行《世界数据表》1996 年。本表数据与中国国家统计局数据有差异。

2. 中国的投资率分别高于不同收入层次国家的平均水平。按照收入水平将各国分组比较的结果表明，1980 年以来，我国的投资率分别高于低收入国家、中等收入国家和高收入国家的投资率水平。比低收入国家的平均值 21.6% 高出 19 个百分点，比全部中等收入国家的平均值 25.6% 高出 15 个百分点，比高收入国家的平均值 20% 高出 20.6 个百分点（参见表 3－14）。

表 3－14　1990—2003 年中国投资率与不同收入组国家比较　单位：%

收入分组	1980 年	1990 年	2000 年	2001 年	2002 年	2003 年
低收入国家	20	21.0	21.2	21.4	21.9	22.7
中等收入国家	27	25.6	24.4	24.4	24.5	25.3
上中等收入国家	—	20.7	21.6	20.1	19.1	19.0
下中等收入国家	—	28.0	25.9	26.6	27.2	28.3
高收入国家	24	23.1	22.1	20.8	19.9	—
世界整体	—	23.4	22.4	21.4	20.7	—
中国	34.8	34.9	35.3	36.5	37.9	41.0

数据来源：http://www.stats.gov.cn/tjsj/qtsj/gjsj/2005/t20060726_4024.htm。

3. 中国投资率的波动明显，整体上呈现持续上扬和逐渐稳定的趋势。如前所述，1982—1985 年的快速提升时期，投资率从 31.9% 迅速提高到 38.1%，随后又进入下调阶段，到 1991 年下降到 34.8% 左右。1992—1994 年也发生过一次波动，投资率在 1991 年探底后，很快地上升到 1994 年的 42.6%。自 2003 年开始又进入新一轮的提升阶段，投资率基本稳定在 40% 左右的高水平。2004 年下半年国家加强了宏观调控，2005 年以控制房地产价格和部分生产资料过快上涨为中心的各项调控措施陆续出台，投资率新一轮提升的势头得到一定程度的遏制，但 2007 年又进入快速扩张的轨道。

中国的投资率从 20 世纪 80 年代的 35% 左右逐步攀升至 21

世纪初40%以上的高位，升幅稳定，这与世界各国的情况存在一些差异。一般而言，低收入国家的投资率演变有明显的阶段性特征，一段时期上升，一段时期则下降，稳定上扬的趋势不明显；中等收入国家的投资率演变表现为由上升到平稳的过程；高收入国家的投资率变化很小，保持稳定。世界上不乏通过一定时期的高投资使本国经济迅速增长的例子，但其投资水平大都没有达到中国1978年以来的高水平和长时间。如果分阶段看，中国1952—1978年的投资率上升幅度较大，上升速度较快；而1978年以后，投资率上升幅度变小，速度放慢，投资率变化日趋平缓。

（二）消费率比较

表3-15反映了中国消费率与世界及其不同收入水平国家的对比。

1. 中国的消费率明显低于世界各国的整体水平和不同收入国家的水平。表3-15显示，在1990—2003年间，中国消费率无论是时点数还是时期数均大大低于其他国家平均数。1990年和2003年，中国消费率分别为62.5%、59.6%，世界整体水平为76.8%、79.1%，前者低于后者14.3个百分点和19.5个百分点。1990—2003年期间，世界整体消费率为78%左右，而中国在60%上下，比世界平均水平低18个百分点。表3-15同时表明，在各类不同收入水平国家的消费率中，中国的最低，比“下中等收入国家”的消费率还要低10个百分点左右。中国的低消费率如同高投资率一样，世界少见。

2. 中国的消费率波动较小，有逐渐走低的趋势。综合表3-1和表3-15的数据我们看到，我国消费率年度间的波动不明显，较为稳定。对这种情况的一个合理解释是，作为消费主体的居民消费，受居民的消费心理预期、收入水平差异和消费观念等的影响而具有刚性。

1990—2003 年，中国的消费率从 62.5% 下降到 56.8%，下降了约 6 个百分点，这在各个不同收入的国家中绝无仅有。如果在更长的时间跨度中观察，从 1978—2006 年，中国的消费率则从 62.1% 下降到 49.9%，下降幅度更达到了 20%。可见，稳中趋降似乎成为我国消费率变动的特有现象。

3. 消费率中居民消费率趋于下降。消费需求构成中，居民消费占绝大的比重，政府消费占比较小，这两者在我国大约是 8：2。从表 3－4 看出，我国居民消费率 1978 年为 78.6%，到 2006 年降为 72.6%；下降了 6 个百分点。与此相对应，同一时期的政府消费率则由 21.4% 上升到 27.4%，上升了 6 个百分点。对于这一趋势难以给出单一因素的解释，但一个可能的原因是，政府对居民消费的可调节性较弱，而随着财政收入的不断增长，政府消费需求比居民消费需求有更快增长。

4. 长期偏低的消费率意味着长期较高的投资率。相对于快速增长的投资需求，我们的消费明显乏力，这与我国城乡居民收入水平依然偏低，购买力仍然不强，城乡居民、不同区域居民间收入差距仍在扩大有直接关系。投资和消费是国民收入分配中此消彼长的一对矛盾，按照支出法统计口径，投资率和消费率的比值已从 1978 年的 38：62 变化为 2006 年的 43：50（见表 3－1）。宏观经济结构性问题已经突出地表现为投资和消费的比例失衡。从长远看，投资与消费的比例失当，会造成长期国内有效需求特别是国内消费需求不足，不利于宏观经济的持续稳定快速增长。

表 3－15 1990—2003 年中国最终消费率和不同收入组国家比较

单位：%

收入分组	1990 年	2000 年	2001 年	2002 年	2003 年
低收入国家	82.4	80.3	80.5	80.2	79.7
中等收入国家	73.4	73.5	73.9	72.6	71.7
上中等收入国家	76.3	76.0	78.1	76.1	76.1
下中等收入国家	71.9	72.2	71.9	70.9	69.7
高收入国家	77.3	78.4	79.5	80.3	—
世界整体	76.8	77.7	78.7	79.1	—
中国	62.5	62.3	61.4	59.6	56.8

数据来源：http：//www.stats.gov.cn/tjsj/qtsj/gjsj/2005/t20060726_402409940.htm。

通过上述比较我们可以看出，一般来说，投资率在相当长的时期内都不会有太大变化，波动也很平稳，发展中国家的投资率大都高于发达国家。中国作为发展中国家的代表，其投资率不但明显高于发达国家，而且也高于其他发展中国家，但中国的消费率却又明显偏低。另外，中国的投资率、消费率与世界平均水平的差距呈逐年拉大的趋势。特别是 2003 年以来，这种失衡的现象严重。

二、与东亚国家和地区比较

由于东亚国家和地区比较特殊，其投资率和增长率在世界范围内都是最高的，而且东亚国家和地区在传统习惯、发展历程和发展模式等方面与中国有相似之处，因此，这里将中国的投资率与东亚一些国家和地区作进一步的比较（见表 3－16）。

表 3-16　东亚一些国家和地区的投资率　单位:%

年份	日本	韩国	中国台湾	年份	日本	韩国	中国台湾
1971	39.0	25.5	26.3	1988	31.2	31.4	23.5
1972	35.8	21.4	25.6	1989	32.3	33.9	23.3
1973	38.1	25.6	29.1	1990	33.1	37.5	23.0
1974	37.3	32.2	39.2	1991	32.7	39.7	23.2
1975	32.8	28.7	30.5	1992	31.0	37.3	25.3
1976	31.8	26.9	30.8	1993	29.6	35.7	26.0
1977	30.8	28.7	28.3	1994	28.4	37.0	25.2
1978	30.9	33.2	28.3	1995	28.4	37.7	25.2
1979	32.5	36.3	32.9	1996	28.9	38.9	23.1
1980	32.4	31.9	33.8	1997	28.4	36.0	34.1
1981	31.7	28.4	29.9	1998	26.3	25.0	25.0
1982	30.4	28.7	25.2	1999	24.8	29.1	23.6
1983	28.4	29.1	23.5	2000	25.4	31.0	23.3
1984	28.2	30.4	22.2	2002	23.1	29.1	—
1985	28.7	30.0	19.1	2003	22.8	30.0	—
1986	28.5	29.1	17.5	2004	23.0	30.2	—
1987	29.6	30.2	20.6	2005	23.4	29.8	—

资料来源：IMF, World Economic Outlook Database; ADB, Key Indicators 2003; http://www.stats.gov.cn/tjsj/qtsj/gjsj/2007/t20080627_402488471.htm。

由表 3-16 和前述表 3-6 看出，日本在 20 世纪 50 年代到 70 年代间经历了经济的高速增长期，期间日本维持了较高的投资率，平均 33.9%，在 1971 年时更是达到最高峰 39%。而后在石油危机的冲击下，日本经济结束了高速增长，投资率也开始下降。与日本的高投资率相比，中国是有过之而无不及，2004 年时投资率曾达到历史最高峰 43.2%，并且在 30% 以上的运行时间中也超过了日本。

韩国和中国台湾地区的工业化进程起步较晚，但发展迅猛。韩国自从1987年投资率达到30.2%以来，连续11年投资率保持在30%以上，最高值为39.7%，平均35.9%；中国台湾投资率有6次处于30%以上，最高值为34.1%。

东亚国家和地区的发展经历表明，在工业化进程中较高的投资率都要持续一段时间而后才呈现出逐步下降的趋势。中国的投资率峰值和持续时间都超过了日本、韩国和中国台湾。东亚一些国家和地区在1997年亚洲金融风暴后经济放缓，投资大幅减少的经验说明，中国应当将投资率控制在一个适度的水平。

三、结论与启示

通过上述比较分析，我们可以得到几点结论和启示：

第一，投资、消费比例的国际比较是非常重要的，因为它毕竟说明了中国投资、消费比例关系的相对状况。

第二，中国投资率高而消费率低。与世界各国、地区相比，结论都是如此。这说明：转轨时期我国的消费不足，投资相对过多。

第三，经济增长过分依靠投资来拉动，缺少消费需求的持久性动力。投资的高速增长，虽然在当期内可以拉动经济的较快增长，但从长远来看，如果没有最终消费的配合，投资的高速增长不会持续。因为投资的增长一方面增加需求，另一方面也增加供给能力。如果投资的增长不能带动最终消费需求的增长，经济的持续、健康、快速增长也就难以实现。

第四，中国消费不足的实质是居民消费不足，增长乏力。因此，提高居民消费是提高总消费的关键。根据一个国家的政府消费率在其居民人均收入上升过程的中不断上升的规律，政府在建设和谐社会中的公共服务支出也应逐渐加大。

第五，国际比较为分析中国投资率形成原因提供了不同的视角，但并不能用来圆满地解释各国存在的差异。下面，我们将进一步分析决定我国投资率的原因。

第四章 经济转轨对投资、消费比例关系的影响

经济转轨是指一个经济体的基本经济制度由一种相对稳定状态向另一种相对稳定状态的转变过程与路径，处于转轨状态的经济体称为转轨经济。中国自 1978 年以来处于渐进式改革的经济转轨过程之中，经济体制改革的目标是建立公有制为主体、多种所有制并存的社会主义市场经济，实现由高度集中的、单一公有制的计划经济体制向社会主义市场经济体制的转轨。

第三章描述的中外投资率差异，为探究中国投资率的形成原因提供了转轨经济的独特视角。本章试图解释转轨经济中的中国投资率决定的主要因素，分析经济增长、制度变迁、产业结构调整、城市化进程、地区经济差异和增

长方式这几大因素对投资、消费比例关系的影响。

第一节 中国投资需求决定的现实

一、改革开放以前的投资决定

所谓投资决定是指，由谁决定是否投资、投资多少、何时投资、如何投资等问题。随着社会经济发展和理论认识的变化，中国的投资决定方式发生了重大变化。

在社会主义改造时期（1949—1956 年），全民、集体、公私合营、私营和个体等多种经济成分并存，投资主体多元化。全民所有制企业投资决策权基本上集中于国家，企业没有扩大再生产的投资权，简单再生产的投资决策也需要经过主管部门批准。建设项目必须列入国家的统一计划，总投资、年度投资、建设内容和建设进度等都作为指令性指标下达。资金主要集中于国家财政，投资所需的资金由财政部门按批准的投资计划统一分配。投资所需的物资也基本实行计划统一分配调拨。国家对其他经济成分的投资主要通过政策措施和经济办法，实行间接管理。对于一些急需增加产品的行业，国家在政策上允许和鼓励私营企业进行投资。这一时期的投资主要用于大规模的工业恢复和建设。

在计划经济时期（1957—1977 年），全民所有制和集体所有制经济迅速发展，个体经济萎缩，私营经济消失①。生产资料所有制结构的重大变革，使投资演变为单一的公有制投资，其中全民所有制投资占据支配地位。投资项目由政府决策，企业基本上

① 张中华：《投资学》，高等教育出版社 2006 年版，第 19 页。

没有决策权；企业投资所需的资金依靠财政拨款，无偿使用；投资盈利以利润形式上缴财政，投资风险由国家承担。计划经济体制下的企业有强烈的投资冲动而无内在的风险约束，因而，投资规模膨胀反复出现，投资效率低下。

计划经济时期的中国也曾对投资管理制度作过调整，目的是扩大地方和企业的投资决策权，调动它们进行经济建设的积极性，但这种调整都以失败而告终。这一时期，投资决策权的收、放是和经济周期的涨落联系在一起的。每当经济形势好转，投资放权的要求便被提出，而行政性放权又带来更强烈的投资数量冲动，导致投资规模膨胀，经济的正常发展遭到破坏。为了保证经济的正常发展，必须压缩投资规模，而在计划经济体制中，只能借助于强制性的行政收权，由此导致新的集中。当经济恢复并逐渐向好后，新的一轮循环又会开始。国家投资、资金无偿使用、高度统一计划管理的投资决策模式始终没有改变。

二、转轨时期的投资决定

1978 年至今是计划经济向中国特色社会主义市场经济转轨时期。1978 年召开的中国共产党十一届三中全会，提出了中国经济对外开放和体制改革的伟大历史任务，并确定了发展多种经济成分，对国有企业实行简政放权的基本改革思路。投资领域内开始试行国家预算内拨款改贷款。1985 年六届人大二次会议首次明确提出了改革建筑业和基本建设管理体制的要求，并将改革建筑业和基本建设管理体制，大力提高投资效益，作为加快中国城市改革的一项重大战略部署和经济体制改革的突破口。同年，国务院颁发了《关于改革建筑业和基本建设管理体制若干暂行规定》，放宽了固定资产投资计划管理权限，同时规定在基本建设实施过程中实行投资包干制、招标承包制、勘察设计单位企业化等一系列改革。1988年国务院批准了国家计委提出的《关于投资管理体制的近期改革方案》。该方案的基本思路是：适当划分中央、地方、企业等各类主体的投资范围，将政府投资主要用于基础设施、基础产业、防洪排涝、重点建设等投资项目；改革政府投资的分配方式和经营方式，主要措施是建立基本建设基金制度和成立国家专业投资公司。1993年党的十四届三中全会通过了《关于建立社会主义市场经济体制若干问题的决定》，国家将投资项目划分为竞争性、基础性和公益性三大类，明确了政府投资主要用于公益性和部分基础性项目的投资，竞争性项目则由企业投资。在投资领域划分的基础上，中国开始实施法人投资责任制和资本金制度。2004年国务院颁发《关于投资体制改革的若干决定》，明确了深化投资体制改革的指导思想是：按照完善社会主义市场经济体制的要求，在国家宏观调控下充分发挥市场配置资源的基础性作用，确立企业在投资活动中的主体地位，规范政府投资行为，保护投资者的合法权益，营造有利于各类投资主体公平、有序竞争的市场环境，促进生产要素的合理流动和有效配置，优化投资结构，提高投资效益，推动经济协调发展和社会全面进步。深化投资体制改革的目标是：最终建立起市场引导投资、企业自主决策、银行独立审贷、融资方式多样、中介服务规范、宏观调控有效的新型投资体制。

30年的改革开放打破了传统计划经济体制下高度集中的投资管理模式，形成了投资主体多元化、资金来源多渠道、投资方式多样化，项目建设市场化的转轨经济中的投资新格局。市场、企业、家庭在投资决定中的基础地位加强，政府对全社会投资进行宏观调控。中国的投资决定已不同于传统社会主义经济体制下的投资决定，也不同于新古典经济学所描述的市场经济条件下的投资决定。

(一) 企业投资的决定

作为投资主导力量的企业有多种类型：国有独资企业、上市公司、外商投资企业和民营企业等。而投资的资金来源包括：企业自筹或自有资金、银行信贷、利用外资、财政性资金等。投资建设采取自建、招标投标、项目融资等各种市场化建设的方式。不同性质企业的投资需求决定不尽相同。

国有企业的重要任务是国有资产的保值与增值。经营者是有任期和经营考核指标的。因此，国有企业经营者所追求的主要是任期内的利润和资产增值。国有企业的国有性质使其重大投资决策仍然受到各级政府的干预，企业的投资决策权没有完全落实，市场配置资源的基础性作用尚未得到充分发挥。

其他经济性质企业的投资决策权为所有者和经营者所控制，并被用于谋取经营者、所有者个人或集团利益。这类企业通常以收益最大化或企业价值最大化作为投资的标准，市场机制已经在这类企业投资决定中发挥主导作用。

企业的投资决定是企业自主决策的过程。投资决策的信息来源于市场上的产品供求状况及价格变动，利润—风险的权衡是主要的激励约束机制，企业的投资决定受金融环境的和国家宏观经济调控的影响。

(二) 政府投资的决定

政府投资有着与企业投资不同的决策系统、信息系统、动力系统和调控系统，其最终形成的是国有资本资产。地方政府投资追求的经济目标是地方财政收入的最大化和发展地方经济。地方政府大多热衷于追求本地的投资扩张和经济发展速度。中央政府投资追求的经济目标主要包括维持经济发展与平衡，争取实现充分就业等。就维持经济发展与平衡而言，中央政府投资的需求取决于经济发展与协调的状况。由于企业不愿投资或无力投资而使经济发展缓慢或某些产业发展滞后的问题越是严重，中央政府投资的需求就越大。就业问题不仅涉及到劳动力资源的利用，还关系到社会公平、社会安定等问题，中央政府更多的是在后一种意义上关心劳动力的充分就业。为了保证劳动力的就业，中央政府通常希望把投资维持在一定的水平上。

（三）家庭投资的决定

改革开放以来，家庭个人成为社会投资的又一重要主体。迄今为止，中国城镇居民家庭的投资方式主要是购置金融资产和住宅；农村家庭投资包括自建住房和购买农业机械等固定资产。本书不讨论家庭投资决定问题。

第二节　经济增长与投资

一、投资与经济增长总体描述

在第二章综述中我们看到，有关投资与宏观经济之间关系的理论研究与实证分析的文献大都认为，投资是经济增长的决定因素，在其他约束条件不变时，要达到一定的经济增长，必须要有相应的资金投入。本节分析转轨经济体制下经济的高速增长以及周期性波动与投资增长的关系。

全社会固定资产投资增长与国内生产总值（GDP）增长的动态见表4－1。

表 4－1 1978—2007 年固定资产投资增长与 GDP 增长 单位：%

年份	固定资产投资增长	国内生产总值增长	年份	固定资产投资增长	国内生产总值增长
1978	22.0	11.7	1993	61.8	13.5
1979	4.6	7.6	1994	30.4	12.6
1980	30.2	7.8	1995	17.5	10.2
1981	5.5	5.2	1996	14.8	9.6
1982	28.0	9.1	1997	8.6	8.8
1983	16.2	10.9	1998	13.9	7.8
1984	28.2	15.2	1999	5.1	7.1
1985	38.8	13.5	2000	10.3	8.0
1986	22.7	8.8	2001	13.1	7.3
1987	21.5	11.6	2002	16.1	8.0
1988	25.4	11.3	2003	26.7	9.1
1989	－7.2	4.1	2004	25.8	9.5
1990	2.4	3.8	2005	25.7	9.9
1991	23.9	9.2	2006	23.9	11.1
1992	44.4	14.2	2007	24.8	11.4

资料来源：根据各年《中国统计年鉴》、《2007 年国民经济和社会发展统计公报》数据整理。

表 4－1 的数据显示，1978—2007 年的 30 年中，全社会固定资产投资环比增长除 12 个年份下降以外，其余 18 个年份都是上升，而且一直保持着较高的平均增长水平，年均增长 21%。同一时期的 GDP 也保持着较高的增长速度，年均增长 9.6%。固定资产投资增长率约 2 倍于 GDP 增长率，或者说，GDP 增长与固定资产投资增长之比平均大约为 1：2。但同时，固定资产投资增长的波动幅度很大，低谷和高峰的落差达到 69%；波峰高，年增长率最高时曾达到 61.8%。图 4－1 直观地反映了这一时期

的固定资产投资增长的波动情况。

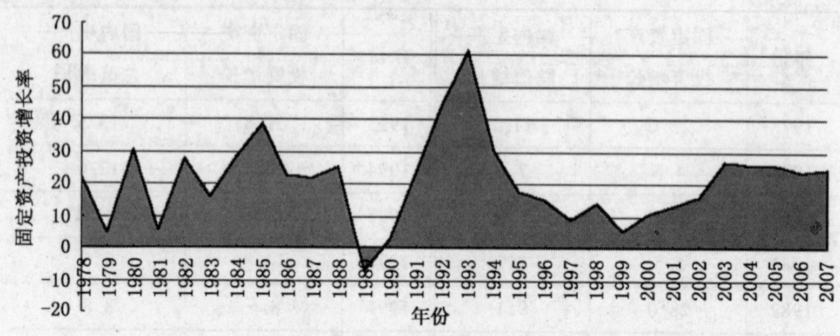

图 4－1 1978 年以来固定资产投资增长率变化

按照峰—峰划分法，1978—2007 年固定资产投资增长的波动可以分为 4 个周期：第一周期是 1978—1980 年，历时 3 年；第二周期是 1981—1985 年，历时 5 年；第三周期是 1986—1993 年，历时 8 年；第四周期是 1994 以来，已历时 14 年，尚未结束。各周期情况见表 4－2。

表 4－2 1978—2007 年固定资产投资增长率的波动周期 单位:%

周期序列	波峰年	波谷年	峰值	谷值	波动幅度	平均位势
1	1980	1979	30.2	4.6	25.6	18.9
2	1985	1981	38.8	5.5	33.3	23.3
3	1993	1989	61.8	－7.2	69.0	24.4
4	2003	1999	26.7	5.1	21.6	15.7

如果将固定资产投资增长及其波动与国内生产总值增长及其波动放在同一张图中做一个比较，可以发现，两者的波动有明显的相关关系，波动趋势基本一致，但前者的波动幅度要大于后者，投资增长的波动较陡峭，国内生产总值增长的波动较平缓。固定资产投资与经济增长具有相似的变化趋势，意味着经济增长具有一定的投资弹性，要求有相应的投资支撑，见图 4－2。

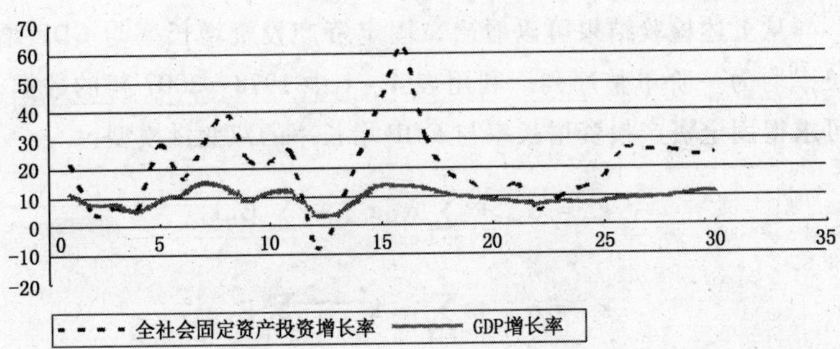

图 4－2　1978—2007 年固定资产投资增长率与国内生产总值增长率

二、投资增长与经济增长关系检验

我们使用格兰杰（Granger）因果检验法来分析固定资产投资增长和国内生产总值增长之间存在的关系。格兰杰因果分析法是美国加州大学著名计量经济学家格兰杰（Granger）于 1969 年提出，后由 Hendry、Richard 等人发展起来的一种检验方法。其定义是利用时间序列来鉴定因果关系，假定给定一个信息集 At，它至少包含（Xt，Yt）。根据格兰杰的定义，称 Xt 为 Yt 的原因，是指如果利用 Xt 的过去值比不用它时可以更好地预测 Yt；而反之，对于用 Yt 预测 Xt 时不会出现这种情况。

首先对表 4－1 中两个变量的数据进行平稳性检验，结果如表 4－3。

表 4－3　　ADF 检验结果

变量	ADF 检验值	各显著水平下的临界值		
		1%	5%	10%
g	－3.4204	－3.7115	－2.9810	－2.6299
k	－3.0590	－3.6892	－2.9719	－2.6251
g 一阶差分	－4.6570	－3.6999	－2.9763	－2.6274
k 一阶差分	－6.9049	－3.6892	－2.9719	－2.6251

从上述检验结果可以看出，固定资产投资增长率与 GDP 增长率均为一阶单整序列。利用表 4－1 中 1978—2007 年的数据，可求得固定资产投资增长率与 GDP 增长率的双变量模型：

$$g_t = \alpha_{10} + \sum_{i=1}^{p} \alpha_{1i} g_{t-i} + \sum_{i=1}^{p} \beta_{1i} k_{t-i}$$

$$k_t = \alpha_{20} + \sum_{i=1}^{p} \alpha_{2i} k_{t-i} + \sum_{i=1}^{p} \beta_{2i} g_{t-i}$$

选择 p＝3

$$g_t = 8.485 + 0.776g_{t-1} - 0.940g_{t-2} - 0.0599g_{t-3} - 0.00314k_{t-1} + 0.129k_{t-2} - 0.0253k_{t-3}$$

$R = 0.759 \qquad F_1 = 3.622$

$$k_t = 21.752 + 2.839g_{t-1} - 3.692g_{t-2} + 0.105g_{t-3} + 0.118k_{t-1} + 0.474k_{t-2} - 0.309k_{t-3}$$

$R = 0.737 \qquad F_2 = 3.166$

式中：g 为 GDP 增长率，k 为固定资产投资增长率。

查 F 分布表 $F_{0.01}$（3，25）＝4.68。

即 $F_1 < F_{0.01}$（3，25），　$F_2 < F_{0.01}$（3，25）

故在 1% 的显著水平下接受原假设。这说明改革开放以后，固定资产投资的变动对滞后期的经济增长没有预测作用，不存在反馈关系。由于格兰杰影响只是一种滞后影响关系，为说明当期投资与经济增长之间的关系，继续考虑变量之间的同步影响。计算可得如下的结果：

经济增长率和固定资产投资增长率之间的即时影响检验：

原假设	F	P
投资增长率非即时影响经济增长率	3.8378	0.0365
经济增长率非即时影响投资增长率	3.5184	0.0464

即时影响检验的检验结果显示，在 5% 的显著性水平上，可

以拒绝原假设。即投资增长率和经济增长率之间存在显著的双向即时影响。固定资产投资增长率的变化可以导致当期经济增长率的变化，同时经济增长率的变化也可以导致当期固定资产投资增长率发生相应的变化。

三、投资增长率波动与经济增长

鉴于固定资产投资增长率波动较大的状况，我们分别投资增长率上升、下降两个时期来进行进一步的分析。

表 4－4　1978—2007 年固定资产投资增长率下降的年份

年份	固定资产投资增长率（%）	国内生产总值增长率（%）
1979	4.6	7.6
1981	5.5	5.2
1983	16.2	10.9
1989	－7.2	4.1
1994	30.4	12.6
1995	17.5	10.2
1996	14.8	9.6
1997	8.6	8.8
1999	5.1	7.1
2004	25.8	9.5
2005	25.7	9.9
2006	23.9	10.7

资料来源：根据各年《中国统计年鉴》、《2007 年国民经济和社会发展统计公报》数据整理。

表 4－4 为 1953—2007 年固定资产投资增长率下降年份。通过将下降各年份的固定资产投资增长率与相应的经济增长率分别拟合，以当期固定资产投资增长率为解释变量，国内生产总值增长率为被解释变量，样本空间为表中数据，进行回归。回归结果如下：

$$g_t = a + bk_t + \varepsilon_t$$

$$g_t = 1.616 + 0.411k_t$$

$$(3.678)\ (12.532)$$

$$R^2 = 0.877 \qquad F = 157.047 \qquad SEE = 3.06$$

pearson correlation = 0.877

从上面的回归结果中我们可以看出，固定资产投资增长率下降年份里固定资产投资增长率与相应的经济增长率间存在着明显的正向线性关系。固定资产投资增长率下降 1 个百分点的同时，经济增长率会相应地下降 0.411 个百分点。

表 4－5　1978—2007 年固定资产投资增长率上升的年份

年份	固定资产投资增长率（%）	国内生产总值增长率（%）
1978	22.0	11.7
1980	30.2	7.8
1982	28.0	9.1
1984	28.2	15.2
1985	38.8	13.5
1986	22.7	8.8
1987	21.5	11.6
1988	25.4	11.3
1990	2.4	3.8
1991	23.9	9.2
1992	44.4	14.2
1993	61.8	13.5
1998	13.9	7.8
2000	10.3	8.0
2001	13.1	7.3
2002	16.1	8.0
2003	26.7	9.1
2007	24.8	11.4

资料来源：根据各年《中国统计年鉴》、《2007 年国民经济和社会发展统计公报》数据整理。

表 4-5 为 1978—2007 年固定资产投资增长率各上升年份。仍用上述方法，将各上升年份的固定资产投资增长率与相应的经济增长率分别拟合，样本空间为表中数据，进行回归，得出的检验结果如下：

$$g_t = a + bk_t + \varepsilon_t$$

$$g_t = 1.511 + 0.301k_t$$

$$(2.471)\ (13.189)$$

$$R^2 = 0.883 \qquad F = 173.958 \qquad SEE = 3.2381$$

Pearson correlation = 0.883

从上面的回归结果中我们可以看出，固定资产投资增长率上升年份里固定资产投资增长率与相应的经济增长率间存在着明显的正向线性关系。固定资产投资增长率上升 1 个百分点的同时，经济增长率会相应地上升 0.301 个百分点。

从以上回归模型的检验结果可以看出，当期的经济增长在很大程度是由固定资产投资来支持的。1978—2007 年 GDP 年平均增长速度为 9.6%，同期固定资产投资年平均增长 21%；1991—2007 年 GDP 年均增长达到 10.2%，同期固定资产投资年均增长为 22.5%。但是，在固定资产投资增长率上升阶段，固定资产投资增长与经济增长的相关系数要小于固定资产投资增长率下降阶段。这意味着，当固定资产投资增长加速时，经济增长比较不容易上升；而当固定资产投资增速下降时，经济增长比较容易下降。至于造成这种状况的原因，可能是多方面的。

四、几点结论与解释

综合以上分析，有如下结论：（1）投资变化率和产出变化率的关系即投资弹性系数，表明了投资变动一个百分点带动经济增长的百分点数。在 1978—2007 年中，除去 1979 年的 4.6%、

1989年的-7.2%和1990年的2.4%这3个异常值，经验观察的弹性系数约为50%。回归结果表明的正常年份的投资弹性系数的平均值约为0.36%。按照这样的投资产出关系测算，该时期GDP年均增长9.6%，要求投资增长率保持在年均19%—27%之间。(2) 固定资产投资总量增长与国内生产总值增长之间呈弱因果关系，投资总量的变化未能提高滞后期经济增长的被解释程度。(3) 投资总量增长与国内生产总值增长之间存在显著的即时影响关系，体现出较强的当期相关性，两者的波动也具有很强的相关性。

投资与GDP之间的即时影响明显且有近似的波动规律，显然是投资支出本身就构成了当期GDP流量的一个组成部分，当期投资规模与当期GDP正相关。事实上，当年的投资支出在投资乘数与加速数的作用下，会形成GDP扩张（收缩）——投资扩张（收缩）的正反馈循环：投资规模越大，GDP增长越快，而GDP的更快增长，形成了更大的投资供求。从这一点来讲，当期的投资规模及其波动决定着当期GDP的总量与变动。至于投资规模与GDP之间前因后果的关系不明显，则可能是因为：第一，投资膨胀——经济过热——宏观调控——经济硬着陆——留下大量的胡子工程和尾巴工程，曾一度是我国投资与经济增长的典型模式。当期投资的一部分并未形成未来有效的生产能力，而经济硬着陆的后果往往是经济增长的突然下降。这样，前期的投资增长对后期的经济增长不具有推断和预测的能力，实际产出对投资的反馈作用也不明显。第二，经济持续、稳定的增长有赖于前期投资项目所形成的产能的逐渐释放，要求投产项目尽快达到设计生产能力或效益能力。但是，过去几十年来我们经济发展走过的是一条粗放经营、资源高消耗，企业效益低下的路子；20世纪90年代后期以来，制造业和房地产业的产能过剩的隐忧已经存在，这些滞后效应都会使投资形成的生产能力没有发挥应有的效益。第三，现代经济发展的推动力已多元化或更多地依赖于全要素禀赋的作用。科学发展与技术创新、高素质的人力资本以及制度的变革，都成为经济增长的重要因素。投资对经济的拉动作用有减弱的趋势。

第三节 制度变迁

任何一项投资活动都是在一定的经济制度内进行的，不同经济体制下的投资决定、运行机制和管理调节是不同的。因此，研究投资率问题有必要首先研究制度问题。

制度变迁是指制度的替代与转换过程，其实质是一种效率更高的制度对另一种制度的替代①。中国经济制度变迁表现在多个方面，比如：产权制度多元化、经济运行市场化、利益分配格局演变和对外开放扩大等，其中，国有部门的改革和非国有经济的发展是影响投资、消费及其关系的最重要的因素。本节通过分析国有部门和非国有部门投资的变化，说明制度变迁对投资决定的影响。

一、渐进式“增量”改革与投资形成

渐进式改革是指在根本经济制度不发生较大变化的情况下，对经济发展过程中限制或阻碍经济发展的经济体制进行逐渐的改革。增量改革则是在原有的计划经济体制内，让市场机制在资产增量的配置上发挥作用，从而使增量部分不断扩大，计划经济的

---

① Douglass C. North and Robert Paul Thomas., The Rise of the Western World: A New Economic History, Cambridge University Press, 1972.

存量比重逐步缩小。

始于 1978 年的中国渐进式“增量”改革有如下特征：一是体制外改革。在计划经济体制之外或薄弱的边缘领域进行改革，给予市场经济一个试验、成长的空间。二是增量改革。在保留、改革计划经济体制的同时，不断引入市场经济体制的因素。三是双轨制改革。即新、旧两种体制并存，单项突破性改革和集中对部分政策的变革并存。四是倾斜式改革。改革选择了那些影响较小并具有建立新体制条件的地区作为突破口。五是普惠制改革。改革使绝大多数人从中受益。这种改革的优点是阻力小，易突破，成本较小。

渐进式“增量”改革在原有的计划经济体制的基础上进行市场经济改革，在保留、发展国有经济部门的同时，允许、鼓励非国有经济的发展，改革的结果是国有部门和非国有部门共存，非国有经济在国民经济中的比重扩大，实现经济制度的市场化转型。在市场经济已有一定基础和经济起飞之后，市场化的微观经济主体出现了跳跃性增长。国有经济投资在稳步增长的同时，越来越多的投资活动由非国有部门开展，非国有经济投资迅速扩大。国有部门投资与非国有部门投资的“双轨”增长、竞争增长与“融合”增长，成为中国转轨经济中投资领域内的一种独特的、其他国家极少见的“制度现象”。

二、国有部门投资

国有部门投资包括国有企业投资和政府直接投资。

（一）国有企业投资

国有企业改革是深刻的制度变迁过程。中国特色社会主义市场经济体制改革的目标决定了国有企业制度变迁的市场化路径。

1978年以来的国有企业制度改革大致分为四个阶段：第一阶段是1978—1983年，改革的主要内容是放权让利。通过放权让利、利润留成和奖金分配，国有企业有了一部分经营自主权和激励机制。第二阶段是1983—1986年，主要改革是“利改税”。将国有企业向主管部门上缴利润的制度，改变为向国家交纳企业所得税，税后利润较多的企业与主管部门再实行利润分成或向政府交纳调节税。建立了工业征收产品税、商业征收营业税为主的税收制度。开征增值税、房地产税、资源税等税目。第三阶段是1987—1991年，主要是推行国有企业经营承包责任制。承包责任制以契约的形式进一步扩大了企业的经营自主权，强化了企业的利益主体地位，同时也为企业设定了明确的责任，形成了初步的激励和约束机制。第四阶段是1992年以后，主要改革是建立现代企业制度。国有企业改革由分配关系、特别是企业与政府之间的利益分配关系改革，转向产权制度改革。新的国有资产管理、运营、监督体制逐步建立。

改革解决了国有企业长期存在的一些弊端，确立了国有企业相对独立的市场经济主体地位，企业在一定程度上成为投资决策和消费分配的主体。但是，国有企业的投资活动仍带很深的计划经济的“烙印”，突出表现是预算软约束（Soft Budget Constraint，SBC）下国有企业强烈的投资冲动与必然遇到的“容忍限度”的矛盾。

预算软约束是传统社会主义体制下国有企业投资的一种独特现象。在建立现代企业制度、国有企业转换经营机制的转轨时期，预算软约束的情形仍然广泛存在，只是表现形式上有所不同。这里存在着两层预算约束的软化：首先是各级政府对国有银行实行软约束，其次是国有银行在贷款方面对国有企业实行软约束。其结果就是政府给国有企业提供资金援助。国有企业投资的真正约束来自于所谓的容忍限度[①]，其中主要包括：投资与消费争夺资源，投资项目遇到的能源、资源瓶颈和环境约束，项目投产后带来的国际贸易摩擦和国际收支不平衡的状况等。但是，预算软约束下的国有企业在投资决策时，并不会认真地遵从“成本一效益”原则，投资额往往超出实际需要，期望收益难以实现，投资效率低下。

与此同时，随着国有企业改革和重组的不断深入，国有企业从部分竞争性领域退出，国有资本向关系国家安全和国民经济命脉的行业集中。国有企业数量由2001年的17.4万户减少到2002年的16万户，然后，又以每年减少约0.8万户的速度，减少到2007年的11万户[②]。虽然国有资产和国有资本的总额在增加，但是，国有企业的资本、资产和投资在整个国民经济中的比重却下降了。

（二）政府直接投资

政府直接投资是指政府作为投资主体，使用财政性资金进行的建设项目投资。政府直接投资的成果是形成国有资产、国有企业或单位[③]。

---

① 张中华：《投资学》，高等教育出版社2006年版，第339页。

② 资料来源：中国国家发展和改革委员会网站：http://www.ndrc.gov.cn/gzdt/t。

③ 政府直接投资有多种定义。中国审计署《审计机关国家建设项目审计准则》规定：政府投资是指国家建设项目投资或政府直接投资，包括以国有资产投资或者融资为主（即占控股或主导地位）的基本建设项目和技术改造项目。《中华人民共和国政府采购法》规定：政府采购是指各级国家机关、事业单位和团体组织，采购货物、工程和服务的行为。中国财政部《基本建设财务管理规定》指出：财政性基本建设项目是指经政府职能部门批准立项，由各类财政性资金安排或部分安排的项目。财政性资金是指财政预算内和财政预算外资金。

社会主义条件下的政府是社会和经济的管理者，要行使社会公共管理的职能，又要承担一定的经济职能，直接投资建设那些经济和社会发展需要而市场配置资源难以奏效的项目。计划经济时期，政府是主要的投资主体，是固定资产投资和生产能力形成的主导力量。经济转轨时期，市场的力量在成长，但各级政府出于弥补市场缺陷、维护公有制基础、推动经济发展、实施宏观调控政策等各种需要，仍大量地介入投资活动，政府直接投资的领域和规模很大。

按照经济学理论，“市场失灵”及其导致的政府干预经济的政策是政府从事直接投资的重要理论依据。市场失灵指的是由于信息不完全、市场不完善、外部性、社会成本与私人成本的歧异、公共商品等原因而无法由市场机制来实现资源优化配置的情况。“市场失灵”隐含着“政府有效”，即应由政府去弥补失灵的市场，其中除了运用立法、税收和金融政策等手段刺激消费和投资以外，最重要的一种手段就是政府向市场不起或很少起作用的领域、市场调节可能导致资源配置失误的领域进行直接投资。从西方国家的历史来看，政府投资在自由竞争时期较少，当资本主义进入垄断竞争时期，特别是20世纪30年代世界经济危机后才逐步发展起来。另外，战争及重建的需要，国家之间科技竞争的需要，也是西方政府参与投资的重要因素。

“市场失灵”理论不仅为政府干预经济提供了理论依据，而且界定了政府直接投资的作用和领域。政府直接投资的作用是弥补市场缺陷，促进经济持续、稳定与协调发展，将资源在公共部门和产业之间合理分配，形成公共资本与社会资本的协同效应，促进劳动者素质提高，促进欠发达地区的经济社会发展，推进技术进步和高新技术产业化，为整个社会再生产过程提供共同的基础条件。政府直接投资方向主要包括：江河治理、城市基础设施等公共工程；通讯邮电、供电供水、铁路等自然垄断行业；教育设施、环境保护、科技、卫生等公益事业和公共基础设施等具有明显外部效益的项目；航天工业等投资期长、资金需要多、风险大而私人无力或不愿进入的产业；特定时期内某些特殊的投资项目，如收买亏损的金融企业等。

国际经验表明，随着国有经济的发展和政府对经济干预的增强，政府直接投资存在的缺陷也日益显露。20 世纪 70 年代以后，西方国家的财政赤字与日俱增，通货膨胀、普遍失业与经济停滞相伴而生，经济陷入“滞胀”困境。在微观上，大量政府投资支出落入少数利益集团的私囊，国有企业的效率低下而成为政府的沉重负担。经济“滞胀”动摇了凯恩斯主义的主导地位，自由主义的经济学说重新复活，相继出现了货币学派、供给学派、公共选择学派、产权学派、新制度学派和理性预期学派等。他们从各自的角度对政府干预经济的缺陷及局限性进行了论述。原本主张发展国有经济和增加政府投资的政党和政府也开始转变态度，并采取了私有化国有企业和强化对政府直接投资监管的措施。

转轨时期中，中国的政府直接投资在全社会固定资产投资中的比重呈下降趋势，不过也有波动。比如，为克服亚洲金融危机的影响，扩大国内需求，中国政府自 1997 年开始实施积极的财政政策，扩大建设国债的发行规模，增加财政预算赤字，1998—2002 年共发行长期建设国债 6600 亿元，加上银行贷款和社会投资，共带动和安排建设项目投资 3.3 万亿元。2003 年和 2004 年又分别发行长期建设国债 1400 亿元和 900 亿元。即使在经济增长势头较好、社会投资活跃、实行稳健的货币政策和加强宏观经济调控的2005年，长期建设国债的发行规模仍达到800亿元①。中国的各级地方政府通常是将投资增长和大干快上更多的建设项目作为工作的重心，如招商引资、建设各类开发区和市政基础设施、鼓励和参与城市房地产开发等。近年来，政府直接投资大约占全社会固定资产投资的10%左右。制度变迁中的政府直接投资将长期存在。

三、非国有部门投资

（一）非国有经济的发展

非国有经济包括城乡集体经济、外资、合资、联营、非国有控股的股份制经济和私营、个体经济等。非国有经济企业是产权关系、运作方式与传统体制不同的经济实体。西方国家的基本制度决定了非国有经济在资本主义社会中的基础地位和主导作用，而从中国的实际情况考察，非国有经济的发展主要是中央政府和地方政府所主导的强制性制度变迁的结果。

非国有经济的发展大致分为四个阶段②：第一阶段是1978—1984年。这个阶段是个体工商业的兴起时期，其年均发展速度保持在20%—40%左右。1979年底个体工商业就业人数为31万人，到1984年年底已经超过1300万人③。第二阶段是1984—1989年。这是民营经济的快速成长时期。在这段时期内，乡办企业增加了2万多个，个体和联户办企业增加了1600万个，约

① 韩旺红：《政府投资监管问题研究》，《金融与投资论丛2006卷》，中国财政经济出版社2006年版，第321页。

② 龚晓菊：《制度变迁与民营经济发展研究》，武汉大学出版社2005年版，第73—100页。

③ 王克忠：《非公有制经济论》，上海人民出版社2003年版，第9—10页。

占乡镇企业总数的92%，乡村集体企业规模也不断扩大[①]。第三阶段是1989—1992年。这是民营经济的调整时期，其发展速度相对较慢。到1990年年底，私营企业的户数为9.8万户，就业人数2240万人，分别比上年增长8.3%和6.7%[②]。第四阶段是1992年至今，其中经历了两次发展高潮。1992—1996年，全国个体工商户户数由1534万户发展到2850万户，从业人员由2648万人增加到5441万人。1996—1997年步入调整，增长幅度逐年下降，但工商户户数和从业人员仍维持在年均5%以上的增长速度[③]。1997年开始，党的十五大把非公有制经济作为社会主义市场经济体制的重要组成部分，民营经济在国民经济中的地位和作用大幅度提升，极大地推动了民营经济又一轮高速发展。

改革开放初期，中国是一个典型的"双缺口"经济。为了缩小外汇缺口和资本缺口，我国同时采取了鼓励外商投资和鼓励出口的政策。在1987年以后，我国不仅积极鼓励发展中外合资经营和合作经营企业，还积极鼓励发展外商独资经营企业，外商投资特别是直接投资迅速增长。伴随对外开放和经济国际化程度的提高，外商对中国的直接投资仍会增长。

（二）非国有经济投资

大量非国有企业的建立和发展，离不开巨额资金的投入。非国有企业的特点，诸如民有产权性质、企业规模较小、劳动密集和出口导向等，使其投资所需的资金无法依靠传统的国有银行主

① 董辅礽：《中华人民共和国经济史》，经济科学出版社1999年版，第208—212页。

② 张厚义、名立志：《中国私营企业发展报告1978—1998》，社会科学文献出版社1999年版，第38—42页。

③ 同注②，第37页。

导的融资方式。通过自留利润等内部渠道和利用外部民间渠道进行的自我融资和非正式融资方式，成为中小企业投资资金来源的重要渠道。

近三十年来非国有经济的投资快速增长。1980 年，非国有部门投资占全社会固定资产投资（TFAI）的比重为 18.1%，到 1990 年，上升到了 33.9%。1992 年邓小平南巡谈话之后，非国有投资再度掀起高潮。伴随着外商投资经济、港澳台投资经济以及股份制经济的大量涌现，1993 年非国有经济投资增长高达 99.4%，占 TFAI 的比重迅速上升至 39.4%。此后到 1997 年亚洲金融危机爆发前，非国有投资增长率一直高于 TFAI 的增长率，占 TFAI 的比重迅速攀升至 47.6%，几乎与国有投资平分秋色。1998 年，受亚洲金融危机的影响，非国有部门投资比重略有下降，为 45.9%，但在随后几年，其占比又开始稳步上升，到 2006 年时，达到了 70%[①]。

强劲的外部需求和出口导向是投资高增长的又一重要原因。20 世纪 90 年代以来，外商投资企业和乡镇企业产品出口占总出口的比重越来越大，成为中国出口和贸易顺差增长重要推动力量。1991 年以来，外商投资企业出口额占全国总出口额的比重逐年上升，1991 年、1995 年分别为 18.9% 和 31.5%，2000 年上升到 47.9%，2006 年再创新高，达到 58.2%。乡镇企业自营出口的比重也在不断上升，仅从 1997—2002 年的情况看，乡镇企业自营出口交货值的比重就由 26.2% 上升至 35.41%[②]。出口需求的增加，必然要求贸易部门、包括与出口有关的机械制造业和一些面向出口的消费类企业，如纺织、服装等企业，增加生产能

① 此处的数据、比例均来自相关各年的《中国统计年鉴》，经整理而得。

② 同注①。

力，扩大生产规模，从而增加固定资产投资。自1992年以后，外商对中国的直接投资发展迅速，且相当数量的外商从事出口加工，成为中国加工贸易出口迅速发展的重要原因。

在中国实行资本管制的条件下，外资流入主要是长期资本的投资，包括直接投资和间接投资。长期资本的流入与汇率、利率相关，但主要的是中国的投资收益率高于资本输出的国家。据世界银行的调查，外资在中国的投资回报率高达22%①，而发展中国家的投资回报率平均为13.3%，西方七国集团的投资回报率平均为7.8%，其中最高的美国也不过9.9%②。

对于非国有部门来讲，通常都具有较硬的预算约束。这首先是因为非国有企业同政府不存在行政隶属关系，不大可能从政府获得再融资的服务。非国有企业是独立的市场主体和投资主体，承担投资收益并承担全部投资风险。

四、国有部门与非国有部门投资增长动态

总体来看，历经30年的经济体制改革，国有经济的固定资产投资总额绝对数逐年上升，从1980年的745.9亿元上升到2006年的32963.4亿元，但在TFAI中所占比例不断降低，从1980年的81.9%下降到2006年的30%。与此相对照，非国有经济获得了极大发展，其投资额不断扩大，从1980年的165亿元增加到2006年的77034.8亿元，在TFAI所占比例逐渐提高，从1980年的18.1%提高到2006年的70.0%。见表4－6、图4－3、图4－4。

---

① 胡少维：《固定资产投资走势及看法》，《投资增长速度研究》，中国统计出版社2007年版，第27页。

② 梅新育：《中国双顺差、对外资产积累及其调整》，《新华文摘》，2006年第24期。

表 4-6　　按经济类型划分的全社会固定资产投资

年份	总计	国有经济	比重(%)	增长(%)	非国有经济	比重(%)	增长(%)
1980	910.9	745.9	81.9	—	165.0	18.1	—
1981	961.0	667.5	69.5	-10.5	293.5	30.5	77.9
1982	1230.4	845.3	68.7	26.6	385.1	31.3	31.2
1983	1430.1	952.0	66.6	12.6	478.1	33.4	24.1
1984	1832.9	1185.2	64.7	24.5	647.7	35.3	35.5
1985	2543.2	1680.5	66.1	41.8	862.7	33.9	33.2
1986	3120.6	2079.4	66.6	23.7	1041.2	33.4	20.7
1987	3791.7	2448.8	64.6	17.8	1342.9	35.4	29.0
1988	4753.8	3020.0	63.5	23.3	1733.8	36.5	29.1
1989	4410.4	2808.1	63.7	-7.0	1602.3	36.3	-7.6
1990	4517.0	2986.3	66.1	6.3	1530.7	33.9	-4.5
1991	5594.5	3713.8	66.4	24.4	1880.7	33.6	22.9
1992	8080.1	5498.7	68.0	48.1	2581.4	32.0	37.3
1993	13072.3	7925.9	60.6	44.1	5146.4	39.4	99.4
1994	17042.1	9615.0	56.4	21.3	7427.1	43.6	44.3
1995	20019.3	10898.2	54.4	13.3	9121.1	45.6	22.8
1996	22913.5	12006.2	52.4	10.2	10907.3	47.6	19.6
1997	24941.1	13091.7	52.5	9.0	11849.4	47.5	8.6
1998	28406.2	15369.4	54.1	17.4	13036.8	45.9	10.0
1999	29854.7	15947.8	53.4	3.8	13906.9	46.6	6.7
2000	32917.7	16504.4	50.1	3.5	16413.3	49.9	18.0
2001	37213.5	17607.0	47.3	6.7	19606.5	52.7	19.5
2002	43499.9	18877.4	43.4	7.2	24622.5	56.6	25.6
2003	55566.6	21661.0	40.0	14.7	33905.0	60.0	37.7
2004	70477.4	25027.6	35.5	15.5	45449.8	64.5	34.1
2005	88773.6	29666.9	33.4	18.5	59106.7	66.6	30.0
2006	109998.2	32963.4	30.0	11.1	77034.8	70.0	30.3

注：由于固定资产投资额在资本形成总额中占90%左右的比重，其变动方向表明了投资率的变动方向，这里使用固定资产投资额来说明问题。

资料来源：各年《中国统计年鉴》。

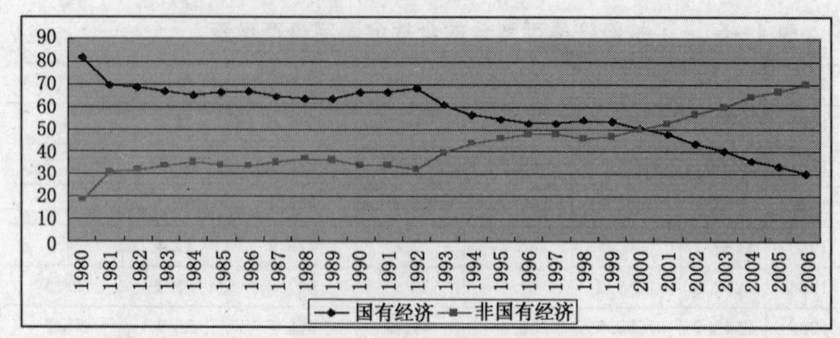

纵轴为百分比，横轴为年份

图 4 -3 国有投资、非国有投资在全社会固定资产投资中的比重（%）及变化

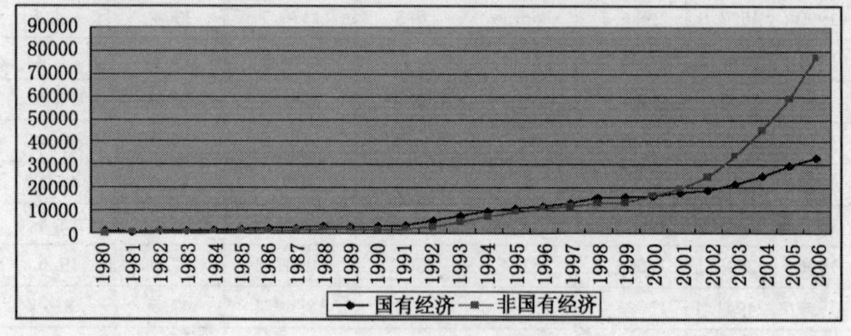

纵轴单位为亿元，横轴为年份

图 4 -4 国有投资、非国有投资绝对额变化趋势

在非国有经济投资中，中国实际利用的外商直接投资（FDI）的规模不断扩大。1985 年为 17 亿美元，2006 年为 695 亿美元，2007 年全年实际使用外商直接投资金额达到 748 亿美元。图 4 -5 反映了外商在华直接投资增长的趋势。

中国是一个发展中的大国，外商直接投资在全社会固定资产投资中所占的比例一般不到 5%。虽然近年来，中国的生产要素成本正在增加，包括工资、原材料、土地、能源、环境费用等都在上涨，廉价生产要素的优势似乎逐渐消失，但是，这些只是外资考虑的部分因素。经过30年的快速发展，中国建立了良好的产业地区布局和公共服务设施，经济增速每年保持在10%左右，市场规模的增量世界第一，人民币兑美元的汇率升值。而跨国公司在华经历了“机会试探”、“战略投资”阶段以后，正在进入所谓“控制战略”的阶段。在这一阶段，跨国产业并购和资源整合已成为跨国公司实施全球投资战略的首要目标。可以预计，随着外商投资信心的增强和市场控制战略的实施，未来外商直接投资的规模还会扩大。

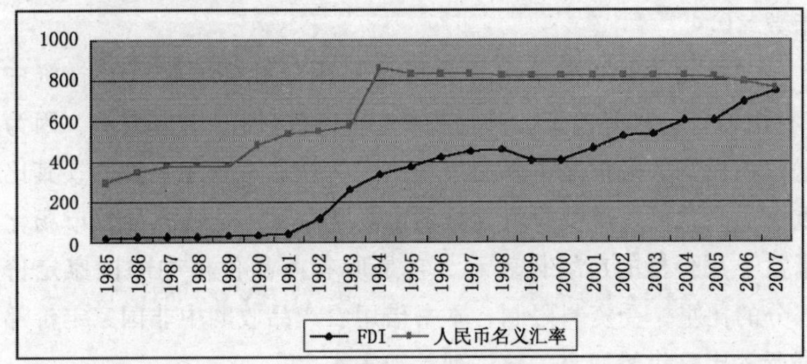

图4-5　1985—2007年FDI流入趋势与人民币名义汇率变动

数据来源：《中国统计年鉴2006》，2007年的数据来源于中国商务部网站。图中人民币名义汇率以100美元计算。FDI单位为亿元，横轴为年份。

五、制度变迁对投资、消费影响的定量分析

（一）变量选择与数据

制度变迁因素一般可以采用非国有化率、市场化指数、市场化收入比重和对外开放度等制度变量来衡量①。我们选择和构造

---

① 王文博、陈昌兵、徐海燕：《包含制度因素的中国经济增长模型及实证分析》，《统计研究》，2002年第5期。

一个反映非国有投资的"市场化指数"① 来定量分析制度变迁对投资率的影响。

由于经济运行的市场化程度及其变化可以从生产要素（资金、劳动力、技术水平等）配置的市场化和经济参数（价格、汇率、利率等）决定的市场化反映出来，所以，市场化指数是上述两个方面按其重要性不同加权合成的一个指数。市场化指数的计算方法如下：

市场化指数 = 生产要素市场化指数 ×0.6 + 经济参数市场化指数 ×0.4②

式中，"生产要素市场化指数"用全社会固定资产投资中"利用外资、自筹投资、其他投资"三项指标的比重表示，因为这三项投资的规模基本是由市场决定、投资者自主决策的，其比重大小大致可以反映投资领域的市场化程度。"经济参数市场化指数"用价格的市场化表示，它是所有商品价格中非国家定价部分的比重，受资料限制，本书借用农产品收购中非国家定价部分所占比重代替。有关数据列示于表 4－7。

表 4－7　　市场化指数与投资率、消费率数据

年份	投资率（Y1）	消费率（Y2）	市场化指数（X）	年份	投资率（Y1）	消费率（Y2）	市场化指数（X）
1978	38.2	62.1	21.8	1984	34.2	65.8	30.9
1979	36.1	64.4	24.9	1985	38.1	66.0	35.1
1980	34.8	65.5	32.1	1986	37.5	64.9	37.7
1981	32.5	67.1	25.2	1987	36.3	63.6	40.3
1982	31.9	66.5	25.6	1988	37.0	63.9	43.2
1983	32.8	66.4	26.7	1989	36.6	64.5	43.9

① 卢中原、胡鞍钢在中国较早提出"市场化指数"指标的计算。

② 金玉国：《宏观制度变迁对转型时期中国经济增长的贡献》，《财经科学》，2001 年第 2 期。

续表

年份	投资率（Y1）	消费率（Y2）	市场化指数（X）	年份	投资率（Y1）	消费率（Y2）	市场化指数（X）
1990	34.9	62.5	45.4	1999	36.2	61.1	62.6
1991	34.8	62.4	47.1	2000	35.3	62.3	62.8
1992	36.6	62.4	51.9	2001	36.5	61.4	63.2
1993	42.6	59.3	56.9	2002	37.9	59.6	68.5
1994	40.5	58.2	59.2	2003	41.0	56.8	70.8
1995	40.3	58.1	66.0	2004	43.2	54.3	71.6
1996	38.8	59.2	63.7	2005	42.7	51.8	72.9
1997	36.7	59.0	68.4	2006	42.5	49.9	73.3
1998	36.2	59.6	71.8				

资料来源：1978—1999年市场化指数数据来自金玉国：《宏观制度变迁对转型时期中国经济增长的贡献》，《财经科学》，2001年第2期。2000—2006年市场化数据根据中国统计年鉴相关数据整理而得。投资率、消费率数据来自本书第三章的表3-1。

（二）模型设计与结果分析

为了避免时间序列数据非平稳性对研究结论的影响及异方差的影响，在这里对各变量进行了对数化处理。模型如下：

$$\ln Y_{1t} = \alpha_0 + \alpha_1 \ln X_t + e_t$$

$$\ln Y_{2t} = \beta_0 + \beta_1 \ln X_t + u_t$$

其中，Y_{1t}为投资率；Y_{2t}为消费率；X_t 为市场化指数。

1. 投资率与市场化指数回归结果。使用 Eviews5.1，进行计量分析，输出结果如下所示：

$$\ln \hat{Y}_1 = 3.1040 + 0.1330 \ln \hat{X}$$

$$t = (25.8656)(4.2929)$$

$$R^2 = 0.4057 \quad \overline{R^2} = 0.3837 \quad F = 18.4290 \quad DW = 0.6075$$

由于采用的是时间序列数据，为了防止出现伪回归的问题，必须进行单位根检验。同时，令 ET = Resid，对残差的平稳性进行检验。单位根检验和残差检验结果如下（参见表 4 - 8）。

表 4 - 8　　ADF 检验结果

变量	ADF 检验值	各显著水平下的临界值		
		1%	5%	10%
lnX	-1.8068	-3.6892	-2.9719	-2.6251
lnY_1	-2.1334	-3.6892	-2.9719	-2.6251
lnX 一阶差分	-5.5595	-3.6999	-2.9763	-2.6274
lnY_1 一阶差分	-3.9293	-3.6999	-2.9763	-2.6274
ET	-3.2900	-2.6534	-1.9539	-1.6096

由此我们可以看到，lnX、lnY 都是一阶单整序列，而且其回归残差不存在单位根，是平稳序列，说明 lnX 与 lnY 之间存在协整关系，两者之间的回归不是伪回归。但是，我们同时也可以看到，拟合优度较低，DW 值也显示存在自相关情况，因此，使用 AR（1）AR（2）来消除自相关。结果如下：

$$\ln\hat{Y} = 3.0106 + 0.1558 * \ln\hat{X} + [AR(1) = 0.9346,$$
$$t = (16.4616)\ (3.3492)\qquad (4.9257)$$
$$AR(2) = -0.4161]$$
$$(-2.3562)$$

$$R^2 = 0.7842\quad \overline{R^2} = 0.7560\quad F = 27.8594\quad DW = 2.2086$$

通过查表可知，在 5% 的显著性水平上 k' = 1，n = 27 时，$d_L = 1.316$，$d_U = 1.469$，而 $d_U = 1.469 < DW = 2.2086 < 4 - d_U = 2.531$，因此，可以看出自相关已经被消除。这里就可以得到一个清晰的结论，投资率同市场化指数间存在着显著的正向线性关系。随着中国市场化程度的加深，投资率逐渐升高。

2. 消费率与市场化指数回归结果：

$$\ln \hat{Y}_2 = 4.6668 - 0.1435\ \hat{X}$$

$$t = (52.3638)\ (-6.2363)$$

$$R^2 = 0.5902 \quad \overline{R^2} = 0.5751 \quad F = 38.8909 \quad DW = 0.2985$$

由于采用的是时间序列数据，为了防止出现伪回归的问题，必须进行单位根检验。同时，令 ET = Resid，对残差的平稳性进行检验。单位根检验和残差检验结果如表 4 - 9 所示。

表 4 - 9　ADF 检验结果

变量	ADF 检验值	各显著水平下的临界值		
		1%	5%	10%
lnX	-1.8068	-3.6892	-2.9719	-2.6251
$\ln Y_2$	-0.0518	-3.6892	-2.9719	-2.6251
lnX 一阶差分	-5.5595	-3.6999	-2.9763	-2.6274
$\ln Y_2$ 一阶差分	-2.8376	-3.6999	-2.9763	-2.6274
lnX 二阶差分	-8.9895	-3.7115	-2.9810	-2.6299
$\ln Y_2$ 二阶差分	-6.3521	-3.7115	-2.9810	-2.6299
ET	-5.1941	-2.6607	-1.9550	-1.6091

由此可以看到，lnX、$\ln Y_2$ 都是一阶单整序列，而且其回归残差不存在单位根，是平稳序列，说明 lnX 与 $\ln Y_2$ 之间存在协整关系，两者之间的回归不是伪回归。我们同样可以看到，拟合优度较低，DW 值也显示存在自相关情况，因此，使用 AR（1）AR（2）来消除自相关。结果如下：

$$\ln \hat{Y}_2 = 4.0778 + 0.0591 * \ln \hat{X} + [AR(1) = 1.5857,$$

$$t = (2.5249)\ (-1.6836) \qquad (10.03527)$$

$$AR(2) = -0.6028]$$

$$(-3.0502)$$

$$R^2 = 0.9439 \quad \overline{R^2} = 0.9365 \quad F = 128.8875 \quad DW = 2.0095$$

通过查表可知，在 5% 的显著性水平上 k' = 1，n = 27 时，$d_L = 1.316$，$d_U = 1.469$，而 $d_U = 1.469 < DW = 2.0095 < 4 - d_U = 2.531$，因此，可以看出自相关已经被消除。这里同样可以得到的结论是，消费率同市场化指数间存在着正向线性关系，随着我国市场化程度的加深，消费率会升高。

3. 结果分析。回归结果表明，市场化指数的 t 统计量为 3.3492，大于 2，市场化指数对投资率有显著影响。而且其系数为 0.1558，表明市场化对投资率有着正向影响。即转轨经济中国有经济和非国有经济的共同发展及其投资的增长使投资率提高。另外，市场化程度较高，居民的物质、文化生活水平会相对较高，消费需求也会提高，从而市场化指数与消费之间有正向的影响。回归结果显示，市场化指数对消费率有影响，且其系数为正。

第四节 产业结构变动

一、三次产业结构变动

（一）三次产业演变

产业结构变化与投资率的变动有密切联系。著名的“配第 - 克拉克定律”，钱纳里、艾金通和西蒙（Chenery，Elkington and Sims，1970）的研究，索罗的新古典增长理论等都指出了它们之间的变化关系①。即：投资规模的变化取决于由人均收入水

① Solow，R.，(1956)，Contribution to the Theory of Economic Growth，Quarterly Journal of Economics，70，pp 312 - 320.

平的提高而决定的消费结构以及由此引起的产业结构变化。一般规律是，随着人均收入水平的提高，在劳动就业结构中，就业人口由第一产业向第二产业、然后向第三产业转移。在国民生产总值构成中第二产业（工业）所占份额逐渐上升，第一产业（农业）份额下降，第三产业（服务业）则呈缓慢上升①。与此相适应，在资本有机构成提高的情况下，就业人口安置和生产能力的扩大，都需要追加更多的投资，三次产业投资结构也会随之变化（见表4－10）。

表4－10　　　　三次产业演变规律

产业	劳动力的相对比重		国民收入相对比重		比较劳动生产率	
	时间系列	横断面	时间系列	横断面	时间系列	横断面
第一产业	下降	下降	下降	下降	下降<1	几乎不变
第二产业	不确定	上升	上升	上升	上升>1	下降
第三产业	上升	上升	不确定	微升	下降>1	下降

资料来源：杨治：《产业经济学导论》，中国人民大学出版社1985年版，第46页。

（二）中国产业结构演变轨迹

中国三次产业结构处在调整中。表4－11表明，在1978—2006年期间，就产值构成看，第一产业的比重从28.2%下降到11.7%；第二产业比重从47.9%上升到了48.9%，一直都是比较稳定；第三产业的比重从23.9%上升到了39.4%，远远超过了第一产业。就第一、第三产业来看，改革开放初期，第一产业

① Chenery, H. B., H. Elkington and C. Sims (1970), A Uniform Analysis of Development Pattern, Harvard University Center for International Affairs, Economic Development Report, 148 (Cambridge, Mass).

的比重大于第三产业，到1985年，两者的比重基本相等，到2006年，第三产业比重为39.4%，是第一产业比重的3倍多。

从就业构成看，1978年第一、二、三产业劳动力构成分别是70.5%、17.3%和12.2%，到2006年分别为42.6%、25.2%和32.2%。总体上讲，第一产业比重逐渐减少了27.9个百分点，第三产业的比重逐渐加大了20个百分点，而第二产业变化相对不大，30年间，仅变动了8个百分点。

表4-11　　1978—2006年三次产业结构变动

年份	GDP	产值比重			就业比重		
		第一产业	第二产业	第三产业	第一产业	第二产业	第三产业
1978	3645.2	28.2	47.9	23.9	70.5	17.3	12.2
1979	4062.6	31.3	47.1	21.6	69.8	17.6	12.6
1980	4545.6	30.2	48.2	21.6	68.7	18.2	13.1
1981	4891.6	31.9	46.1	22.0	68.1	18.3	13.6
1982	5323.4	33.4	44.8	21.8	68.1	18.4	13.5
1983	5962.7	33.2	44.4	22.4	67.1	18.7	14.2
1984	7208.1	32.1	43.1	24.8	64.0	19.9	16.1
1985	9016.0	28.4	42.9	28.7	62.4	20.8	16.8
1986	10275.2	27.2	43.7	29.1	60.9	21.9	17.2
1987	12058.6	26.8	43.6	29.6	60.0	22.2	17.8
1988	15042.8	25.7	43.8	30.5	59.3	22.4	18.3
1989	16992.3	25.1	42.8	32.1	60.1	21.6	18.3
1990	18667.8	27.1	41.3	31.6	60.1	21.4	18.5
1991	21781.5	24.5	41.8	33.7	59.7	21.4	18.9
1992	26923.5	21.8	43.4	34.8	58.5	21.7	19.8
1993	35333.9	19.7	46.6	33.7	56.4	22.4	21.2
1994	48197.9	19.8	46.6	33.6	54.3	22.7	23.0

续表

年份	GDP	产值比重			就业比重		
		第一产业	第二产业	第三产业	第一产业	第二产业	第三产业
1995	60793.7	19.9	47.2	32.9	52.2	23.0	24.8
1996	71176.6	19.7	47.5	32.8	50.5	23.5	26.0
1997	78973.0	18.3	47.5	34.2	49.9	23.7	26.4
1998	84402.3	17.6	46.2	36.2	49.8	23.5	26.7
1999	89677.1	16.5	45.8	37.7	50.1	23.0	26.9
2000	99214.6	15.1	45.9	39.0	50.0	22.5	27.5
2001	109655.2	14.4	45.1	40.5	50.0	22.3	27.7
2002	120332.7	13.7	44.8	41.5	50.0	21.4	28.6
2003	135822.8	12.8	46.0	41.2	49.1	21.6	29.3
2004	159878.3	13.4	46.2	40.4	46.9	22.5	30.6
2005	183867.9	12.5	47.5	40.0	44.8	23.8	31.4
2006	210871.0	11.7	48.9	39.4	42.6	25.2	32.2

资料来源：国家统计局：有关各年《中国统计年鉴》。

（三）三次产业投资结构与增长

表4－12、图4－6反映了1990—2006年三次产业的固定资产投资数额、结构和增长情况。由表4－12可以看出，全社会固定资产投资总额从1990年的4517亿元增加到2006年的109998.2亿元，1994—2006年年均增长18.0%。同期第一、二、三产业的固定资产投资总额分别由131.4亿元、2590.1亿元和1794.2亿元增加到2749.9亿元、48479.1亿元和58769.2亿元，1994—2006年的年均增长率分别为20.2%、16.3%和18.8%，即第一产业固定资产投资增长最快，第三产业次之，而第二产业增长最慢。

表 4-12　1990—2006 年三次产业的固定资产投资

年份	全社会固定资产投资（亿元）				比重（%）			增长（%）			
	总投资	一产	二产	三产	一产	二产	三产	总投资	一产	二产	三产
1990	4517.0	131.4	2590.1	1794.2	2.9	57.3	39.7	—	—	—	—
1993	13072.3	298.1	6120.5	6652.5	2.3	46.8	50.9	—	—	—	—
1994	17042.1	422.6	7241.2	9378.3	2.5	42.5	55.1	30.4	41.8	18.3	40.9
1995	20019.3	498.1	8203.7	11317.5	2.5	40.9	56.5	17.5	17.9	13.3	20.7
1996	22913.6	587.0	9282.5	13044.1	2.6	40.5	56.9	14.5	17.9	13.2	15.3
1997	24941.1	647.7	9695.6	14597.9	2.6	38.9	58.5	8.6	10.3	4.5	11.9
1998	28406.2	689.9	9773.3	17943.0	2.4	34.4	63.2	13.9	6.5	0.8	22.9
1999	29854.7	719.5	9830.5	19304.8	2.4	32.9	64.7	5.1	4.3	0.6	7.6
2000	32917.7	859.7	11204.1	20853.9	2.6	34.0	63.4	10.3	19.5	13.9	8.0
2001	37213.5	1085.4	12137.2	23990.9	2.9	32.6	64.5	13.1	26.3	8.3	15.1
2002	43499.9	1487.2	14692.0	27320.7	3.4	33.8	62.8	16.9	37.1	21.1	13.9
2003	55566.6	1652.3	21351.5	32562.8	3.0	38.4	58.6	27.7	11.0	45.3	19.2
2004	70477.4	1890.7	28740.5	39846.2	2.7	40.8	56.5	26.6	14.4	22.4	22.4
2005	88773.6	2323.7	38836.7	47613.2	2.6	43.7	53.6	26.0	22.9	24.8	23.4
2006	109998.2	2749.9	48479.1	58769.2	2.5	44.1	53.4	23.9	18.3	24.8	23.4
平均	48795.7	1136.6	16827.7	24513.9	2.6	38.9	58.5	18.0	20.2	16.3	18.8

资料来源：（1）1990—1994 年数据根据国家统计局《中国固定资产投资年报》（相关年份）计算得出。

（2）1995—1998 年数据源自《中国固定资产投资统计年鉴》（1996—1998）。

（3）1999—2000 年数据源自《2001 年中国固定资产投资报告》，学苑出版社 2002 年版。

（4）2001—2002 年数据源自《中国固定资产投资统计年鉴 2006》。

（5）2003—2006 年数据根据国家统计局《中国统计年鉴 2006，2007》计算得出。

注：表中"平均"项的时间范围是 1994—2006 年。

图 4-6 反映了总投资与三次产业投资的增长率曲线变化趋势和分时期的变化情况。从中可以看到，1998—2004 年间的总投资与三次产业投资的增长速度有明显差异，其余年份各增长率

曲线的变化趋势基本相同，这说明总投资与三次产业投资的影响因素既有差异之处又有基本相同的地方。从三次产业间的比较来看，1999 年以前，第一、三产业始终保持着比第二产业更快的增长速度；1999 年以后，第一、二产业投资增长速度加快、三产业的增长速度比较平稳，同时，第一、第二产业的波动幅度较大，而第二产业的固定资产投资增长非常迅猛，远高于第二、三产业，其增长率的差别有明显扩大的趋势，但 2005 年以后，全社会固定资产投资及三次产业固定资产投资的增长率又有收敛的趋势。

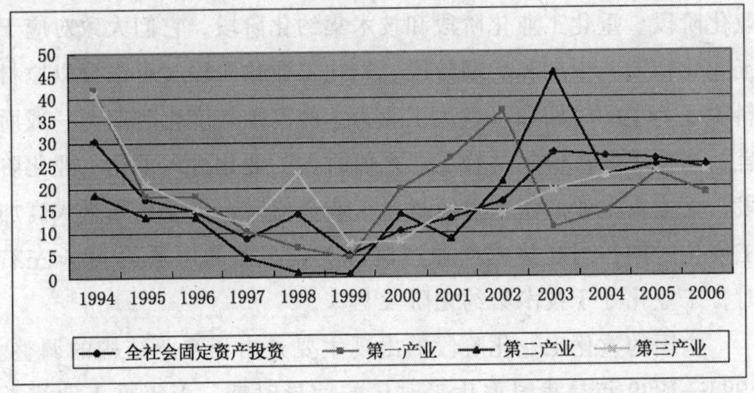

图 4 -6　1994—2006 年三次产业固定资产投资增长速度　单位：%

中国正处于工业化的中期，正从原来的轻工业化进入重工业化。重工业化的一个显著的特征就是需要有大规模的投资，从而促使投资率上升。当经济进一步向前发展后，居民的消费需求结构发生变化，由原来的工业消费品需求转为住房、教育、旅游等第三产业的服务类产品需求。在短期内，由于第三产业的发展会使投资率有着下降的趋势，同时消费率有上升的趋势，但是不可否认，第三产业是以第二产业的发展为基础的，因此第二产业会与第三产业一起协调发展，从而最终使得投资率和消费率处于相对稳定的状态。

二、重化工业化

所谓重化工业化，是指工业结构中以轻工业为主转向以重化工业为主的过程。霍夫曼曾利用近 20 个国家的时间序列数据，分析消费资料工业和资本资料工业的比例关系，得出了著名的霍夫曼定律。该定律表明，随着工业化的进程，消费资料工业净产值与资本资料工业净产值之比是不断下降的。

从工业结构变动的角度看，工业化过程有三个阶段，即轻工业化阶段、重化工业化阶段和技术集约化阶段，它们大致对应于工业化初期、中期和后期阶段。重化工业化阶段又可以分以原材料工业为主的时期和以重加工业为主的高加工度化时期。一般而言，当重工业产值超过轻工业产值时，工业化进入重化工业化阶段；而当重工业产值超过原材料工业产值时，工业化则进入高加工度化时期；当高技术产业产值占工业产值的比重达 30% 左右时，工业化处于技术集约化阶段①。

中国的重化工业化阶段的出现主要是由于产业结构的调整。1993—1999 年是我国重化工时代的前导时期。当年重工业增长开始加速。到 1998 年，由于中央银行紧缩银根以及亚洲金融风暴的影响，重工业的增长一度降至低谷。但是，自 1999 年至今，工业增长明显转向以重工业为主导的格局，再次出现了重化工业加速发展的势头。1999 年，重工业和轻工业总产值增长速度分别为 112.3% 和 110.9%，重工业超过轻工业，其领先系数为 1.01。此后，重工业快速发展的势头一直得以保持，到 2003 年，

① 吕政、黄群慧、吕铁、周维富：《中国工业化、城市化的进程与问题——“十五”时期的状况与“十一五”时期的建议》，《中国工业经济》，2005 年第 12 期。

重工业领先系数达到了1.16，接近新中国成立以来的历史最高水平。在1999—2003年期间，重工业增长了98.13%，轻工业增长了61.11%，重工业领先系数为1.61[①]。

1999年以来，由住宅和汽车消费需求引导的消费结构升级，带动重化工业的迅猛扩张。从总体上看，工业投资总量达到历史最高水平；但从工业内部投资结构看，重型化、传统化的局面依然没有改变，以钢铁、化工、建材等行业为代表的重化工业成为带动我国经济增长的主导产业。重化工业的过快增长，带来了一系列的问题：一是重复建设、粗放式经营现象重新抬头；二是盲目发展高污染的高耗能产业，给环境保护和生态建设带来巨大压力；三是高耗能产业加重了能源和原材料瓶颈的压力，造成了电荒、油荒和铁矿石荒。重化工业本身需要大规模的投资，同时拉动相关产业的投资需求旺盛。因此，工业化过程中的重化工业发展，成为我国投资率高企的又一重要因素。

三、产业结构演变对投资率和消费率的影响

不同产业对技术、资本等方面有着不同程度的要求：第一产业是依赖于各类生产要素协调投入的产业，第二产业主要是资本密集型的工业部门，而第三产业是服务行业，是人力资本和技术密集型产业。产业结构演变与投资率、消费率变动有紧密联系。其联系机理可以表示为：收入水平提高——消费结构改变——产业结构调整——投资率、消费率变化。也就是说，产业结构的变动，必然会引起投资结构的变化，进而对投资率产生影响。而产业结构的变化是基于消费结构的变化，变化了的产业结构会产生不同种类的产品和服务，促进消费者消费习惯的改变，从而又影

① 数据来源：根据《中国工业经济年鉴（2004）》数据，并整理而得。

响消费率的变化。

为了了解投资率、消费率的变动与三次产业结构变动之间的联系，我们对它们进行计量分析。在进行计量分析时，我们采用第一产业占 GDP 的比重来反映产业结构的变化。因为产业结构的变化主要表现在第一产业和第三产业的变动上，采取这个数据较有代表性。投资率和消费率数据见表 4－7。第一产业占 GDP 比重见表 4－11。

这里采用向量自回归模拟（VAR）进行分析，同时使用脉冲响应函数来反映相互之间的动态关系。首先建立模型如下：

$$\ln Y_{1t} = \alpha_0 + \alpha_1 \ln X_t + e_t$$

$$\ln Y_{2t} = \beta_0 + \beta_1 \ln X_t + u_t$$

其中，Y_1、Y_2 为消费率和投资率；X 为第一产业占 GDP 比重。

（一）消费率与第一产业占 GDP 比重

由于采用时间序列数据，对各变量先进行平稳性检验，检验结果如表 4－13。

表 4－13　对变量 $\ln X$、$\ln Y_1$ 的平稳性检验

变量	ADF 检验值	各显著水平下的临界值		
		1%	5%	10%
lnX	1.0657	－3.6892	－2.9719	－2.6251
$\ln Y_1$	1.7444	－3.6892	－2.9719	－2.6251
lnX 一阶差分	－4.8720	－3.6999	－2.9763	－2.6274
$\ln Y_1$ 一阶差分	－2.8376	－3.6999	－2.9763	－2.6274
lnX 二阶差分	－7.5613	－3.7114	－2.9810	－2.6299
$\ln Y_1$ 二阶差分	－6.3521	－3.7115	－2.9810	－2.6299

从表 4-13 看出，经过二阶差分后，lnX、$\ln Y_1$ 的数据均变得平稳，lnX 和 $\ln Y_1$ 之间存在长期稳定均衡关系。

$$\Delta\ln\hat{Y}_1 = 1.3618 * \Delta\ln Y_1(-1) - 0.5962 * \Delta\ln Y_1(-2) +$$
$$t = (7.9829) \qquad (-3.2594)$$
$$0.0586 * \Delta\ln X(-1) - 0.0055 * \Delta\ln X(-2) + 0.7975$$
$$(0.9457) \qquad (-0.0789) \qquad (1.7652)$$
$$R^2 = 0.9514 \qquad \overline{R^2} = 0.9425 \qquad F = 107.5781$$

$$\Delta\ln\hat{X} = 0.0438 * \Delta\ln Y_1(-1) + 0.1731 * \Delta\ln Y_1(-2) +$$
$$t = (0.0839) \qquad (0.3093)$$
$$1.1309 * \Delta\ln X(-1) - 0.1470 * \Delta\ln X(-2) + 0.8774$$
$$(5.9677) \qquad (-0.6961) \qquad (-0.6347)$$
$$R^2 = 0.9768 \qquad \overline{R^2} = 0.9726 \qquad F = 231.7736$$

在建立了 VAR 模型之后，为了说明各个变量之间的相互影响关系，在这里可以使用广义脉冲函数。脉冲响应曲线图中的横轴表示滞后阶数，纵轴表示内生变量对冲击的响应程度。见图 4-7、图 4-8。

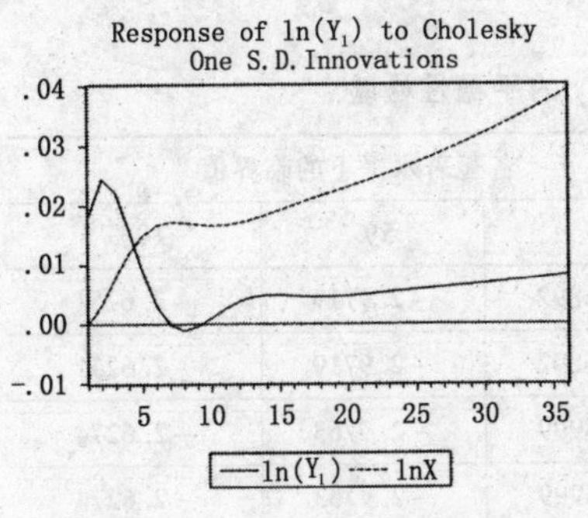

图 4-7 $\ln Y_1$ 的脉冲响应图

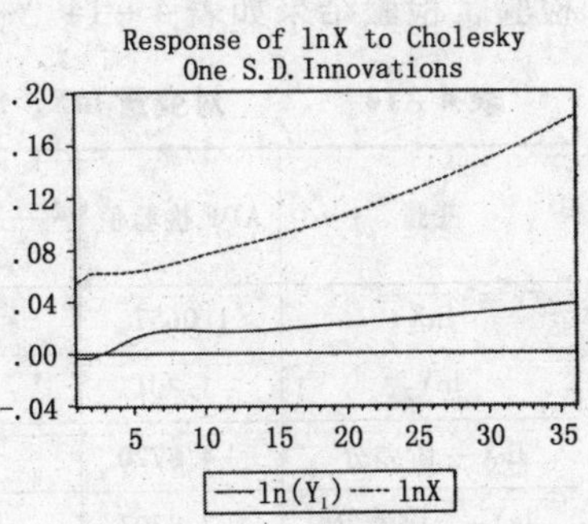

图 4-8 lnX 的脉冲响应图

从 $\ln Y_1$ 的脉冲响应图可以看到各变量对来自 $\ln Y_1$ 的标准冲

击的响应。lnX 对 $\ln Y_1$ 的一个单位标准差扰动在第 1 期几乎没什么反应，在第 2 期这种正向影响才开始显现出来，并逐渐提高，在第 6、7 期有个缓慢的下降，之后开始上升。$\ln Y_1$ 受到自身信息的一个标准差扰动的冲击在一开始就显现出来（为正），并在第 2 期时达到最大值，之后逐渐降低，在第 7 期时转为负向影响，第 9 期又变为正向影响，在第 14 期后开始稳定下来。

从 lnX 的脉冲响应图可以看到各变量对来自 lnX 的标准冲击的响应。$\ln Y_1$ 对来自于 lnX 的一个单位标准差扰动的反应在第 1 期就显现出来，不过较小，之后便逐渐上升，在第 3 期时为正向影响，在第 6、7 期之后上升速度减慢，但仍然呈现上升的趋势。lnX 受到自身的冲击在一开始就显现出来（为正），之后逐渐增大。由此可见，消费率对第一产业占 GDP 比重有着正向影响。

（二）投资率与第一产业占 GDP 比重

与上述计量分析过程一样，下面对投资率与第一产业占 GDP 比重的关系进行计量分析。同理，对 lnX、$\ln Y_2$ 进行 ADF 检验，检验结果如表 4－14。

表 4－14　对变量 lnX、$\ln Y_2$ 的平稳性检验

变量	ADF 检验值	各显著水平下的临界值		
		1%	5%	10%
lnX	1.0657	－3.6892	－2.9719	－2.6251
$\ln Y_2$	－1.3011	－3.6892	－2.9719	－2.6251
lnX 一阶差分	－4.8720	－3.6999	－2.9763	－2.6274
$\ln Y_2$ 一阶差分	－3.9293	－3.6999	－2.9763	－2.6274

从表 4－14 看出，经过二阶差分后，lnX、$\ln Y_2$ 的数据均变得平稳，利用 Eviews5.1 可以得到投资率和第一产业占 GDP 比重

的动态关系：

$$\Delta\ln\hat{Y}_2 = 0.9396 * \Delta\ln Y_2(-1) - 0.4266 * \Delta\ln Y_2(-2)$$
$$t = (4.4795) \qquad (-1.9681)$$
$$-0.1363 * \ln X(-1) + 0.0589 * \ln X(-2) + 1.9986$$
$$(-0.7582) \qquad (0.3108) \qquad (2.9632)$$
$$R^2 = 0.7662 \qquad \overline{R^2} = 0.7237 \qquad F = 18.0280$$

$$\Delta\ln\hat{X} = 0.1139 * \Delta\ln Y_2(-1) + 0.0893 * \Delta\ln Y_2(-2) +$$
$$t = (0.4446) \qquad (0.3374)$$
$$1.1150 * \Delta\ln X(-1) - 0.0636 * \Delta\ln X(-2) + 0.9259$$
$$(5.0799) \qquad (-0.2748) \qquad (-1.1240)$$
$$R^2 = 0.9776 \qquad \overline{R^2} = 0.9735 \qquad F = 239.5605$$

建立 VAR 模型后，为了说明各个变量之间的相互影响关系，在这里使用广义脉冲函数。图中横轴表示滞后阶数，纵轴表示内生变量对冲击的响应程度。见图 4－9 和图 4－10。

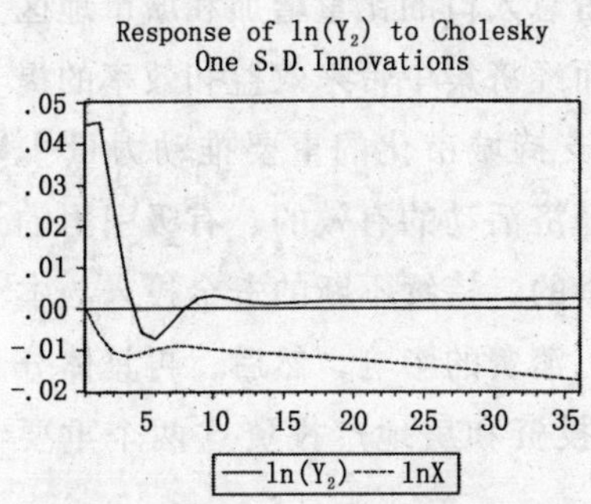

图 4－9　$\ln Y_2$ 的脉冲响应图

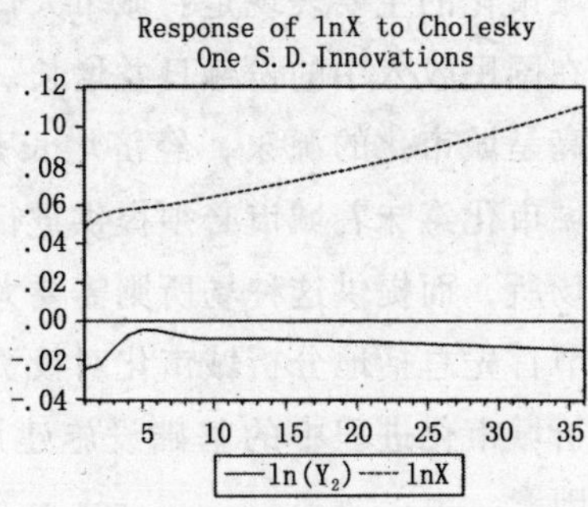

图 4－10　lnX 的脉冲响应图

从 $\ln Y_2$ 的脉冲响应图可以看到各变量对来自 $\ln Y_2$ 的标准冲击的响应。当本期给 lnX 一个单位正向标准差的冲击后，$\ln Y_2$ 对 lnX 几乎没有反应，在第 2 期开始变得明显，这种负向影响在第 4 期时达到最大后开始有个上升，在第 8 期后又开始下降。$\ln Y_2$

受到自身的冲击从一开始便显现出来，较大，为 0.045。在第 2 期开始快速下降，在第 4、5 期之间变为负向，在第 6 期转折，在第 8 期时又变为正向影响，之后便稳定下来。

从 lnX 的脉冲响应图可以看到各变量对来自 lnX 的标准冲击的响应。当本期给 $\ln Y_2$ 一个单位正向标准差的冲击后，lnX 对 $\ln Y_2$ 的此信息马上就显示出来，为负，经过上升后仍为负向影响，之后便稳定下来。lnX 受到自身的影响开始较大，为 0.05，之后逐渐上升，在第 2 期之后上升速度有所减缓。

第五节　城市化进程

城市化是指由传统的农业社会向现代城市社会发展的历史过程，或者说，农业社会向工业社会的转型必然会推动城市化①。城市化的主要表现是：城市人口占总人口的比重增加和城市地区在国民收入中的份额日益增长。而经济集中带来效益和效率的提高是城市化的源泉，经济增长是支持城市化的重要推动力量②。城市化意味着城市必须提供进行经济活动的有效的、有吸引力的场所，而提供这种场所则需要大量的、持续不断的资金投入。本节首先总括地分析城市化对投资、消费的影响，然后，再具体分析城市化进程中的基础设施建设投资和房地产投资这两个重要因素。

---

① 叶裕民：《中国城市化之路——经济支持与制度创新》，商务印书馆 2001 年版，第 9 页。

② 世界银行：《迈进 21 世纪门，1999/2000 年世界发展报告》，中国财政经济出版社 2000 年版，第 119 页。

一、中国的城市化进程

城市化与经济增长紧密相关。健康的、充满活力的城市化是持续的经济增长的组成部分。城市化的发展需要大量劳动力，它一方面可以把农业剩余人口转化为城市人口；另一方面，城市经济的高收益可以吸引农村部分劳动力转移到城市非农产业就业，促进农民收入多元化，提高农民收入水平。

城市化可以促进产业结构优化。城市经济的特点是规模经济递增，而城市是规模经济和规模消费的场所，因此，只有城市数量增加或城市规模扩大，服务业才可能获得较快的发展，才能从根本上为第三产业的发展创造良好的条件。

城市化水平的提高能够带动宏观经济的发展。根据王小鲁等的预测，在2000—2010年的10年间，城市化对经济增长的真实贡献率可能达到3.6个百分点。其中劳动力转移贡献率为2.0%，规模优化贡献率为1.0%，投资需求拉动贡献率为0.6①。

中国正经历两个转变，一是从指令性经济向市场经济的转变，二是从农村、农业社会向城市、工业社会转变②。以1978年为分界线，可以将中国的城市化历程分为两个不同的阶段：第一阶段是1949—1978年的停滞与低速发展阶段。在这一阶段，城市化水平除在建国初期有一段时间的快速提升外，基本上处于20%以下的低水平。比如，按城镇人口计算的城市化率在1957年仅为10.5%，且发展缓慢。第二阶段是1979年至今的迅速推进阶段。在这一阶段，城市化进程开始加速。城市化水平从

① 王小鲁、夏小林：《优化城市规模、推动经济增长》，《经济研究》，1999年第9期。

② 世界银行：《2020年的中国》，中国财政经济出版社1997年版，第1页。

1978 年的 18% 提高到 2006 年的 43.9%，2007 年达到 44.9%。今后一段时期，城市化水平仍有可能按每年 1% 的速度提高（见图 4－11）。

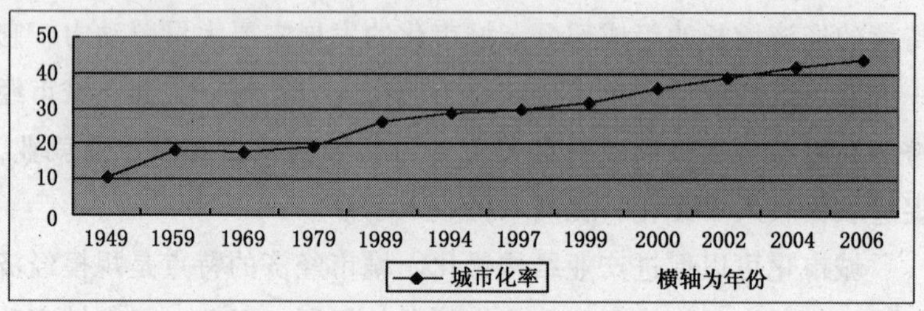

图 4－11 中国的城市化率（%）

资料来源：国家统计局：相关各年《中国统计年鉴》。

二、城市化与城乡投资、消费格局

（一）城市化与投资、消费

根据刘易斯（W. A. Liews，1955）的二元结构理论和罗斯托（Rostow，1960）的经济增长阶段理论，城市化具有驱动投资和消费的效应。二元经济理论指出，城乡之间在劳动生产率、居民收入上的差异使得农村人口向生产率、工资水平高的城市转移，这种趋势会扩大整个社会的需求水平。经济增长阶段理论指出：传统社会和经济起飞前阶段，整个经济除了消费以外，储蓄和投资很少；经济起飞阶段，有效的投资率可能从占国民收入的 5% 提高到 10% 或 10% 以上，同时由于新兴工业的发展及其引发的城市地区和现代工厂的进一步扩张，投资率持续上升，国民收入的 10%—20% 被稳定地用于投资，之后进入到与较高储蓄率或投资率相伴的成熟阶段。在大众高消费阶段，由于耐用消费品迅速普及，投资和消费都会增加，但消费占国民收入的比重可能上升，投资的比重则下降。

（二）城市化对投资和消费的拉动效应分析

1. 数据来源与模型。本书采取 1978—2006 年的时间序列数据。城市化率指城镇人口占总人口的比重，数据见表 4－15。消费率、投资率数据见本书第三章的表 3－1。

为了避免时间序列数据非平稳性对研究结论产生影响，这里采用向量自回归模型来分别研究城市化率与消费率、投资率之间的关系。为了避免异方差的影响，先对数据进行对数化处理。模型建立如下：

$$\ln Y_{1t} = \alpha_1 + \alpha_2 \ln X_t + e_t$$

$$\ln Y_{2t} = \beta_1 + \beta_2 \ln X_t + u_t$$

其中，Y_1、Y_2 分别为消费率和投资率；X 为城市化率。

表 4－15　　1978 年以来的城市化率

年份	城市化率	年份	城市化率	年份	城市化率	年份	城市化率
1978	17.92	1986	24.52	1994	28.51	2002	39.09
1979	18.54	1987	25.32	1995	29.04	2003	40.53
1980	19.39	1988	25.28	1996	30.48	2004	41.76
1981	20.25	1989	26.21	1997	31.91	2005	42.99
1982	21.11	1990	26.41	1998	33.35	2006	43.9
1983	21.97	1991	26.94	1999	34.78	—	—
1984	22.83	1992	27.46	2000	36.22	—	—
1985	23.71	1993	27.99	2001	37.66	—	—

资料来源：根据各年《中国统计年鉴》的数据整理而得。

2. 消费率与城市化率。由于采用的是时间序列数据，首先对各变量进行平稳性检验，检验结果如表 4－16。

表 4-16　　ADF 检验结果

变量	ADF 检验值	各显著水平下的临界值		
		1%	5%	10%
lnX	-0.4838	-3.6892	-2.9719	-2.6251
lnY_1	1.7444	-3.6892	-2.9719	-2.6251
lnX 一阶差分	-3.1013	-3.6999	-2.9763	-2.6274
lnY_1 一阶差分	-2.8376	-3.6999	-2.9763	-2.6274
lnX 二阶差分	-9.6496	-3.7115	-2.9810	-2.6299
lnY_1 二阶差分	-6.3521	-3.7115	-2.9810	-2.6299

从表 4-16 中可以看出，经过二阶差分后，lnX、lnY_1 的数据均变得平稳，利用 Eviews5.1，可以得到消费率和城市化率的动态关系：

$$ln\hat{Y}_1 = 1.3711 * lnY_1(-1) - 0.5474 * lnY_1(-2)$$
$$t = (6.8747) \qquad (-2.7931)$$
$$-0.1648 * lnX(-1) + 0.1059 * lnX(-2) + 0.9216$$
$$(-0.5200) \qquad (0.3274) \qquad (1.7697)$$
$$R^2 = 0.9493 \qquad \overline{R^2} = 0.9401 \qquad F = 103.0544$$

$$ln\hat{X} = 0.2077 * lnY_1(-1) - 0.2629 * lnY_1(-2) +$$
$$t = (1.7269) \qquad (-2.2235)$$
$$1.2944 * lnX(-1) - 0.2984 * lnX(-2) + 0.2645$$
$$(6.7695) \qquad (-1.5287) \qquad (0.8421)$$
$$R^2 = 0.9982 \qquad \overline{R^2} = 0.9979 \qquad F = 3027.702$$

在建立了 VAR 模型之后，为了说明各个变量之间的相互影响关系，在这里使用了广义脉冲函数，脉冲响应曲线图 4-12 和图 4-13 所示。图中横轴表示滞后阶数，纵轴表示内生变量对冲击的响应程度。

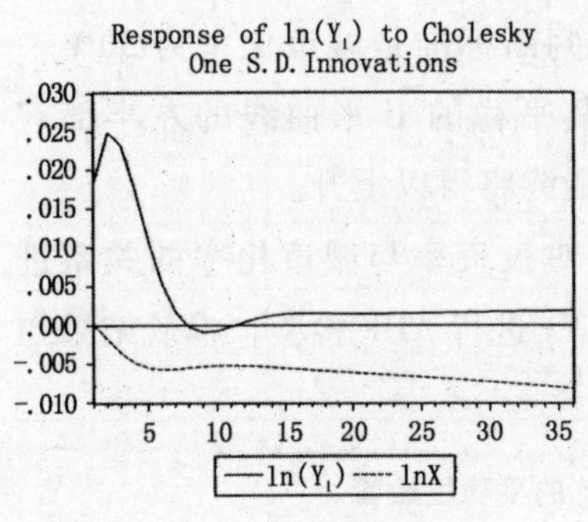

图 4-12 $\ln Y_1$ 的脉冲响应图

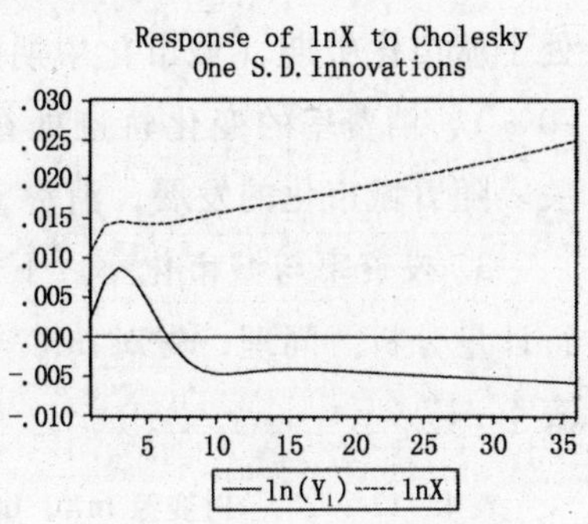

图 4-13 lnX 的脉冲响应图

从图 4-12 可以看出，$\ln Y_1$ 对 lnX 的一个单位标准差扰动在第 1 期几乎没什么反应，在第 2 期才开始显现出来，$\ln Y_1$ 受到 lnX 的脉冲效应一直为负，并逐渐加大，从第 5 期开始变缓。$\ln Y_1$ 受到自身信息的一个标准差扰动的影响一直到第 8 期都是正的，并呈现出先增大后变小的趋势，在第 8 期后变成负向影响，第 11 期变为正向影响，不过其影响程度较小，而且相对稳定。

从图 4-13 可以看出，lnX 对 $\ln Y_1$ 的一个单位标准差扰动马上就表现出来了，不过较小，大概为 0.003。一直到第 3 期达到最大值，然后开始变小，在第 6 期和第 7 期之间变为负向的，并且这个负向影响有着慢慢加大的趋势。lnX 受到自身的影响在开始时较大，为 0.01，并随着期数的增加有逐渐加大的趋势。

从向量自回归模型和脉冲响应曲线图中可以看到，$\ln Y_1$ 受到 lnX 的负向影响要比受到自身的正向影响要大，它主要受到 lnX 的负面影响；而 lnX 受到自身的正向影响要比受到 $\ln Y_1$ 的负向影响要大，它主要受到自身的正向影响，而且这种影响越来越大。

上述分析表明，消费率和城市化率存在着相互作用关系。具体来说，随着城市化率的上升，消费率有所下降。这可能与我国处于城市化中期（城市化中期的判断标准是城市化率为30%—70%），消费率的变化轨迹处在其平稳的U形曲线的左半部有关。随着城市化的发展，消费率最终将得以上升。

3. 投资率与城市化率。下面对投资率与城市化率的关系进行计量分析。同理，先对 lnX、lnY_2 进行ADF检验，检验结果如表4－17。

表4－17　　对变量 lnX、lnY_2 的平稳性检验

变量	ADF 检验值	各显著水平下的临界值		
		1%	5%	10%
lnX	－0.4838	－3.6892	－2.9719	－2.6251
lnY_2	－1.3011	－3.6892	－2.9719	－2.6251
lnX 一阶差分	－3.1013	－3.6999	－2.9763	－2.6274
lnY_2 一阶差分	－3.9293	－3.6999	－2.9763	－2.6274
lnX 二阶差分	－9.6496	－3.7115	－2.9810	－2.6299
lnY_2 二阶差分	－6.7459	－3.7115	－2.9810	－2.6299

从表4－17可以看出，经过二阶差分后，lnX、lnY_2 的数据均变得平稳，利用 Eviews5.1 可以得到消费率和城市化率的动态关系：

$$\ln\hat{Y}_2 = 0.8678 * \ln Y_2(-1) - 0.4258 * \ln Y_2(-2)$$

$$t = (4.6269) \qquad (-2.5062)$$

$$-0.9595 * \ln X(-1) + 1.0896 * \ln X(-2) + 1.6197$$

$$(-1.3722) \qquad (1.5360) \qquad (3.5368)$$

$$R^2 = 0.7976 \qquad \overline{R^2} = 0.7608 \qquad F = 21.6719$$

$$\ln\hat{X} = -0.0253 * \ln Y_2(-1) + 0.0122 * \ln Y_2(-2)$$

$$t = (-0.4556) \qquad (0.2421)$$

$$+1.3949*\ln X(-1)-0.3965*\ln X(-2)+0.0716$$
$$(6.7388)\qquad(-1.8879)\qquad(0.5278)$$
$$R^2=0.9978\quad \overline{R^2}=0.9974\quad F=2486.495$$

在建立了VAR模型之后，为了说明各个变量之间的相互影响关系，在这里使用广义脉冲函数。脉冲响应曲线图中的横轴表示滞后阶数，纵轴表示内生变量对冲击的响应程度。见图4-14和图4-15。

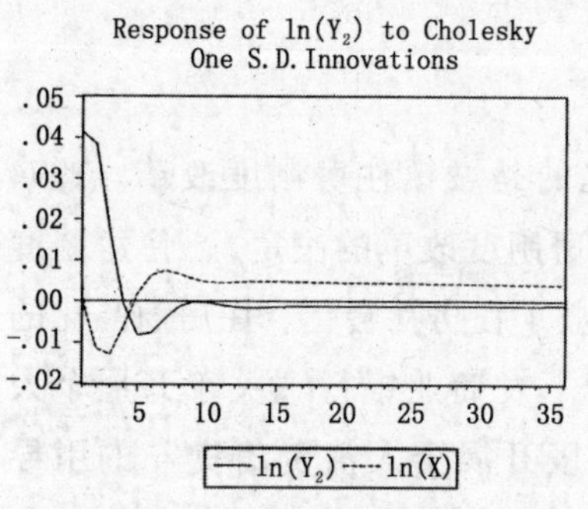

图4-14　$\ln Y_2$的脉冲响应图

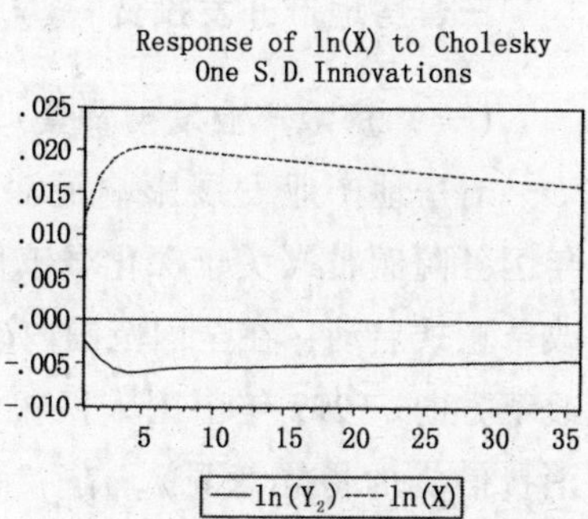

图4-15　$\ln X$的脉冲响应图

从图4-14可以看出，$\ln Y_2$对$\ln X$的一个标准差扰动在第1期几乎没什么反应，在第2期出现负向影响，在第3期开始转折，到第5期变为正向影响，并在上升一定期限后稳定下来。$\ln Y_2$受到自身信息的一个标准差扰动的冲击一开始就比较大，为0.041，然后开始减小，第2期时这种减小的趋势加速，在第4期时变为负向，在第5期再次转折并在第9期后稳定下来。由此表明，城市化对投资率有着相对稳定的正向影响。

从图4-15可以看出，$\ln X$对$\ln Y_2$的一个单位标准扰动的反应马上就显现出来，并在第2期时加大，到第4、第5期时这种负向影响达到最大后便稳定下来。$\ln X$受到自身信息的一个标准差扰动在第1期就明显显现出来，在经过1—5期的上升阶段后，这种负向影响逐渐开始减小。

上述分析表明，投资率与城市化率存在着相互作用的关系。具体来说，城市化对投资率有着相对稳定的正向影响。这是因为，城市化的发展除了需要大量的城市住房和基础设施建设投资外，其过程还会刺激储蓄的提高，而储蓄与投资是正相关关系，从而使得投资率随着城市化率的上升而上升。

三、房地产开发投资

（一）房地产业发展背景

对房地产业发展影响最深远的是城镇住房制度改革。1994年国务院颁布《关于深化城镇住房制度改革的决定》，住房制度改革正式启动，在全国范围内确立了住房社会化、住房商品化的改革方向。1999年中国人民银行下发商业银行《关于开展个人消费信贷的指导意见》，在“积极开展个人消费信贷”的引导下，贷款买房、按揭贷款等新概念开始登陆中国内地。1998年国务院《关于进一步深化城镇住房制度改革加快住房建设的通知》颁布，提出停止福利分房，建立市场化的住房制度，同时提出把住房产业培育成经济支柱产业。2007年国务院《关于解决城市低收入家庭住房困难的若干意见》颁发，该文件首次将廉租房明确为住房保障的重点，对经济适用房实行动态管理、有限产权，住房保障的落实情况被纳入对城市政府的政绩考核之中。随着住房改革的不断深入，住宅市场的供给和需求不断扩大，房地产投资特别是城镇住房建设投资持续、快速增长，成为固定资产投资的重要组成部分。

（二）房地产开发投资

从1990年开始，在国家政策和银行金融政策的鼓励下，在旺盛的住房“刚性需求”的刺激下，房地产业经历了快速发展时期，大量资金涌入房地产业，房地产开发投资逐年快速增长，占全社会固定资产投资比重迅速提高。

表 4－18　1990—2007 年固定资产投资和房地产开发投资

年份	全社会固定资产投资		房地产开发投资		房地产投资占固定资产比重
	绝对值（亿元）	增长速度（%）	绝对值（亿元）	增长速度（%）	
1990	4517.0	2.4	253.3	－7.1	5.6
1991	5594.5	23.9	336.2	32.7	6.0
1992	8080.1	44.4	731.2	117.6	8.8
1993	13072.3	61.8	1937.5	164.9	14.8
1994	17043.1	30.4	2554.1	31.8	15.0
1995	20019.3	17.5	3149.0	23.3	15.7
1996	22913.6	14.8	3216.4	2.1	14.0
1997	14941.1	8.9	3178.4	－1.2	12.7
1998	28406.2	13.9	3614.2	13.7	12.7
1999	29854.7	5.1	4103.2	13.5	13.7
2000	32917.7	10.3	4984.1	21.5	15.1
2001	37213.5	13.0	6341.1	27.2	17.0
2002	43499.9	16.1	7790.9	22.9	17.9
2003	55566.6	27.7	10153.8	31.3	18.3
2004	70477.4	26.6	13158.3	29.6	18.7
2005	88773.6	26.0	15909.3	20.9	17.9
2006	109998.2	23.9	19422.9	22.1	17.7
2007	137239.0	24.8	25280.0	30.2	18.4

资料来源：各年《中国统计年鉴》，《中国房地产统计年鉴》，《2007 年国民经济和社会发展统计公报》。

由表 4－18 和图 4－16 看到，房地产开发投资从 1990 年的

253.3 亿元增加到 2007 年的 25280 亿元，增幅惊人；其在全社会固定资产投资中的比重从 5.6% 提高到 18.4%，自 2000 年以后，占比就一直保持在 17% 以上。即使是在 2007 年，国家为了避免经济从偏快向过热转变，采取了提高存贷利率和法定存款准备金率等一系列紧缩“银根”的调控措施，房地产开发投资仍保持高速增长，全年房地产开发投资达 25280 亿元，比 2006 年增长 30.2%。全年的商品住宅投资为 18010 亿元，增长 32.1%；商品房竣工面积为 58236 万平方米，增长 4.3%；商品房销售面积 76193 万平方米，增长 23.2%，其中商品住宅 69104 万平方米，增长 24.7%①。有观点认为，国内房地产市场在经过近 10 年快速发展，房价快速飙升之后，客观条件发生了一些变化，将开始进入房地产周期性调整时期。但伴随着城市化的加速，房地产开发投资仍将长期、稳定增长。

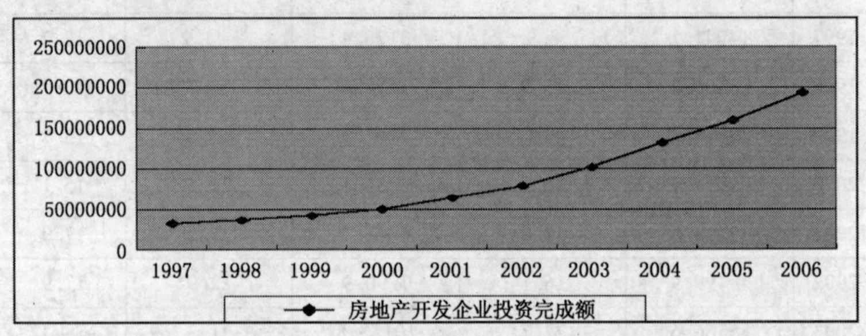

图 4－16　1997—2006 年房地产开发企业投资完成额　单位：万元

资料来源：国家统计局：《中国统计年鉴 2007》，中国统计出版社。

1997—2006 年期间的商品房销售面积从 1997 年的 9010 万平方米上升到 2006 年的 61857 万平方米，增加到原来的 6.8 倍。

① 资料来源：中国国家统计局：《2007 年国民经济和社会发展统计公报》。

图4－17反映了历年房地产施工、竣工和销售面积情况。

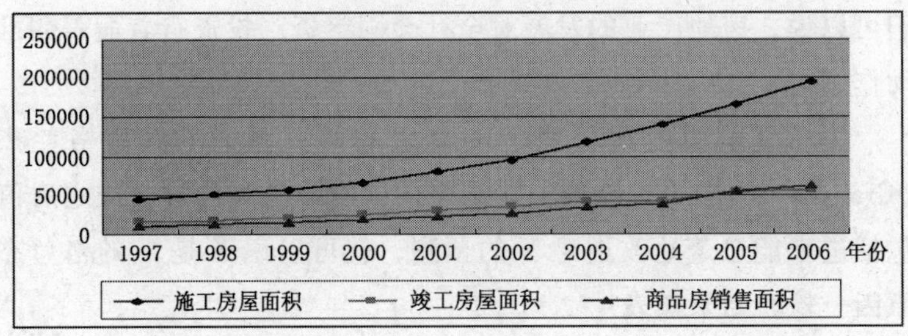

图4－17　历年房地产施工、竣工和销售面积　单位：万平方米

资料来源：国家统计局：《中国统计年鉴2007》，中国统计出版社。

（三）房地产开发投资对全社会投资的推动

房地产开发投资是全社会固定资产投资的组成部分，但同时它又是住房等商品的生产过程，与一般固定资产投资形成生产能力的过程不同。房地产开发投资的变动会引致其前向和后向相关产业投资的相应变动。我们下面用回归分析方法来衡量房地产开发投资与全社会固定资产投资的这种关系。回归模型设计如下：

$$Y_t = \alpha + \beta X_t + e_t$$

其中，Y_t 为全社会固定资产投资额；X_t 为房地产开发投资额。

回归分析数据来自表4－18。使用Eviews5.1进行回归分析，回归结果如下：

$$\hat{Y}_t = 3894.578 + 5.3224\hat{X}_t$$

$$t = (3.8379) \qquad (42.2595)$$

$$R^2 = 0.9917 \quad \overline{R^2} = 0.9911 \quad DW = 1.9111 \quad F = 1785.868$$

从回归结果来看，变量X的t统计量显著，$t = 42.2595 > 2$，其系数是5.3224，这说明，每一单位房地产开发投资额的增加，会引起 5.3224 单位的全社会固定资产投资额的增加。因此，我们可以说，房地产业的发展对全社会固定资产投资有着显著的推动作用。

为了更全面的解释两个变量之间的关系，下面做格兰杰 (Granger) 因果关系检验。其原理是：如果把 X 的过去或之后值包括进来能显著地改进对 Y 的预测，就可以说 X 是 Y 的格兰杰原因。检验结果如表 4－19。

表 4－19　　　格兰杰因果关系检验

Null Hypothesis	Obs	F－Statistic	Probability
Y does not Granger Cause X	15	0.14799	0.86430
X does not Granger Cause Y		5.14628	0.02906

可以看出，在 5% 的显著性水平下，对于 Y 不是 X 的格兰杰原因的原假设，拒绝它犯第一类错误的概率是 0.86430；对于 X 不是 Y 的格兰杰原因的原假设，拒绝它犯第一类错误的概率是 0.02906，因此，两者之间存在着单向因果关系。即全社会固定资产投资受到房地产投资的影响明显。

（四）房地产投资的前景

房地产投资的前景决定于房地产市场的需求。居民个人是房地产市场需求的主体。居民个人的市场需求包括消费性需求和投资、投机性需求[①]，两种需求的性质不同，对房地产投资的影响机制也不一样。

1. 消费性需求。这是指用于满足人们居住消费及其他社会

---

① 自住消费性需求和投资、投机性需求有时会有交叉，并无绝对界限。

消费的房地产需求，其刚性大、需求弹性小。住房作为最基本的生活条件之一，是个人生活的必需品，无论购买或租住，都必须得到满足。中国居民住房消费需求的基数大，并且会持续较长时期。

据统计，2007 年底中国城镇人口约 5.94 亿[①]，家庭成员户均 3.17 人，约有 1.82 亿个城镇家庭。假定每年都有家庭为改善居住条件而购买更大、更多的住房，城镇人均居住面积每年扩大 1 平方米，就将达到 5.94 亿平方米。按每平方米住宅投资 2000 元计算，每年将新增投资 11880 亿元，这是住房消费需求的重要部分。

中国的城市化率还没有达到全球的平均水平，估计未来十几年，城市化率每年将会增长 1 个百分点[②]。有研究表明，按城镇化水平每年提高 1% 计算，中国每年将新增城镇人口 1800 万或新增 570 万个城镇家庭。“十一五”规划期完成的 2010 年，城镇化水平为 48%，城镇人口约 6.3 亿。到 2015 年，城镇化水平将达到 55%，城镇人口 7 亿以上。2011—2015 年每年新增城镇家庭约 600 万个左右。考虑到城镇家庭规模的小型化进程，这一数字可能还会更大[③]。如果按新增家庭每户平均住房面积 80 平方米，人均 25 平方米计算，每年将带来至少 4.56 亿平方米的住宅需求，新增投资 9120 亿元，这是住房消费需求另一个重要部分。

城镇居民家庭收入水平的提高，使其有能力实现大部分的自住消费性需求。研究表明，2000 年时约 60% 以上的城镇家庭收

---

① 资料来源：国家统计局：《2007 年国民经济和社会发展统计公报》。

② 国家发展和改革委员会负责人：《北京常住人口 7 年增 210 万》，《京华时报》，2008 年 8 月 18 日，第 2 版。

③ 资料来源：CEIC，招商证券研发中心。

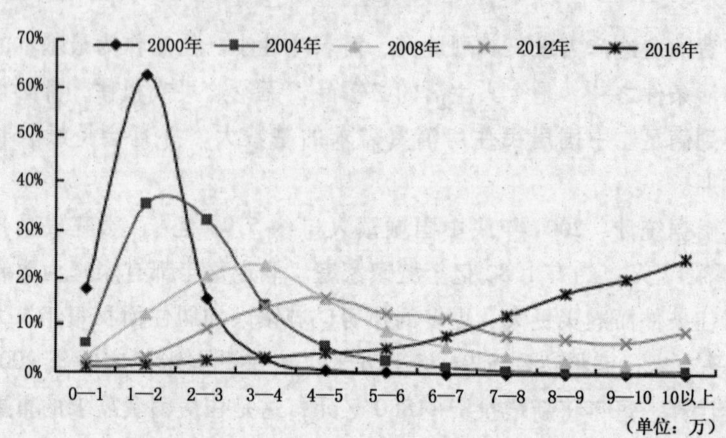

图 4－18　中国城镇居民家庭收入分布预测

资料来源：CEIC，招商证券研发中心。

入 1 万—2 万元人民币；2007 年提高到 2 万—5 万元。图 4－18 是对城镇居民家庭收入水平分布的预测，图 4－19 是对年收入 10 万以上的家庭数目增长情况的估计。

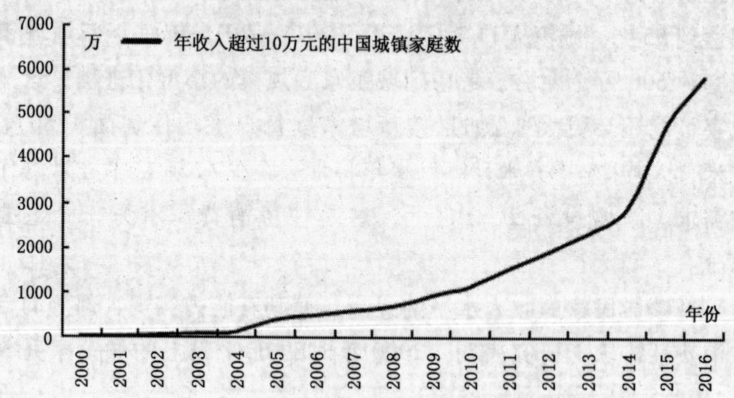

图 4－19　年收入超过 10 万元的中国城镇家庭数预测

资料来源：CEIC，招商证券研发中心。

房价收入比是衡量房价高低程度和居民购房承受能力的重要

指标。一般认为，房价收入比在3—6之间比较合理，中国的平均水平是7.77，不少城市更远超这一均值，居民在住房消费方面承受了很大的经济压力。世界各国房地产市场的发展历史表明，城镇居民家庭收入水平的提高会降低收入/房价比，提高居民住房消费需求的能力。图4－20、图4－21分别描绘了2007年各大城市的房价收入比和商品房价格上涨的趋势。

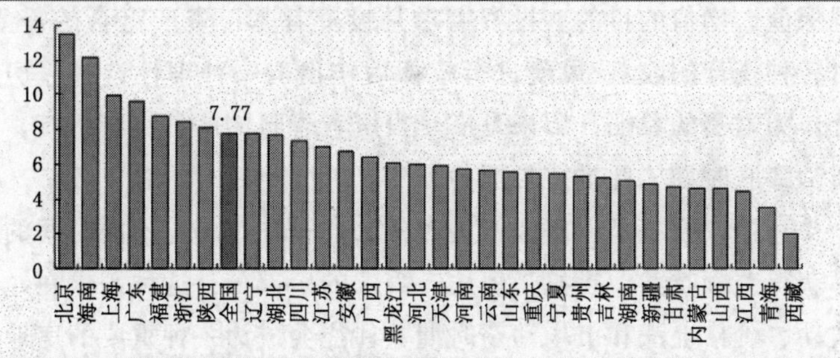

图4－20　各大城市房价收入比

资料来源：申银万国研究数据，http：//www.sw108.com/View.asp。

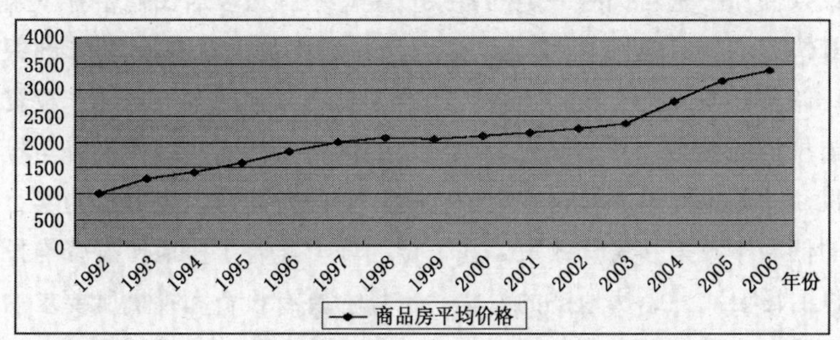

图4－21　1992—2006年房地产价格变动　单位：元

资料来源：国家统计局：《中国统计年鉴2007》，中国统计出版社。

可以确定，在未来一段时期里中国的房地产自住消费性需求还将持续扩大。越来越多的居民会逐渐拥有实现住房需求的支付能力。房地产需求的增加必然要求扩大开发投资，增加住房的供给。

2. 投资与投机性需求。住房既可以是消费也可以是投资，因此在一定意义上，很难区分居民购买住房是消费还是投资行为。

房地产投资是把房地产作为一种价值形式加以储存，期望实现保值、增值的目的。投资需求是投资者基于资产组合的需要、对各种资产的收益/风险进行权衡后作出的一种理性选择。房地产作为财富的象征，历来是广受投资者青睐的一种实物资产，在通货膨胀时期，此类需求更为强烈。

房地产投机是以房地产为对象、通过在市场上不同时间的交易获得差额收益。投机是房地产需求的一部分，这种需求在经济波动、价格上涨和市场动荡时期，往往会成为一种重要的房地产需求类型。

投资和投机性需求的满足依赖于投资者自身和外部的多种约束条件：一是居民有一定的富余资金。中国城乡居民储蓄存款余额快速增长（见图 4-22），据估计，20%的人口持有 80%的银行储蓄存款，持有较多金融资产的人具有很强的参与房地产投资与投机的能力。二是银行金融机构的信贷支持。房地产投资与投机，一刻也离不开银行资金的支持。一段时期内，金融机构实行的低利率政策和房贷政策，在一定程度上契合了房地产投资与投机的需要。三是房地产的深化。市场上要有投资和投机所要求的房地产产品，要有更多的交易者，要有较完整的交易制度。四是通货膨胀因素的催化。居民为了资产保值增值，会对投资工具进行比较，从中选取预期收益率最大的方式进行投资。尤其是当股票等证券投资风险严重而房地产业发展前景看好时，房地产商品的投资与投机活动在所难免。

需要指出的是，人民币汇率自 1994 年起在稳定了大约 10 年后，2005 年开始了持续升值。人民币名义汇率变动的情况可参见前文的图 4－5。伴随着人民币汇率的升值，持有以人民币计价的资产以谋取更多的收益，成为外国投资、投机者的强烈愿望，吸引了大量的国际资本通过各种正常的、非正常的渠道流入中国。外国资本不仅在金融市场而且在不动产市场上寻求投资获利的空间。以 2004 年为例，当年中国外汇储备净增 2070 亿美元，其中贸易顺差 319 亿美元，引进外资 606 亿美元，正常渠道换取的外汇储备为 925 亿美元，还有约 1100 亿美元的净增储备无法与经济数据挂钩①。这 1100 亿外汇中以投机人民币升值为目的热钱，部分进入了中国的房地产行业。国际资本的流入助长了中国房市的价格泡沫和房地产投资的膨胀，直接与间接地推动了固定资产投资的增长。

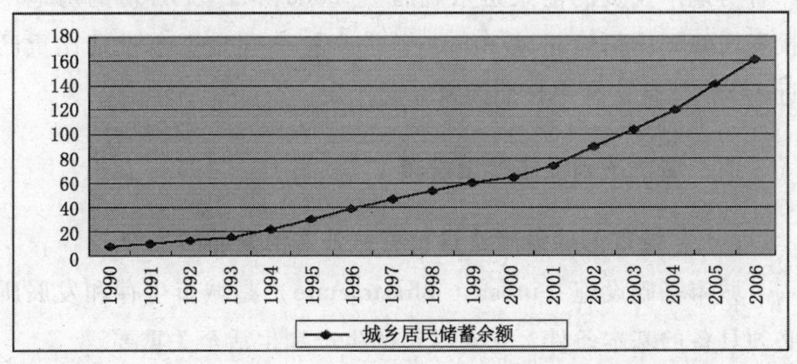

图 4－22 历年城乡居民储蓄余额 单位：百亿元，横轴为年份

资料来源：国家统计局：《中国统计年鉴 2007》。

3. 结论。居民消费性需求是刚性需求，投资性和投机性需

① 韩旺红：《固定资产投资总量与经济增长》，《投资与资本市场》，中国金融出版社 2005 年版，第 128 页。

求是弹性需求。这两类需求存在差别，但它们都对房地产投资产生重要影响。

从中长期的趋势看，中国房地产开发投资每年将至少维持20000亿元以上的规模（尚未考虑价格因素）。房地产市场在2007年下半年以后出现了一些新的变化，如市场销售量增长下降，市场观望气氛比较浓厚等。其中特别是近年来城市房价的过快上涨引起了人民群众的不满。但应该承认，房价上涨中包括着结构性“供不应求”的因素。必须看到，对房地产投资进行持续严格的控制，会影响房地产业的产出，使得房屋供求关系发生逆转。如果承认房价上涨中有供不应求的因素，就不能指望仅仅依靠抑制需求来控制房价。房地产投资既是投资过程，又是住房耐用消费品的生产过程。依靠消费拉动经济的政策含义本身，意味着房地产投资的前景是乐观的①。2008年1—7月份的房地产投资增幅同比仍然超过30%，其占全社会固定资产投资比重已近1/5，就是这种中长期因素在起作用。

四、城市基础设施建设投资

（一）城市基础设施建设投资：公共消费品的生产

城市基础设施（urban infrastructure）是城市生存和发展所必须具备的基本条件，它对城市的生产和生活至关重要。

城市基础设施可以分为工程性基础设施和社会性基础设施。其中，工程性基础设施一般指能源系统、给排水系统、交通系统、通信系统、环境系统、防灾系统等工程设施；社会性基础设

① 国家统计局发布的公开数据显示，截至2008年7月末，住房销售大幅萎缩，房屋空置面积增多。全国商品房空置面积为1.29亿平方米，同比增长6.1%。本书认为这主要是商品房结构和价格不合理所致。

施则指行政管理、文化教育、医疗卫生、商业服务、金融保险、社会福利等设施。在中国，城市基础设施多指工程性基础设施。

城市工程性基础设施一般包括：(1) 能源设施。包括电力、煤气、天然气、液化石油气和暖气等。(2) 供、排水设施。包括水资源保护、自来水厂、供水管网、排水和污水处理。(3) 交通设施。分为对外交通设施和对内交通设施。前者包括航空、铁路、航运、长途汽车和高速公路。后者包括道路、桥梁、隧道、地铁、轻轨高架、公共交通、出租汽车、停车场、轮渡等。(4) 邮电通信设施。如邮政、电报、固定电话、移动电话、互联网、广播电视等。(5) 环保设施。如园林绿化、垃圾收集与处理、污染治理等。(6) 防灾设施。如消防、防汛、防震、防台风、防风沙、防地面沉降、防空等。

城市基础设施按其使用方向还可分为竞争性项目、基础性项目和公益性项目。竞争性项目是以盈利为根本目的，通过市场竞争来决定其生存发展的项目。这类项目的投资收益水平较为显著，一般是通过市场筹集资金，产品直接面向市场销售。基础性项目是具有一定的自然垄断性的基础产业和基础设施项目，这类项目对城市经济具有深远的影响。如能源、交通建设，邮电通讯，城市公用设施等，其建设周期长、投资规模大、收益较低，难以完全推向市场，多数是政策性投资与经营性投资相结合的方式。公益性项目是不以盈利为目的、属于公益性质的项目。这类项目多数不能形成明显的财务效益和经济效益，但社会效益显著。如图书馆、体育馆、科技馆等，只有少数略带有经营性质(如体育馆)。通常由政府运用财政资金、拨款进行无偿投资建设。

城市基础设施投资大部分属于“公共消费品”的生产。长期以来，我国城市基础设施建设一直落后于经济发展水平，改革开放以后，私人消费大幅度增长，但公共消费品缺乏，而提供充足的公共消费品，是将来私人消费持续增长的基础。由此决定了中国的城市化进程，将需要巨额的城市基础设施投资。

（二）2000 年以来城市基础设施建设投资

城市基础设施的建设离不开政府的介入与引导，也离不开民间投资的配合。自 2000 年以来，城市基础设施的建设速度加快，基础设施能力和水平有了新的提高，城市功能进一步增强，城市面貌发生了显著变化。表 4－20 和表 4－21 表明了城市基础设施投资和建设概况。从表 4－20 中看到，城市建设固定资产投资逐年上升，从 2000 年的 1894 亿元上升到 2007 年的 6422 亿元，但其占全国固定资产投资的比例基本不变，平均维持在 6% 左右。全国城市新增固定资产价值的上升速度明显小于城市建设固定资产投资，这说明城市基础设施建设的平均工期延长，在建工程增多，固定资产交付使用的比例下降。

2000 年我国共完成城市建设固定资产投资 1894 亿元，占同期全国全社会固定资产投资总额的 5.8%。其中，基本建设投资 1490 亿元，比上年增长 19.7%；更新改造投资 404 亿元，比上年增长 16.4%。全年新增固定资产 1206 亿元，固定资产投资交付使用率 63.7%。而到 2007 年我国共完成城市建设固定资产投资 6422 亿元，占同期全国全社会固定资产投资总额的 4.7%。其中，道路桥梁，公共交通，园林绿化分别占城市市政公共设施总投资的 46.5%，13.3% 和 8.2%[①]。全年城市市政公用设施新增固定资产 3348 亿元，固定资产交付使用率为 52.1%。

① 资料来源：《2006、2007 年城市、县城和村镇建设统计公报》，城市规划网。http：//www.upla.cn/special/article.shtml?id=9220&subid=25&sid=9.

表 4－20　　2000—2007 年城市建设固定资产投资

年份	城市建设固定资产投资（亿元）	占全国固定资产投资比重（%）	新增固定资产（亿元）	固定资产交付使用率（%）
2000	1894	5.8	1206	63.7
2001	2352	6.4	1367	58.1
2002	3123	7.2	1729	55.4
2003	4462	8.1	2544	57.0
2004	4754	6.8	2370	49.9
2005	5602	6.3	3117	55.7
2006	5765	5.3	2954	54.3
2007	6422	4.7	3348	52.1

资料来源：《2006、2007 年城市、县城和村镇建设统计公报》，城市规划网。http：//www.upla.cn/special/article.shtml?id = 9220&subid = 25&sid = 9.

表 4－21　　1996—2006 年中国城市建设概况

年份	全国城市总数	城镇人口（万人）	城市建成区面积（平方公里）	城市人口密度（人/平方公里）
1996	666	37304	20214	367
1997	668	39449	20791	440
1998	668	41608	21379	459
1999	663	43748	21525	462
2000	663	45906	22439	489
2001	662	48064	24027	588
2002	660	50212	25972	754
2003	660	52376	28308	847
2004	661	54283	30406	865
2005	661	56212	32521	870
2006	656	57706	33659	—

资料来源：国家统计局：《中国统计年鉴 1996—2007 年》。

（三）城市基础设施建设对投资率的影响

转轨经济实践表明，各级政府和民间资本大规模投资于城市基础设施，依靠城市基础设施投资拉动经济，效果明显。城市基础设施建设是城市化进程中对投资率有重要影响的又一因素。城市基础设施建设通过两方面影响投资率：一方面是城市基础设施建设投资规模不断扩大。作为城市公共产品，中央和地方政府理所当然地是其主要供给者，投资建设城市基础设施既是政府的职责，又是政府调控经济的重要手段。大量非国有投资主体对城市基础设施投资的积极性也相当高，只要消除民间资本准入障碍，非国有企业、外商投资企业都可能成为未来城市基础设施建设的重要投资者。另一方面，城市基础设施的完善为经济、社会的发展奠定了良好的投资环境，带动了全社会投资规模的扩大。

第六节　地区差异

一、地区差异现状描述

按照离海岸线的远近和经济发展水平指标，可将全国划分为东部、中部和西部三大地带。其中，东部地区包括北京、天津、河北、辽宁、上海、江苏、浙江、福建、山东、广东、广西、海南 12 个省、自治区、直辖市；中部地区包括山西、内蒙古、吉林、黑龙江、安徽、江西、河南、湖北、湖南 9 个省、自治区；西部地区包括重庆、四川、贵州、云南、西藏、陕西、甘肃、宁夏、青海、新疆10个省、自治区①。

在改革开放前，中国地区间的经济增长就存在着差异。虽然中国在20世纪50年代到70年代之间实行了转移财政支付和平衡收入差距的政策，并在西部地区进行了大量投资，但是在重工业优先发展的赶超战略下形成的生产要素存量配置结构没有遵从地区间的比较优势（林毅夫、刘培林，2003），因而并没有达到缩小地区间经济效率的目的。20世纪80年代以后，经济体制的改革、企业经营自主权的扩大和区位优势等，使得东部地区的比较优势得以延续并导致地区经济发展水平的差距拉大。

区域经济发展的差异主要体现在以下几个方面：

1. 国内生产总值。从表4－22中看到，东部地区的国内生产总值在整个中国的国内生产总值中占绝大多数，占比则为60%以上，远远超过了中部地区的25%和西部地区的13%。这充分说明了地区经济发展的不平衡，东部地区的经济规模和能力远在其他地区之上。

表4－22　东、中、西部GDP以及占全国GDP比重　单位：亿元

年份	东部地区		中部地区		西部地区	
	绝对数	比重(%)	绝对数	比重(%)	绝对数	比重(%)
2002	73700.4	61.1	30604.3	25.4	16253.7	13.5
2003	85788.5	61.6	35032.3	25.1	18486.8	13.3
2004	102928.2	61.5	42453.9	25.3	22128.9	13.2
2005	121871.2	61.8	49766.3	25.2	25614.6	13.0
2006	142672.7	62.0	57637.9	25.0	29907.2	13.0

数据来源：按照前文的东、中、西部地区划分，根据《中国统计年鉴2007》所列示的省、自治区、直辖市的相关数据计算整理而得。

① 资料来源：国家统计局：《中国统计年鉴》，中国统计出版社。国家统计局网站：http://www.stats.gov.cn/tjzs/t20030812_402369584.htm.

2. 产业结构。从表4－23中看到，2006年东部地区第二产业和第三产业的国内生产总值超过全国的一半，分别为63.5%、63.9%，大部分第二、三产业的产出来自东部地区，第二、第三产业是东部地区支柱产业。而西部地区第一产业的比重虽然只有19.1%，但还是超过第二、三产业，农牧业、矿业是西部地区的主要产业①。同时，东部地区的第一产业比重逐渐减少，而第三产业比重逐渐加大。

表4－23　　2006年各地区生产总值结构　　单位：亿元

指标	东部地区		中部地区		西部地区	
	绝对数	比重(%)	绝对数	比重(%)	绝对数	比重(%)
第一产业	11352.2	45.89	8674.1	35.0	4714.0	19.1
第二产业	73406.2	63.47	28566.6	24.7	13673.6	11.8
第三产业	57914.4	63.88	21232.8	23.4	11519.6	12.7

数据来源：按照前文的东、中、西部地区划分，根据《中国统计年鉴2007》所列示的省、自治区、直辖市的相关数据计算整理而得。

3. 居民收入。从表4－24中看到，由于经济发展不平衡以及资源等方面的因素，造成了各个地区人均收入的巨大差距。虽然各个地区的城镇和农村居民收入都有了一定幅度的增长，但是相比较而言，它们之间的差距并没有减小。如2006年，东部地区城镇居民可支配收入为14100元，农村居民人均纯收入为5416元；西部地区为9429元和2480元，东部地区分别是西部地区的2.6倍和2.2倍。

① 数据来源：按照前文的东、中、西部地区划分，将《中国统计年鉴2007》所列示的省、自治区、直辖市的生产总值数据加总整理而得。

表 4－24　2006 年各地区城镇居民和农村居民年人均收入　单位：元

指　　标	全国	东部地区	中部地区	西部地区
城镇居民可支配收入	11759	14100	9864	9429
农村居民人均纯收入	3587	5416	3357	2480

数据来源：同表 4－22。

二、东、中、西部地区经济差异下的投资与消费

（一）东、中、西部地区比较

1. 平均消费率、投资率比较。选取东、中、西部地区城市的投资率、消费率数据进行简单算术平均，可得到各个地区在 2006 年的投资率、消费率平均值，如图 4－23 所示。

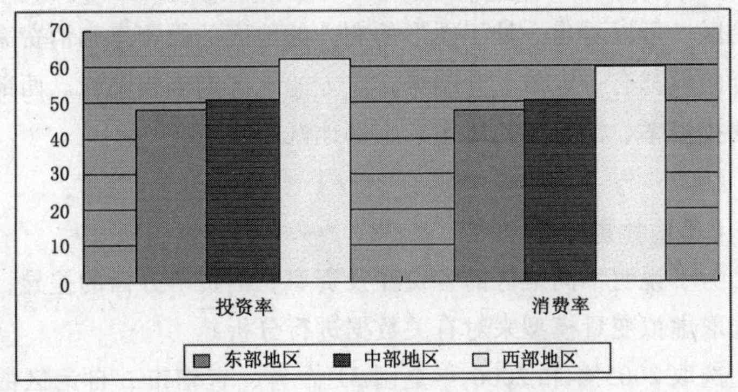

图 4－23　各地区投资率、消费率比较

从平均值上来讲，东部地区的投资率、消费率均低于中部地区，而中部地区的投资率、消费率又均低于西部地区。东、中、西部地区投资率分别为 47.8%、50.9% 和 61.8%；消费率分别为 47.5%、50.5% 和 59.5%。由此可以看出，地区差异造成了投资率、消费率的不一致。除了进行平均比较以外，还可以通过不同地区部分省、市、自治区的投资率、消费率的走势来进行比

较，如图 4－24 所示。

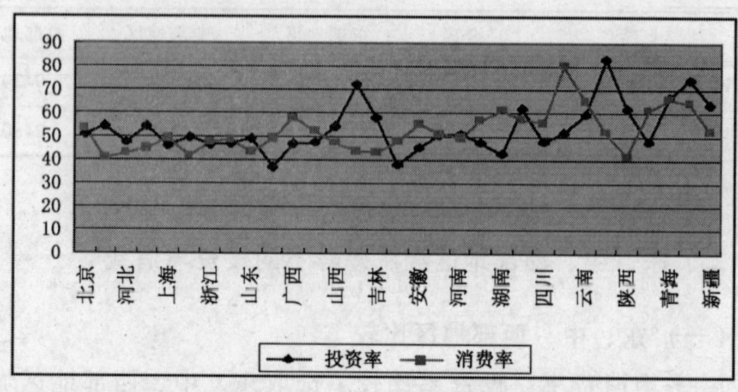

图 4－24　东中西部部分省、市、自治区的投资率、消费率

图 4－24 从左到右分别为东、中、西部地区的部分省、市、自治区，可以看出，处于图形的右方的地区的投资率和消费率的拟合曲线都有一定的上升趋势，左方的地区走势较平稳。西部地区的投资率、消费率均比东、中部地区高。

（二）计量分析

为了说明不同地区的省份在投资率、消费率方面的差异，我们选取虚拟变量模型来对有关数据进行分析。

选取 2005 年和 2006 年全国 31 个省、直辖市、自治区的投资率、消费率数据，并依据其所处地区的不同而设定相应的虚拟变量，见表 4－25。

表 4－25　　2005 年与 2006 年各地区投资率和消费率数据

地　区	虚拟变量		2006		2005	
	D2	D3	投资率 Y1	消费率 Y2	投资率 Y1	消费率 Y2
北　京	1	0	50.5	53.4	52.0	51.4
天　津	1	0	54.2	40.4	53.2	40.8

续表

地　区	虚拟变量		2006		2005	
	D2	D3	投资率 Y1	消费率 Y2	投资率 Y1	消费率 Y2
河　北	1	0	47.2	42.8	45.8	42.7
辽　宁	1	0	54.1	44.6	50.0	47.7
上　海	1	0	45.9	49.0	45.7	48.3
江　苏	1	0	49.3	41.6	50.9	41.2
浙　江	1	0	46.4	47.2	48.0	47.4
福　建	1	0	46.9	48.6	44.8	50.2
山　东	1	0	49.1	43.1	50.1	43.0
广　东	1	0	36.7	49.2	37.5	51.6
广　西	1	0	46.8	58.1	42.9	60.8
海　南	1	0	47.2	52.0	47.4	52.4
山　西	0	1	54.2	47.1	53.1	47.6
内蒙古	0	1	72.3	43.7	73.0	44.0
吉　林	0	1	57.9	43.1	49.2	51.7
黑龙江	0	1	37.7	47.8	35.5	48.3
安　徽	0	1	45.3	55.1	44.0	56.2
江　西	0	1	50.4	50.8	48.8	52.1
河　南	0	1	50.8	49.7	47.4	50.6
湖　北	0	1	47.4	56.7	45.1	55.9
湖　南	0	1	42.5	60.9	39.5	62.0
重　庆	0	0	61.9	57.4	61.6	57.3
四　川	0	0	48.1	55.9	45.0	59.0
贵　州	0	0	51.5	80.0	51.8	82.2
云　南	0	0	59.6	65.3	57.3	66.9
西　藏	0	0	82.9	51.5	73.3	73.5
陕　西	0	0	61.9	41.4	57.5	45.8
甘　肃	0	0	47.9	61.0	47.4	63.0
青　海	0	0	66.7	66.0	68.0	66.4
宁　夏	0	0	74.4	64.0	78.5	64.5
新　疆	0	0	63.5	52.0	61.7	48.6

资料来源：国家统计局：《中国统计年鉴 2007》，中国统计出版社。

根据虚拟变量模型的相关理论，可以将模型设计如下：

$$Y_{1i} = \alpha_1 + \alpha_2 D_{2i} + \alpha_3 D_{3i} + u_{1i}$$

$$Y_{2i} = \beta_1 + \beta_2 D_{2i} + \alpha_3 D_{3i} + e_{2i}$$

其中：Y_{1i}为投资率；Y_{2i}为消费率。

$D_{2i} = 1$ 若处于东部地区；$D_{2i} = 0$ 处于其他地区。

$D_{3i} = 1$ 若处于中部地区；$D_{3i} = 0$ 处于其他地区。

使用 Eviews5.1 软件，运用最小二乘法（OLS）对上述方程进行回归分析，可以得到下面的结果：

$$\hat{Y}_{1i} = 61.025 - 13.4167D_{2i} - 11.3528D_{3i}$$

$$t = (31.7261)\ (-5.1515)\ (-4.0622)$$

$$R^2 = 0.3322 \quad \overline{R^2} = 0.3095 \quad F = 14.6740 \quad DW = 1.6392$$

$$\hat{Y}_{2i} = 61.085 - 13.2725D_{2i} - 9.7906D_{3i}$$

$$t = (36.5169)\ (-5.8599)\ (-4.0282)$$

$$R^2 = 0.3778 \quad \overline{R^2} = 0.3567 \quad F = 17.9121 \quad DW = 1.7799$$

回归结果显示，各回归变量的 t 统计量的数值均显著大于 2，可以判定各斜率系数是显著的。这说明东、中部地区的投资率消费率与西部地区存在着显著的差别。以上两个方程的虚拟变量D_{2i}、D_{3i}的系数都是负数，这说明，平均来说，处于东部地区和中部地区的省、直辖市、自治区的投资率和消费率均比西部地区低。从回归结果可以看出，东部地区投资率比西部地区要低13.4167%、中部地区比西部地区要低 11.3528%；东部地区消费率比西部地区要低 13.4167%、中部地区比西部地区要低11.3528%。虚拟变量回归结果并不能给出产生这些差异的原因，但是，东、中、西部地区经济发展程度的差异可能是其中的主要原因。东、中部地区的经济发展程度较西部地区高，这两个地区特别是东部地区的固定资产投资增速减慢，而随着产业结构的升级，其国民收入总量却不断扩大，平均边际消费倾向下降。西部地区的经济发展程度相对较低，但随着西部大开发战略的实施，其投资包括来自东、中部地区的投资逐年增加，而且其国民收入总量较小，平均边际消费倾向较高。因此，产生了投资率、消费率的“西高东低”现象。

第七节 经济增长方式

一、经济增长方式分类

经济增长是由多种因素共同作用的结果。经济增长方式是指推动经济增长的各种要素的组合方式和推动经济实现增长的途径、手段、方法和形式的总和，或者说，是指经济增长来源的结构类型。

经济增长和经济增长方式是既密切相联，又相互区别的概念。经济增长是经济增长方式的前提和基础，因为如果没有经济增长，经济增长方式就无从谈起。但是，经济增长方式从更深的层次揭示了经济增长的内涵，因而是经济增长这一概念的延伸和深化。经济增长主要反映社会物质财富的变化，而经济增长方式则侧重于对引起这一变化的因素的分析。

经济学界对经济增长方式根据出发点不同有着多种划分①：

第一，从经营方式或经济增长效率的角度，把经济增长方式分为粗放型和集约型。粗放型增长就是主要依靠大量投入资金，

① 仇建涛、刘玉珂：《经济增长模式比较》，经济科学出版社 1999 年版，第6—8页。

大量使用劳动力，大量消耗原材料和能源等资源来支撑；集约型增长则是主要依靠提高活劳动和物化劳动利用率来增加产品的生产量，这种增长方式更注重生产要素效率的提高，通过提高要素效率对经济增长的贡献来提高生产质量和增加社会效益。

第二，从扩大再生产的角度，把经济增长方式分为外延型和内涵型。这一划分是根据马克思在《资本论》中的论述提出的。外延型增长方式是指扩大再生产主要靠生产要素投入的增加；内涵型增长方式是指扩大再生产主要靠技术进步和生产效率的提高。

第三，从经济增长过程特点的角度，把经济增长方式分为速度型和效益型或数量型和质量型。速度型（数量型）增长方式指片面追求数量、产值和速度，表现为质量低、效益差和结构失衡等；而效益型（质量型）增长方式则注重经济增长质量和效益的提高，以及产业结构的协调等，包括经济效率的提高、结构优化以及运行状态良好等多方面的内容。

第四，从经济增长源泉（或动力）的角度，把经济增长方式分为投入驱动型和效率驱动型。要素投入的增加是指劳动、资本和资源投入量的增加，要素生产率的提高是由知识进展、技术进步、规模经济、资源配置的改善等带来的。投入驱动型增长方式是指经济增长主要依靠生产要素（劳动、资本、资源）投入的增加；效率驱动型增长方式是指经济增长主要依靠生产效率的提高。

二、投资主导的经济增长

粗放型增长阶段是任何一个国家工业化进程中都要经历的。在新中国成立后，以大规模投资驱动为特征的粗放型增长，在客观上推动了经济的快速发展。从改革开放以来我国的投资率与固定资产投资增长的情况来看，中国仍处于投资驱动经济增长的阶段，资本密集型产业是主导产业，经济效率较低。投资主导经济增长方式的特征主要表现为以下三方面：

第一，固定资产投资平均增长幅度高于经济增长幅度和消费增长幅度。1990—2006 年的支出法 GDP 增长 11.43 倍，年均增长 10.0%；同期最终消费支出增长 9.13 倍，年均增长 13.8%，资本形成总额增长 13.9 倍，年均增长 16.7%。由此看出，资本形成总额增长率分别超出支出法 GDP 增长率、最终消费支出增长率 6.7 和 2.9 个百分点。

第二，经济增长中的消费贡献率不稳定，投资贡献率常常高于消费贡献率。从图 4－25 可以看出，1978—2006 年的绝大多数年份里，消费贡献率虽然平均高于投资贡献率，但起伏波动大。在 2000 年以前，1978 年、1993 年、1994 年和 1995 年的投资贡献率高于消费贡献率。然而，在进入 21 世纪后，投资贡献率超过了消费贡献率。

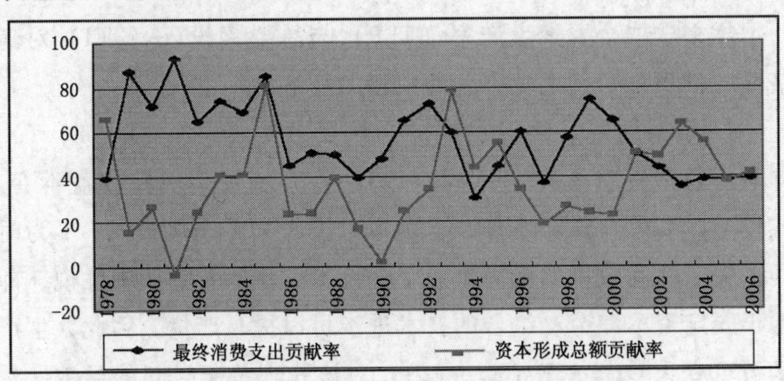

图 4－25　投资率、消费率变动（横轴为年份）

资料来源：国家统计局：《中国统计年鉴 2007》，中国统计出版社。

第三，高速经济增长主要是靠巨额的投资推动，呈现出明显的高投入、高消耗、低质量、低效益的粗放型特征。改革开放以后，虽然经济发展战略和经济体制等均发生了较大的变化，但是从总体上来讲，粗放型经济增长方式并没有得到根本的改变，见表 4－26。

表 4－26　　　全要素对经济增长贡献率的国际比较

国家（年份）	劳动要素投入	资本要素投入	全要素生产率提高
中国（1980—1990 年）	9.65	61.62	28.70
美国（1948—1965 年）	32.50	19.75	47.75
日本（1952—1971 年）	21.00	23.84	55.16
韩国（1963—1975 年）	37.39	23.81	38.79

资料来源：张军扩：《“七五”期间经济效益的综合分析》，《经济研究》1991 年第 4 期。

三、经济增长方式对投资与消费的影响

（一）粗放型经济增长方式的实证分析

本书选取全要素生产率（TFP）与总要素投入（TFI）对经济增长的贡献份额之比来判断中国的经济增长方式①。

1. 模型构造。假定我国的生产函数为 Q = F（K，L，T），即索罗总量生产函数（Solow，1957）。其特征是规模收益不变。式中 Q、K 和 L 分别为 GDP、资本总投入和劳动总投入；T 为时间。关于时间效果的最简单假定是技术进步的希克斯中性说，即源于既定资本和劳动组合的技术进步可以提高产量。因此，生产函数可变为 $Q_T = A_T F(K_T, L_T)$。对该式求关于时间的导数，然后两边同除于 Q，就得到阿布拉莫维茨－索罗－丹尼森经济增长

① 徐现祥：《我国经济增长方式转变的实证分析》，《上海经济研究》2000 年第 3 期。

方程：

$$G = G_A + \alpha G_L + \beta G_K$$

上式可变为：

$$G_A = G - (\alpha G_L + \beta G_K)$$

其中，G_A、G、G_K 和 G_L 分别为 TFP 增长率、经济增长率、资本增长率和劳动投入增长率；α 和 β 分别为劳动、资本产出弹性。全要素生产率为实际经济增长率与实际投入增长率加权和的差。以上方程两边同除于 G，则得：

$$1 = G_A/G + (\alpha G_L + \beta G_K)/G$$

其中，G_A/G 是全要素生产率在经济增长中所占的相对比重，即 TFP 对经济增长的贡献份额，记为 SP；$(\alpha G_L + \beta G_K)/G$ 是 TFI 对经济增长的贡献份额，记为 SI。现在我们可以构造经济增长方式的判断标准。即：

$$SP = \frac{G_A}{G};\quad SI = \frac{\alpha G_L + \beta G_K}{G}$$

其中，各变量含义与上相同。α、β 分别取值 $\alpha = 0.4$，$\beta = 0.6$。借助 SP 和 SI 可以把经济增长方式抽象为三种基本模式：

内涵增长型：$SP/SI > 1$；中型增长型：$SP/SI = 1$；外延增长型：$SP/SI < 1$。

2. 数据来源。G_A 为索洛 TFP 增长率，来自于高宇明、齐中英的计算[①]；G 为历年 GDP 增长率；G_K 为资本形成总额增长率；G_L 每年末就业人数增长率，表 4－27 均根据《中国统计年鉴》相关数据计算而得。

① 高宇明、齐中英：《基于时变参数的我国全要素生产率估计》，《数量经济技术经济研究》2008 年第 2 期。

表 4-27 经济增长方式量化表

年份	SP/SI	年份	SP/SI	年份	SP/SI	年份	SP/SI
1979	1.021	1986	0.61	1993	0.40	2000	1.58
1980	0.61	1987	0.95	1994	0.71	2001	0.53
1981	0.51	1988	0.46	1995	0.56	2002	0.72
1982	0.77	1989	0.41	1996	0.88	2003	0.57
1983	1.01	1990	0.22	1997	2.05	2004	0.57
1984	0.91	1991	0.74	1998	0.69	2005	0.79
1985	0.47	1992	0.91	1999	1.04	2006	0.83

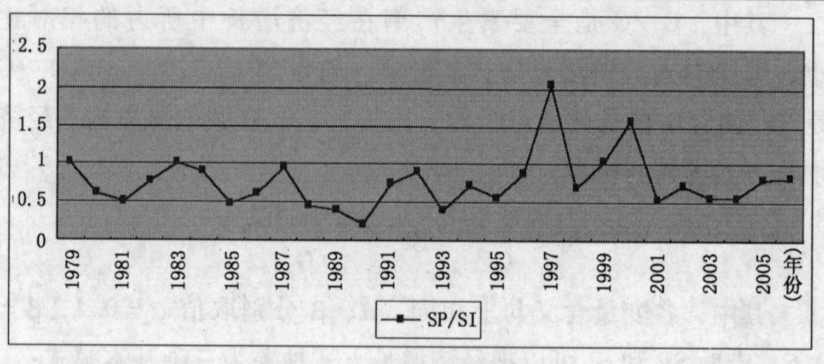

图 4-26 SP/SI 变动情况

由图 4-26 可以看到，计算出来的的 SP/SI 值只有在 1978 年、1979 年、1998 年和 2000 年明显大于 1，而在其他年份均小于 1，这就说明，从近 30 年的情况来看，中国的经济增长方式基本是属于外延增长型，经济增长主要依靠的是要素的投入而不是效率的提高。

（二）粗放型经济增长方式对投资与消费的影响

一方面，投资需求并未有效转化为居民的最终消费需求。投资和消费之间存在着既相互促进又彼此制约的关系。投资带来的产出将为消费提供最终产品，由投资决定的产出水平和结构制约着消费水平和结构；同时，消费是投资及生产的目的，投资形成的产出能否在市场中实现或出清受制于消费决定的市场需求的大小，而且消费需求是经济运行的基本动力，它可引发投资需求。因而在经济运行过程中，既要发挥消费引导投资和生产的作用，又应以投资和生产来促进消费增长，以形成双方之间的良性循环。但是，粗放型的经济增长方式主要是依靠廉价的生产要素和资源的大量投入来支撑的，生产要素和资源的廉价或无偿使用使价格机制无法按照市场规律来调节资源的生产和消费行为，降低了要素所有者的收益，使居民收入水平提升缓慢，消费需求持续低迷。

另一方面，粗放型增长方式的路径依赖严重。为了维持一定的增长速度，不得不增加储蓄、更多地投资，进而提高了投资率。粗放式经营的思维定势在人们头脑中形成后，只要一提到发展经济，一些单位和地区就习惯于上新项目、铺新摊子；在评价经济工作时往往存在着重速度、轻效率，重新建、轻改建的倾向。粗放型经济增长方式的科技含量低，技术对经济增长的贡献率低，经济运行质量欠佳，增长效率不高。比如，我国万元GDP的能源消耗是美国的3倍，韩国的4.5倍，日本的6倍①。

第八节　小　　结

从本章前七节的分析中可以看出，经济增长、制度变迁、产

① 仉建涛、刘玉珂：《经济增长模式比较》，经济科学出版社1999年版，第194页。

业变动、城市化进程、地区差异以及增长方式均对投资、消费比例关系产生影响，这个影响有的是正向的，有的是反向的。

在经济增长方面。假定其他约束条件不变，较快的经济增长要求投资的相应增长。转轨经济中的投资率与经济增长有显著的即时相关关系。

在制度变迁方面。市场化率的上升，会促进投资率上升。经济制度从计划经济体制向社会主义市场经济体制的转变，促进了非国有经济的发展。国有经济在经济总量中所占的比重在下降，但其总量仍然不断扩大。各种经济类型的发展需要投入大量的生产要素。投资率上升与国有投资和非国有投资的共同增长有关。在这一过程中，居民的可支配收入提高，消费需求增长。尽管有市场化改革带来的不确定性影响，但在长期趋势上，市场化将有利于消费率的提高。

在产业结构变动方面。从回归结果来看，第一产业占 GDP 比重对消费率有着正向影响、对投资率有负向影响。这个结果与我国的现状相符合，但与现有理论相悖。现有理论认为：第一产业比重的下降，会减少投资；而服务业发展迅速，会推动消费率的上升。对此合理的解释是，这种结果的出现，可能与其他影响投资率和消费率的因素有关，是多种因素互相作用的一种净效应。比如，重化工业的大规模投资、较高的储蓄率、居民的传统习惯以及贫富差距的影响等。但是，产业结构的变化对投资、消费比例的影响是显然的。

在城市化进程方面。城市化的发展，必然需要动用大量的资源进行基础设施建设、房地产开发等。对于居民（特别是农村居民）来说，加入城市化的潮流必须减少现期的消费，为城市化储备资金。因此，城市化造成消费率的下降。或者说，社会资源一定时，消费率的提高会减少投资额，对城市化率造成负向影响。城市化对投资率有正向影响。数千万农村人口的“市民化”，需要工作岗位、住宅以及公共产品，因而需要兴建大量的企业来提供就业机会、制造足够数量的住房和城市基础设施，满足人们的需求，从而引起全社会固定资产投资总额的上升和资本形成总额的增加，推动投资率的上升。

在地区差异方面。由于经济发展水平的差异，导致了东中西部地区的投资率与消费率的“东低西高”。这与西部是东、中部资金的净流入地区，且西部地区的GDP较小，从而计算投资率时的分母较小有关。就消费率来看，西部地区人均收入较低，边际消费倾向较高；而相对富裕的中、东部地区，居民收入中的小部分用于消费，其余的资金都用于储蓄或投资。而且，在最终消费额一定的情况下，GDP的数额越大，消费率的数值就越低。

在增长方式方面。粗放型的增长方式是以大量的投资换取经济的增长；集约型的增长方式主要是促进效率的提高，通过产业结构的调整，依靠消费拉动经济，达到同量投资取得较高经济增长的目的。经济增长方式对投资、消费有重要影响。实现经济增长方式的转变，会带来投资率下降和消费率上升。

第五章

投资乘数、收入差距和消费增长

投资乘数既具有投资供给的特性，又与消费需求紧密联系。投资乘数是判断投资率和消费率适当与否的重要标准之一。本章分析投资乘数理论及其作用机制，测算投资乘数的理论数值，并结合我国现状，论证投资乘数与消费率、投资率之间的关系。

第一节　投资乘数理论简述

一、乘数理论的形成与发展

乘数理论形成于20世纪20—30年代，在西方经济学中具有重要的地位。随着资本主义经济的迅速发展，乘数思想被逐步明确，并成为西方国家调节资本主义经济的重要理论工具。

“乘数”这个概念是英国经济学家卡恩（R. F. Kahn）于1931年在《经济学杂志》上发表的《国内投资与失业的关系》一文中首先提出来的。卡恩论述了就业乘数，即初级就业量（公共工程支出增加引起的就业增加）与就业总量之间的比例关系，提出了 $K\times N_2=N$ 的公式。该式说明了初级就业量 N_2 在经济运行过程中能引起K倍于 N_2 的就业总量N，K即为倍数①。

在卡恩的乘数理论基础上，凯恩斯（John Maynard Keynes）将就业乘数扩展为投资乘数，从定量分析的角度说明投资增量与收入增量之间的量变关系，并将投资乘数正式纳入其理论体系中，成为凯恩斯主义的一个重要组成部分。凯恩斯把绝对收入理论同需求不足的现实联系在一起，说明了需求不足是经济失衡的基本原因和乘数在政府调节经济中的作用，并论述了将乘数作为政府的一种积极调节经济的工具，使经济在一定程度上按政府的意愿运行的观点②。

凯恩斯之后，希克斯③（J. R. Hicks）、萨缪尔森④（Paul Samuelson）等经济学家对乘数理论做了大量的研究，发现乘数在不同经济领域中的作用原理，认识到乘数现象是经济运行中的普遍现象。曼昆（N. Gregory Mankiw）以瓦尔拉斯体系为基础，引入不完全竞争的产品市场假定，得出了新乘数模型，包括税收

---

① R. F. 卡恩：《国内投资与失业的关系》，《经济学杂志》1931年第6期。

② 约翰·梅纳德·凯恩斯：《就业、利息和货币通论》，商务印书馆2008年版，第111页。

③ J. R. Hicks, A Contribution to the Theory of the Trade Cycle, Clarendon Press, 1950.

④ 萨缪尔森：《乘数分析与加速原理相互作用》，《经济学与统计学评论》1939年5月号。

乘数、政府购买乘数等①。还有经济学家对多重均衡下的乘数进行分析，认为乘数效应的发生过程是从一个均衡点，在自发需求引导和带动下，走向另一个均衡点的过程②。但实际上，如果经济中存在着多重均衡，而且存在着均衡的不稳定性，即由于人们的收益函数变动，导致均衡的多重型，则必然会引起乘数多重化。通过对乘数现象不断深入的研究，经济学家已经将其推广至所有需求变量的变动所引起的乘数，如投资乘数、对外贸易乘数、税收乘数、政府支出乘数、转移支付乘数等。并扩展到分析行业的生产乘数效应、投入产出乘数和就业乘数效应等方面，构成了完整的乘数体系。

投资的增加导致产出若干倍于投资的增加称作投资乘数。投资乘数可表示为边际储蓄倾向的倒数。有些经济学家认为，这种关系产生了一个投资加速数，即投资的作用是双重的：投资所带来的产出增长又会产生更多的投资。如，政府投资增加，总产出增加，企业则会增加它们的投资，接着将导致产出的再次增加。这样，投资本身就成为投资变动的一个因素。

“加速原理”是以 S. 库兹涅茨等人首先发展起来的。这一原理认为，消费品和服务需求的微小变化，会引起与其有关的资本品需求的更为剧烈的变化。这样一来，消费支出的一定增长，就会引起投资支出的更大变化。汉森和萨缪尔森认为，影响经济波动的最主要因素是投资的变动，仅用乘数原理不能说明经济的波动，还必须用加速原理来说明投资的变动，即用乘数——加速

---

① N. G. 曼克尤：《凯恩斯经济学的重塑》，《欧洲经济评论》，1992 年第 1—2 期。

② Russell Cooper and Andrew John, Coordinating Coordination Failures in Keynesian Models, *The Quarterly Journal of Economics*, Vol. 103, No. 3 (Aug., 1988), pp. 441 - 463.

数的联合作用说明经济周期运动过程。他们引入了时滞概念，把乘数和加速原理同经济周期的关系，推进到更加普遍化和系统化的研究中。萨缪尔森以时间序列分析了乘数和加速数之间的相互作用机制，指出即使没有外来因素的干扰，这两者的相互作用也会使经济处于一种反复不断的循环运动之中。

投资乘数原理可用以下公式表示：

$$\Delta Y = \frac{1}{1 - \frac{\Delta C}{\Delta Y}}\Delta I = \frac{1}{s}\Delta I$$

式中，ΔY 为新增国民收入，ΔI 为新增投资，s 为社会储蓄率，ΔC 为新增消费。可以看出：自发性投资每增加 1 单位，会引起国民收入新增$\frac{1}{s}$；自发性投资每减少 1 单位，会引起国民收入减少$\frac{1}{s}$。由于 s 小于 1，因而国民收入的变化幅度总是大于投资的变化幅度。

加速原理可用以下公式表示：

$$I_t = \frac{1}{A}（Y_t - Y_{t-1}）$$

式中，Y_t 为第 t 期国民收入，Y_{t-1} 为第 t - 1 期国民收入。I_t 为第 t 期投资量，A 为加速数。可以看出：国民收入变化量的增加将引致新的投资；国民收入减少将导致投资的减少。由于$\frac{1}{A}$通常大于 1，因而国民收入变化导致的投资变化幅度通常大于国民收入自身变化幅度。

将投资乘数原理和投资加速原理结合起来，可以归纳出投资引起经济波动的作用机制：在乘数原理作用下，自发性投资增加（减少）将引起国民收入以更大幅度增加（减少），在加速原理作用下，国民收入的增加（减少）又将引起投资增加（减少）；在乘数和加速原理交替作用下，某种对投资的偶发冲击将导致整体经济的较大起伏。

在以上机制中，两个重要参数——投资乘数$\frac{1}{s}$和加速数$\frac{1}{A}$影响经济波动幅度。投资乘数间接反映了投资效率，投资乘数越大，投资对经济增长的作用就越大。而且，投资乘数是社会储蓄率的倒数，在一定的时期内比较稳定。由于加速数是资本效率的倒数，因而它也是投资效率的倒数。在投资乘数一定的情况下，投资效率越高，加速数越小，经济波动幅度就较小；相反，投资效率越低，加速数越大，经济波动幅度也就较大。

二、凯恩斯的简单投资乘数理论

凯恩斯于1936年在《就业、利息和货币通论》中提出了著名的投资乘数理论。凯恩斯认为，在自由放任的条件下，不是供给创造需求，而是需求决定供给。当技术、资源和成本不变时，经济中原有资本存量与劳动的供求均衡水平决定于消费需求和投资需求。但是，由于人们的一些心理因素的作用，经济中的有效需求往往是不足的，所以，仅仅通过市场机制难以实现充分就业均衡，经济中的通常情况是小于充分就业均衡。为了解决这个问题，凯恩斯认为应该对经济制度实施改良措施，增强政府干预经济的能力，依靠政府的财政措施来增加投资，刺激消费，以提高总需求水平，促进经济增长。

投资乘数的形成过程可以被理解为一种无穷的递推连锁反应过程。某一经济部门的一笔自发投资不仅会增加本部门的收入，而且会产生对其他部门的需求，从而增加其他部门的收入和投资，于是引起国民经济各部门的连锁反应，最终使国民收入成倍增长。因此，凯恩斯认为，当投资增加时，国民收入增加的增量将是投资增量的数倍。进而，投资乘数可以定义为一个经济系统中在平衡状态下总产出变动量与引起这种变动的最初投资注入量之间的比例关系。假设自发投资为 ΔI，由 ΔI 引起的国民收入增量为 ΔY，则有：$K = \Delta Y/\Delta I$。由于 $\Delta Y = \Delta C + \Delta S$，在两部门经济的均衡状态下，有 $\Delta S = \Delta I$，因此：

$$K = \Delta Y/\Delta I = \Delta Y/(\Delta Y - \Delta C) = 1/[1 - (\Delta C/\Delta Y)] = 1/(1 - MPC)$$

则投资乘数 K 的表达式为：

$$K = \frac{1}{1 - MPC}$$

从式中看出，投资乘数的大小取决于边际消费倾向 MPC。边际消费倾向越高，投资乘数就越大；边际消费倾向越低，投资乘数就越小。投资需求拉动经济增长的作用正是取决于投资乘数的大小。按照乘数原理，投资的增加可以使国民收入成倍的增加，同时也带来就业的成倍增加。凯恩斯认为：投资只占国民所得中的较小部分，但当投资数量变动时，却能使得总就业量与总所得的变动程度远超过投资本身的变动，这种现象，有了乘数原则以后，就得到了解释。

三、IS—LM 模型框架下的投资乘数

在国民收入决定的简单模型基础上推导得出的是简单投资乘数。在该模型中，投资被当作外生变量，即假设投资（i）是一个常数。但是，市场经济社会中不但有产品市场，而且有货币市场，两个市场是相互影响，相互依存的，不但消费是一个变量，而且投资（i）也是一个变量。

（一）IS 曲线

凯恩斯理论认为，在一个封闭型的混合经济中，产品市场的均衡可以由如下的公式给出：

$$y=\frac{1}{1-\beta\ (1-t)}\ (\alpha+g+i)$$

式中：α 为自发消费；β 为边际消费倾向；g 为政府支出；t 为税率；i 为民间投资。民间投资 i 与利率 r 有关，其函数形式为：

$$i=i\ (r)\ =e-dr$$

故而有：
$$y=\frac{1}{1-\beta\ (1-t)}\ (\alpha+g+e-dr)$$

依据以上公式可以做出市场利率 r 关于产出 y 的函数曲线，即 IS 曲线。它反映了产品市场的均衡条件：投资 i 等于储蓄 s。显然，当利率上升时，投资 i 将会下跌；其他情况不变时，产出 y 将会减少。于是，可以得出产出 y 和利率 r 是负相关的。

（二）LM 曲线

在货币市场均衡时，货币需求等于货币供给，即：

$$m=ky-hr$$

式中，m 为实际货币供给量；k 为货币需求对收入的敏感度；h 为货币需求对利率的敏感度。此时，收入与利率的关系满足下式：

$$y=\frac{h}{k}r+\frac{m}{k}$$

考察上式可以看出，产出 y 同利率 r 有互动的关系。当 y 增加时，对货币的交易需求就会上升，在实际货币供给量 m 一定的情况下，利率将会上升。因此，产出 y 和利率 r 之间是正相关的。

（三）IS—LM 模型框架下的投资乘数

根据凯恩斯理论，商品市场上利率通过投资影响收入；而在货币市场上收入通过货币需求又影响利率。或者反过来说，收入依赖于利率，而利率又依赖于收入。这样，凯恩斯的理论就陷入了循环论。为解决这一循环推论的矛盾，并把商品市场和货币市场结合起来，1937 年英国经济学家希克斯发表文章，建立了一个产品市场和货币市场的一般均衡模型，即 IS—LM 模型，这一模型是简单的国民收入决定模型的扩张与升华。

通过 IS—LM 模型中推导得出的投资乘数对国民收入的影响，还要考虑到“挤出效应”：即投资增加导致收入增加，引起货币需求的增加，从而利率上升致使投资下降，由此对增加的国民收入造成“挤出”。具体而言，在 LM 曲线的不同区域，投资乘数的效果是不一样的。

第二节　投资乘数与收入差距

一、投资乘数的作用机制

（一）投资乘数的效应

1. 不完全效应分析。不完全效应分析考虑的乘数效应即凯恩斯乘数模型所阐述的乘数效应，它可以描述为图 5－1 所示的过程。

假设对 I 部门的初始自发投资增量为 ΔI，形成对这一部门产品的需求增量 ΔI，该需求增量通过生产产品得到满足，进而

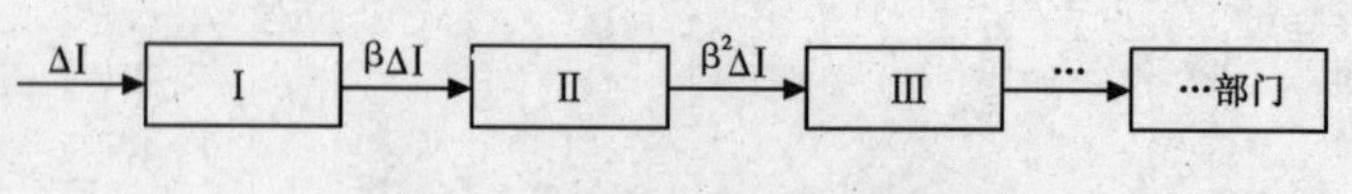

图 5－1 投资乘数的作用机制

转化为Ⅰ部门要素所有者的收入，大小也是ΔI，这是乘数的第一轮效应，乘数效应为ΔI；增量的收入部分会用于消费βΔI，从而引发对Ⅱ部门产品的需求并转化为Ⅱ部门的收入βΔI，这是乘数的第二轮效应，乘数效应为βΔI；第二轮的增量收入又会通过引致消费转化为第三轮的收入增加和乘数效应，直至无穷。这就是传统的乘数原理，其实质就是初始的自发需求增量通过引致消费的无限次循环，从而产生一个数倍于初始需求增量的收入增量。

上述过程是在假设Ⅱ部门、Ⅲ部门及其他部门均有充分的生产能力满足需求的条件下的乘数效应。即经过一系列购买过程，就会使投资带动一个大于自身数倍的收入增加。而这个倍数数值不仅会大于0，而且一般会大于1；当条件满足时，其数值可以接近甚至达到边际储蓄的倒数。相反，如果有任何一个部门不具有充分的生产能力，实际的乘数效应就会比理论数值低。

从以上分析可以推论：就个别部门投资而言，虽然情况不同，但投资乘数确实是存在的。这是因为现有生产部门有较大的生产潜力时，投资增加所产生的需求扩张会通过一系列的购买和生产转化为相应增量的实物产出，并由此带来与此相应数倍的产出收入，但其大小与其投资部门以及相关部门的生产能力密切相关。

2. 完全效应分析。投资乘数的不完全效应分析考虑的仅是投资乘数的微观效应，投资乘数也具有宏观效应。投资对宏观经济的作用，不能单纯看投资对某个部门或行业带来收入的多少，而应当分析投资对整个经济总量贡献的大小。由于社会的总投资是由无数的个别投资所构成，而不同结构的投资对投资品的需求对象也不同，因此总投资对宏观经济的总投资乘数效应的大小，应取决于这些不同分量投资乘数的叠加之和，但其乘数值并不等于个别部门投资乘数效应的简单相加，而是一般与社会资源的总就业程度和短缺程度有关。如考虑这些因素的作用，一般情况下，宏观投资乘数效应会小于微观投资乘数效应。只有当社会资源就业不充分，个别部门的投资活动不会影响其他部门时，投资的乘数效应才会无阻碍地向下传递，这时宏观投资效应才与微观效应趋于一致，其乘数才可能与宏观乘数相等。然而这种情况只有在经济萧条，生产能力利用率不足，社会有充足的劳动力，并且一个部门的投资增加不会使其他部门资源使用减少时才会出现。

（二）投资乘数发挥作用的条件

在社会化大生产中，投资、政府支出、消费、收入和就业这些变量之间存在一定的连锁反应，然而，这种连锁反应的效果可能没有达到凯恩斯理论所说的那种程度。在现实生活中，乘数作用的大小要受到一系列条件的限制：一是社会中过剩生产能力的大小，如果没有过剩生产能力和闲置资源，则投资增加及由此造成的消费支出增加，并不会引起生产增加，只会刺激物价水平上升。二是投资和储蓄决定互相独立，或假定它们相互独立，否则，乘数作用要小得多。因为，增加投资所引起的对货币资金需求的增加会使利率上升，而利率上升会鼓励储蓄，削弱消费，从而会部分地抵消由于投资增加引起收入增加进而使消费增加的趋势。三是货币供给量的增加能否适应支出增加的需要。假使货币供给受到限制，则投资和消费支出增加时，货币需求的增加就得不到货币供给相应增加的支持，利率会上升，不但会抑制消费，还会抑制投资，使总需求降低。四是增加的收入不能用于购买进口货物，否则 GDP 不会增加①。

同时，投资乘数作用的发挥还以一些隐含的条件为前提，如收入既要分解为储蓄，又分解为消费；消费函数在一定时期内保持稳定，否则边际消费倾向的变动，会使投资乘数产生一定程度的波动；以及经济中不存在"瓶颈"部门，因为如果有"瓶颈"部门存在，即使有闲置资源的存在，也会由于"瓶颈"部门的制约，使得投资的增加无法引起生产和国民收入的实质性增加。

二、中国收入差距现状及对消费的影响

（一）中国的收入差距现状

改革开放以来，中国的贫困率大幅下降，但同时却加剧了收入的不平等。目前，国际上通用的衡量社会收入分配差距程度的指标，是基尼系数，其数值在 0 到 1 之间，一般情况下，基尼系数位于 0.20—0.65 之间。基尼系数越大，收入分配越不公平，贫富差距越大，通常把 0.4 作为贫富差距过大的警戒，认为超过这条警戒线，就容易产生社会的动荡。

根据国际货币基金组织的测算，从 20 世纪 90 年代中期开始，中国的基尼系数就逐年提高，已经从 1981 年的 0.28 迅速攀升到 2004 年的 0.42。而同一时期，除了低收入国家以外，大多数国家的不平等情况虽然有所加剧，如以先进经济体国家为例，美国、德国、英国等的基尼系数都有所增长，但是远低于中国的基尼系数增长速度②。世界银行公布的数据显示，中国居民收入

---

① 布兰查德：《宏观经济学》，美国，英林崖城，普伦蒂斯—霍尔公司 1997 年版，第 234—235 页。

② 国际货币基金组织：《世界经济展望——全球化与不平等》，中国金融出版社 2007 年版，第 127 页。

的基尼系数已由改革开放前的0.16上升到2005年的0.47，不仅超过了国际上0.4的警戒线，也超过了世界所有发达国家的水平，并高于中国的历史高点。相比之下，美国为0.41，德国、法国以及日本都远低于0.4的警戒水平。在新兴市场经济体中，印度的基尼系数为0.33，巴西为0.54，并且巴西等国基尼系数开始下降，不平等情况有所缓解，俄罗斯的基尼系数也开始低于中国[①]。

中国居民收入的不平等现象，突出表现为城乡居民收入差距和行业间的收入差距。

1. 中国城乡居民收入差距扩大。新中国成立以后，为实现国家工业化，发展经济、摆脱贫困落后，促使了国家收入分配向工业和城市倾斜，而同时农业资本投入长期不足，形成了典型的城乡二元经济结构[②]。尽管近些年来农业和农村的发展取得了巨大成绩，但农业生产力水平偏低、经营规模普遍偏小、农业比较效益下降、市场化程度不高、产业化不强的特征并未根本改变。农民收入增长较慢，与城市居民收入的差距呈扩大趋势。表5-1列出了1994年至2007年城镇居民和农村居民人均可支配收入的增长以及两者之间的比例。从中可以看到，城乡居民收入差距几乎呈连年扩大的态势：在1994年时两者比例为2.8634，到2003年已拉大至3.1115，2007年这一比例达到了3.33。图5-2形象地反映了城乡居民收入差别的变动趋势。

---

① 资料来源：Choi（2006年），Povcal数据库，WIDER数据库。

② 林毅夫等：《中国的奇迹：发展战略与经济改革》，上海三联书店1994年版，第21页。

表 5-1　　　　城乡居民收入对比

年度	城镇居民人均可支配收入（元）	增长（%）	农村居民人均可支配收入（元）	增长（%）	城镇/农村收入比
1994	3496.2	—	1221.0	—	2.86
1995	4283.0	22.5	1577.7	29.2	2.71
1996	4838.9	9.9	1926.1	22.0	2.51
1997	5160.3	6.6	2090.1	8.5	2.47
1998	5425.1	5.1	2162.0	3.4	2.51
1999	5854.0	7.9	2210.3	2.2	2.65
2000	6280.0	7.3	2253.4	19.4	2.79
2001	6859.6	9.2	2366.4	5.0	2.90
2002	7702.8	12.3	2475.6	4.6	3.11
2003	8472.2	10.0	2622.2	5.9	3.23
2004	9421.6	11.2	2936.4	12.0	3.21
2005	10493.0	11.4	3254.9	10.8	3.22
2006	11759.5	12.1	3587.0	10.2	3.28
2007	13786.0	17.2	4140.0	15.4	3.33

资料来源：中国国家统计局：《中国统计年鉴 2007》，《2007 年国民经济和社会发展统计公报》。

城乡人口的收入差距大，农村人口收入的年平均增长速度比城市慢，农村人口的消费能力大大低于城市人口。尽管农村人口有着很高的消费意愿，但限于收入约束，他们的消费增长相对缓慢。2006 年城镇居民人均消费支出为 8697 元，而农村居民人均消费支出 2829 元，城镇居民消费支出是农村的 3.07 倍。图 5-3 表明了城镇居民和农村居民人均消费的“剪刀差”情况。

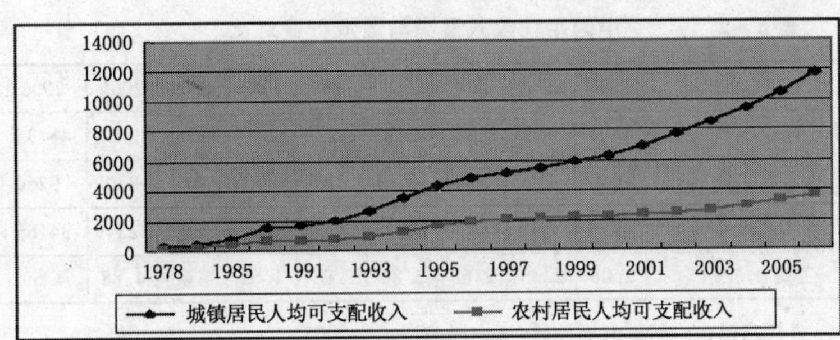

图 5－2　城乡收入差别变动趋势　单位：元，横轴为年份

资料来源：中国国家统计局：《中国统计年鉴 2007》，中国统计出版社。

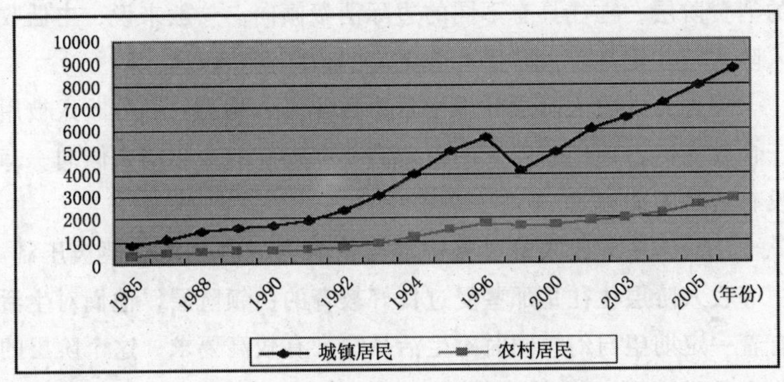

图 5－3　城镇居民和农村居民人均消费支出　单位：元

资料来源：中国国家统计局：各年《中国统计年鉴》，中国统计出版社。

2. 中国不同行业间居民收入差距扩大。改革开放以来，由于行业垄断等因素的存在，各行业的收入差距有拉大的趋势。由表 5－2 可以清楚地看到：1996 年最高收入行业与最低收入行业的工资比仅仅为 2.08，到了 2006 年已扩大为 4.69；与此同时它们的绝对收入差额也由 4356 元扩大到了 34166 元。各行业间不合理的收入分配已经成为一个严重的社会问题。

表 5-2　　　　中国平均收入最高与最低行业对比

年份	1996	1998	2000	2001	2002	2003	2004	2005	2006
最高行业工资（元）	8406	10633	13620	16437	19135	32244	34988	40558	43435
最低行业工资（元）	4050	4528	5184	5741	6398	6969	7611	8309	9269
绝对差额（元）	4356	6105	8436	10696	12737	25275	27377	32249	34166
工资比（倍）	2.08	2.35	2.63	2.86	2.99	4.63	4.60	4.88	4.69

资料来源：中国国家统计局：《中国统计年鉴 2007》。

（二）收入差距影响下的消费状况

1. 不同收入阶层的边际消费倾向。现实中，收入水平不同的消费阶层，往往具有不同的边际消费倾向。一般来说，中低收入阶层往往比高收入阶层有着更高的边际消费倾向。

首先，低收入阶层的恩格尔系数较高，相当一部分收入被用于食物支出，他们有巨大的消费需要和很高的边际消费倾向，却没有消费的能力。

其次，中等收入阶层有一定消费能力，但消费欲望被压制。中等收入阶层往往是那些受过良好教育的白领阶层，他们对生活有着一定期望与幻想同时对生活品味又有较高要求，这个阶层的收入已经达到一定水平。但是，因为这一阶层群体大多为年轻人，他们不但要为享受高档消费而进行一定的储蓄，同时，他们对未来买房、医疗以及孩子教育花费有较高的预期，所以，该阶层的消费者在传统上有着较强的储蓄动机。因此，如果采取一定的改善措施，使该阶层敢于消费，那么当增加该阶层的收入分配时，其边际消费倾向即使递减，也将是长期的缓慢过程。

最后，高收入阶层往往占有大量社会财富，但其用于消费的却仅仅是极小一部分。他们的边际消费倾向最小，财富增长却最快。

2. 收入差距影响下的消费倾向与消费率。中国当前的收入分配结构是典型的倒金字塔型，而收入分配改革最理想的状态是要构建经济学上所推崇的“橄榄型”的收入分配结构，即低收入和高收入相对较少，中等收入占绝大多数的收入分配结构。在中国，高薪阶层约占全国人口总数的2‰—3‰（指年均家庭收入30万元以上的家庭）。此阶层的消费者除了消费之外还有大量收入剩余，储蓄率和储蓄量都较高，具有比较稳定的低边际消费倾向。因此，即使这个阶层的收入继续增加，相当大的部分将转化为储蓄。而低收入阶层，占据全国人口的70%以上。从统计数字看，低收入阶层的现期收入在满足消费需求之后，已经所剩不多。由于收入差距过大和收入分配的不合理，使得中国居民的平均边际消费倾向较低。特别是从2001年开始，边际消费倾向从0.525下降至2006年的0.388[①]。

随着收入差距的扩大，社会财富不断向高收入阶层集中，由于高收入阶层边际消费倾向下降和低收入阶层消费能力不足，制约消费增长，从而使消费率呈现下降趋势或保持较低水平。国家统计局公布的数据显示，到2006年底，我国最终消费占GDP的比重已从20世纪80年代的超过62%下降到2006年的49.9%，排除政府消费，居民消费率从1991年的48.8%下降到2005年的38.2%，均达历史最低水平。我国最终消费占GDP的比重和居民消费率双双创下历史新低，而同期世界平均消费率则达到78%—79%。

三、考虑收入差距后的投资乘数模型调整

收入差距对一国的经济发展与福利状况的影响是多方面的。

① 数据来源：中国国家统计局：《中国统计年鉴2007》。

就投资乘数理论而言，收入差距是通过对边际消费倾向的影响而影响投资乘数的。

凯恩斯给出的投资乘数计算公式是：投资乘数 k =1/（1 - MPC）存在一定的缺陷，即它默认全社会居民的边际消费倾向MPC是单一的，没有注意到不同收入水平人群的边际消费倾向的不同对投资乘数的影响①。实际上，中低收入阶层往往比高收入阶层有着更高的边际消费倾向。

不同的收入阶层具有不同的边际消费倾向，因此，在考虑收入的差距之后，可以对传统的投资乘数模型进行调整，从而对收入差距如何降低投资乘数有更清楚的认识。

设 α 为自发消费，β_1、β_2、β_3 分别表示低收入阶层、中等收入阶层和高收入阶层的边际消费倾向，且 $\beta_1>\beta_2>\beta_3$，b_1，b_2，b_3 分别为三个阶层的收入在总收入中的权重。在引入收入差距的影响之后，传统的消费函数 $c=\alpha+\beta y$ 将变成全社会总消费函数：$c=\alpha+b_1\beta_1 y+b_2\beta_2 y+b_3\beta_3 y$，即 $c=\alpha+\Sigma b_i\beta_i y$，$i=1$，2，3。全社会的边际消费倾向为 $\beta=\alpha+\sum b_i\beta_i$，$\beta_1>\beta_2>\beta_3$。

可以看到，如果社会收入差距不断拉大，就出现了一个控制着社会大部分财富而边际消费倾向很低的“阶层”，则整个社会的加权边际消费倾向会被拉低，进而导致投资乘数的降低。考虑收入差距后的投资乘数模型为：

$$K=\frac{1}{1-\Sigma b_i\beta_i\ (1-t)}$$

上式从理论上说明，需求不足会抑制投资乘数效应。由此不难推断，中国消费需求不足、消费率低和边际消费倾向较低的状况，将不利于投资乘数作用的发挥。

---

① 杨天宇：《收入分配与乘数效应》，《经济学家》2002 年第 2 期。

第三节 中国的投资乘数测算

一、模型选择与变量说明

如前所述，投资乘数指收入的变化与带来这种变化的投资支出变化的比率。具体来说，是由国民收入增量与投资增量之比表示，说明投资增加刺激国民经济增长的作用。一般而言，在经济扩张过程中，国民收入增量大于投资增量，在经济收缩过程中，国民收入减少量大于投资的减少量。而不管是投资增加致使经济增长的倍数还是投资减少导致经济收缩的倍数都是投资乘数。

测算一国的投资乘数有多种方法。由于所用数据以及数据处理的方式不同，结果并不一致，有的甚至有很大的差距。但总体来说，一般都是运用公式 $k=1/(1-MPC)=1/MPS$ 来计算投资乘数的，其关键在于计算出边际消费倾向或者边际储蓄倾向（MPS）。

我们利用计算公式：MPC ＝消费增量/收入增量，可以计算出每年的边际消费倾向，进而计算出中国每年的投资乘数或短期投资乘数。同时，利用计量经济学模型，可以求出某一时期的边际消费倾向，进而求出该时期的投资乘数。

二、投资乘数理论值的计算

（一）短期投资乘数的测算

我们以支出法 GDP 的增量 ΔGDP 测度收入增量，利用 MPC ＝消费增量/收入增量的关系，可以计算出边际消费倾向，进而计算出 1985—2006 年中国的投资乘数。表 5－3 列出了该时期各变量的数值和计算出的每年的投资乘数数值。

表 5-3　　1985—2006 年的投资乘数

年　度	GDP 增量	最终消费增量	边际消费倾向	边际储蓄倾向	投资乘数
1985	1714.0	1140.0	0.665111	0.334889	2.986063
1986	1431.8	835.5	0.583531	0.416469	2.401140
1987	1768.9	982.8	0.555600	0.444400	2.250223
1988	3111.2	2034.9	0.654056	0.345944	2.890644
1989	1922.7	1324.7	0.688979	0.311021	3.215217
1990	2036.5	926.3	0.454849	0.545151	1.834354
1991	3229.6	2001.4	0.619705	0.380295	2.629539
1992	4987.8	3111.4	0.623802	0.376198	2.658175
1993	9372.9	4696.6	0.501083	0.498917	2.004341
1994	13279.3	7342.3	0.552913	0.447087	2.236702
1995	12999.5	7506.0	0.577407	0.422593	2.366342
1996	10946.7	7171.3	0.655111	0.344889	2.899481
1997	7494.9	4221.1	0.563196	0.436804	2.289358
1998	4873.1	3447.6	0.707476	0.292524	3.418520
1999	4593.4	4048.7	0.881417	0.118583	8.432899
2000	7624.0	5879.1	0.771131	0.228869	4.369305
2001	10223.4	5362.3	0.524512	0.475488	2.103104
2002	11377.9	4812.9	0.423004	0.576996	1.733115
2003	16048.5	5758.3	0.358806	0.641194	1.559591
2004	23881.6	9583.4	0.401288	0.598712	1.670252
2005	28411.7	10789.8	0.379766	0.620234	1.612295
2006	32478.4	12590.5	0.387658	0.612342	1.633073

资料来源：中国国家统计局：《中国统计年鉴 2007》。

表 5－3 所列的投资乘数表示了投资增长可能产生的对 GDP 增长的推动作用。从计算结果可以看出，1985—2006 年期间，虽然个别年份的投资乘数数值的变化比较大，但从整体来看，投资乘数是一种下降的态势。这主要是因为边际消费倾向递减，或者说，边际储蓄倾向逐年提高而造成的。其中，边际消费倾向由 1985 年的大约 0.66 下降到 2006 年的 0.38，边际储蓄倾向则由大约 0.33 提高到 2006 年的 0.61，与此相对应，投资乘数也从 2.98 下降为 1.63，特别是从 2000 年以来，受国内消费需求不足的影响，投资乘数的下降尤其明显。

（二）长期投资乘数的测算

根据投资乘数的原理及其计算公式，投资乘数取决于边际消费倾向，边际消费倾向则依赖于一定形式的消费函数。在我国经济转轨时期，影响我国居民消费的因素有很多，包括社会保障制度的变化、居民持有的金融资产等，由于一些变量数据难以获得，我们舍弃某些变量的影响，仅以现期收入和前期消费作为主要解释变量。我们拟建立中国现阶段宏观的消费函数，同短期投资乘数计算所依据的数据一样，如表 5－3，以支出法 GDP 作为社会总收入，以最终消费支出作为社会总消费，样本数据期间为 1985 年至 2006 年。

设方程形式为：$C_t = \alpha_0 + \alpha_1 GDP_t + \alpha_2 C_{t-1} + u_t$

其中，C_t 为第 T 期的最终消费；C_{t-1} 为第 T－1 期的最终消费。利用 Eviews 软件，对表 5－3 中的数据进行回归，得到回归方程为：

$$\hat{C}_t = 1959.644 + 0.1599 GDP_t + 0.7610 C_{t-1}$$

$$t = (3.7968) \quad (4.9848) \quad (11.3490)$$

$$R^2 = 0.9984 \quad \overline{R^2} = 0.9982 \quad DW = 0.6399 \quad F = 5684.572$$

进行 h 检验，有：

$$h = \left(1-\frac{0.6399}{2}\right)\sqrt{\frac{22}{1-22\times 0.0671^2}} = 3.36$$

取显著性水平 $\alpha = 0.05$，查正态公布表得临界值 $Z_{0.025}$ = 1.960，因为 $|h| > Z_{0.025}$，故模型的随机误差项 u_t 存在一阶自相关。对模型进行一阶广义差分处理，得到回归方程为：

$$C_t = 48048.89 + 0.2592GDP + 0.3694C_{t-1} + [AR(1) = 0.9805]$$

$$t = (0.3037) \quad (6.0036) \quad (2.4820) \quad (14.7402)$$

$R^2 = 0.9993$　$\overline{R^2} = 0.9992$　$DW = 1.4323$　$F = 8182.037$

进行 h 检验，有：

$$h = \left(1-\frac{1.4323}{2}\right)\sqrt{\frac{22}{1-22\times 0.1488^2}} = 1.86$$

取显著性水平 $\alpha = 0.05$，查正态分布表得临界值 $Z_{0.025}$ = 1.960。因为 $|h| > Z_{0.025}$，故模型不存在一阶自相关。

模型表明，中国居民的长期边际消费倾向为 0.2592，从而得出长期的投资乘数 k 为 1.35，即：1.35 = 1/（1 − 0.2592）= 1/0.7408。钱纳里对 101 个国家的研究表明，一个国家在人均国内生产总值从 100 美元增加到 1000 美元的过程中，其长期边际消费倾向平均为 0.611，即投资乘数为 2.57①。中国的人均国内生产总值已经超过 2000 美元，而边际消费倾向却远低于国际水平，从而导致年度与长期的投资乘数均大大低于国际水平。

① 杨英杰：《扩大公共服务支出对经济平稳增长有多重功效》，《上海证券报》，2008 年 3 月 10 日，第 6 版。

第四节 投资乘数与消费增长

考虑收入差距后的投资乘数模型调整，说明过低的边际消费倾向不利于投资乘数作用的发挥，而消费增长必然会对投资乘数的作用产生正面影响。我国投资乘数连年走低，等量投资对经济的拉动作用不断下降的现象已成为困扰政府实施宏观调控的紧迫问题。在此，我们通过对消费与投资之间的关系分析，以及我国投资乘数与消费率之间的变动关系，从消费的角度，说明提高我国消费率对提高投资乘数的促进作用。

一、投资需求的两重性及其与消费需求的关系

从宏观角度考察，投资是整个国民经济很特殊的一部分，投资对经济增长具有创造供给和创造需求的双重功能。一方面，投资创造供给。投资能向社会再生产过程注入新的生产要素，形成新的资本，具体表现为生产资料供给的增加。另一方面，投资创造需求。对一部门的投资，创造对另一部门商品或生产资料的需求。这一过程，正是投资乘数产生作用的过程。

投资需求是一种中间需求，消费需求是最终需求，投资需求对经济的拉动作用需要通过消费需求来实现。在社会再生产中，两者之间存在着密切的相互促进、相互制约的关系。

首先，当某种消费品的需求增加时，会引起直接生产该种消费品的生产部门增加投资；其次，当某种消费品需求增加时，由于大多数消费品之间所存在的互补性，许多与之相关的消费品的需求也会增加，从而导致相关生产部门扩大投资需求；最后，消费品需求增加，在导致消费品生产部门扩大投资的同时，也对生

产生生产资料的部门形成新的投资品需求，从而导致生产资料生产部门扩大投资。也就是说，只要不存在资源约束，消费需求的扩大将为投资需求的扩大提供动力和实现的条件。这一过程，也正是投资乘数得以形成并发挥作用的过程。

投资需求增长对消费需求增长具有促进作用。投资导致个人可支配收入增长，进而促使个人消费需求的增长，包括对新增投资品的需求增长和对新增劳务需求的增长。投资需求增长对消费需求增长的拉动作用，就是通过投资品生产和劳务需求的扩大，提供更多的就业机会，导致个人可支配收入总额的增加来实现的。这一过程，体现了投资需求的供给效应。

同时，消费需求和投资需求之间，相互制约，互为条件。主要表现在以下两个方面：

第一，消费需求增长受到投资需求增长的制约，要以投资需求的相应增长为保证。一方面，消费需求的增长以个人可支配收入的增长为基础，而在投资需求的增长过程中，投资需求的一部分转化为个人可支配收入，是个人可支配收入增长的前提，消费需求的增长部分地决定于投资需求的增长；另一方面，消费需求的增长能否实现，要取决于消费品供给能力的增长是否适应消费需求的增长，如果由于经济中存在资源约束，供给弹性不足，消费需求的增长超过了投资需求增长的实现能力，就可能导致物价上涨，甚至引发通货膨胀。

第二，投资需求的增长受到消费需求的制约，它只能在消费需求所限定的空间范围内得到实现。固然，在短期内，可以通过行政力量的推动或政府宏观调控手段的刺激，调动投资需求迅速增长，或通过某些政策措施，推动民间投资的增长，从而对国民经济增长产生显著的拉动作用。但是，投资需求并不是最终需求，在市场经济条件下，投资需求的增长最终仍然需要依靠消费需求的增加。

二、中国消费需求与经济增长

重视投资需求，忽视消费需求，是西方经济学关于宏观调控的理论的特点，同时也是中国长期以来宏观调控的显著特点。形成这一特点的原因主要有三个：一是长久以来，消费需求虽然在总需求中所占份额最大，但它是在无数个人分散行为的过程中实现的，针对个人消费需求实施的宏观调控难以预期后果。而相对于消费需求，投资需求决策的集中程度要高得多，不仅规模大，而且比较易于估计，对投资需求为对象实施宏观调控，容易在短时期内奏效。二是在现代经济中，生产高度社会化，资本高度集中，投资波动对经济波动的影响十分明显。三是在以资本增殖为中心的生产方式中，消费需求处于对资本的从属地位，不仅资本只有在运动中才能增殖，而且，只有在资本的运动中，通过就业取得收入形成个人消费需求才是必要的。

中国长期实行重投资，轻消费的经济政策，导致消费需求对经济增长的贡献率呈下降趋势。据中国国家统计局发布的数据资料显示，总体来说，20 世纪 90 年代以来，中国的消费需求对经济增长的贡献率不够，特别是 2000 年以后，消费需求的贡献率似有走低的态势。观察表 5 – 4 可以看到，有 7 个年份投资对经济的贡献率高于消费，有 9 个年份消费对经济的贡献率高于投资，最终消费的贡献是居第一位的，即最终消费对经济增长的贡献仍起着主导作用，投资居第二位。由此可推出的结论是：如果从需求的角度考虑刺激经济增长，那么最重要的是促进最终消费的增长，其次才是投资增长的增长。因此，在当前与今后的经济发展中，通过消费增长带动经济增长，比以投资增长刺激经济将更有效。表 5 – 4 反映了 1993—2007 年消费需求和投资对经济增长的贡献率。

表 5－4　　消费需求和投资对经济增长贡献率

年份	最终消费支出		资本形成总额	
	贡献率（%）	拉动（百分点）	贡献率（%）	拉动（百分点）
1992	72.5	10.3	34.2	4.9
1993	59.5	8.3	78.6	11.0
1994	30.2	4.0	43.8	5.7
1995	44.7	4.9	55.0	6.0
1996	60.1	6.0	34.3	3.4
1997	37.0	3.4	18.6	1.7
1998	57.1	4.4	26.4	2.1
1999	74.7	5.7	23.7	1.8
2000	65.1	5.5	21.7	1.9
2001	50.0	4.1	22.4	4.2
2002	43.6	4.0	50.1	4.4
2003	35.3	3.5	48.8	6.4
2004	38.7	3.9	55.3	5.6
2005	38.2	4.0	37.7	3.9
2006	39.2	4.3	41.3	4.6
2007	39.7	4.5	38.8	4.4

资料来源：《中国统计年鉴 2007》http：/www. stats. gov. cn/tjsj/ndsj/2007/index-ch. htm。

注：表中数据为按可比价格计算。

三、投资乘数与消费率之间的关系分析

以刺激投资需求作为拉动经济增长的手段，是以政府扩大投资需求的政策能够产生乘数效应为假定前提的。而投资乘数的大小，取决于居民边际消费倾向，即取决于消费需求对宏观政策的

反应。没有消费需求的响应，政府扩大投资需求的政策很难产生乘数效应。中国的投资乘数低下的最直接原因就是，居民的边际消费倾向偏低。而居民的边际消费倾向偏低、消费需求不足的具体表现，就是长期以来我国的消费率低。因此，消费增长对经济的带动作用比投资更有效，这主要是因为：

（一）消费率与投资乘数变化的对比分析

表 5－5 为 1985—2006 年中国的消费率与投资乘数的数据。

表 5－5　　1985—2006 年投资乘数与消费率

年　度	投资乘数	消费率（%）	年 度	投资乘数	消费率（%）
1985	2. 986063	66. 0	1996	2. 899481	59. 2
1986	2. 401140	64. 9	1997	2. 289358	59. 0
1987	2. 250223	63. 6	1998	3. 418520	59. 6
1988	2. 890644	63. 9	1999	8. 432899	61. 1
1989	3. 215217	64. 5	2000	4. 369305	62. 3
1990	1. 834354	62. 5	2001	2. 103104	61. 4
1991	2. 629539	62. 4	2002	1. 733115	59. 6
1992	2. 658175	62. 4	2003	1. 559591	56. 8
1993	2. 004341	59. 3	2004	1. 670252	54. 3
1994	2. 236702	58. 2	2005	1. 612295	51. 8
1995	2. 366342	58. 1	2006	1. 633073	49. 9

资料来源：《中国统计年鉴 2007》，http：//www. stats. gov. cn/tjsj/ndsj/2007/indexch. htm。

从表 5－5 的数据中我们不难发现，中国消费率与投资乘数的变动有以下特点：

1. 消费率与投资乘数就整体上看，具有相同的下降趋势。消费率从 1985 年的 66% 下降至 2006 年的 49. 9%，下降了约 16

个百分点。同期，由于受消费需求下降的影响，投资乘数下降明显，2006 年投资乘数比 1985 年下降了 45%。

2. 消费率低位运行，并随各个经济周期有所波动。受消费率的变化影响，投资乘数表现出相似的低位运行态势，而投资率持续攀升。1985 年以来，消费率大体维持在 50%—64% 的低位区间。特别是 2000—2006 年的 7 年间，消费率持续走低，2000 年消费率为 62.3%，2006 年下降为 49.9%。同期，投资乘数从 4.37，降到了 1.63。与此相适应，这一时期的投资率则从 35.3% 提高到 42.5%，提高了 20% 以上。需要说明的是，1999 年投资乘数高达 8.4，而当年的消费率为 61%，投资率为 36%，消费率远高于投资率，这一现象主要是受当年经济形势与政策的影响。受 1997 年爆发的亚洲金融危机等因素的影响，中国 1999 年正处于经济的紧缩阶段。政府为防止经济下滑，增加了财政支出，但投资需求却由于经济形势的原因而下降。数据显示，政府财政支出的增长率在 1999 年为 22.13%，接近历史最高水平，使得当时的消费率没有随经济的紧缩而降低。消费率相对于投资率的提升，促进了投资乘数的升高。

3. 当前的消费率处于历史低水平，投资乘数也接近改革开放以来的最低值。2006 年的消费率再创历史新低，仅为 49.9%，相对应，投资乘数 1.63 也接近 2003 年 1.60 的历史最低水平。

整体说来，投资乘数与消费率具有相同的变化态势。由于投资乘数由边际消费倾向决定，而边际消费倾向较低在宏观上的表现正是消费率偏低。我国投资乘数与消费率同向走低的现象既是经济现实，也为乘数理论所证明。

（二）中国投资乘数与消费率之间关系的计量分析

投资乘数与消费率之间同向变化的关系，可以通过经济理论以及对它们变化的经验观察得以证实。我国投资乘数与消费增长之间的定量关系，还可以通过计量经济的方法得以解析。

为了弱化模型可能存在的异方差问题，并使估计值对被解释变量或解释变量的异常值不会很敏感，我们采用对数线性模型。

设模型的方程形式为：

$$\log IM = \beta_0 + \beta_1 \log CT + \mu$$

其中，IM 为投资乘数；CT—消费率。

下面利用最小二乘法，根据表 5－5 中的数据，使用计量经济学软件 Eviews 对 1985—2006 年的消费率、投资乘数间关系的回归分析结果：

$$\log IM = 2.267 + 2.661 \log CT$$

$$(0.548) \qquad (1.060)$$

$$R^2 = 0.240 \quad DW = 1.038$$

结果显示，该回归方程的 DW 统计量值为 1.038，在 5% 的显著性水平下，样本容量为 22 的 DW 分布的下限临界值为 dL = 1.239，1.038 < 1.239，根据判定规则，可判定模型存在序列相关。

进行广义差分估计，修正序列相关问题，得出如下回归结果：

$$\log IM = 2.599 + 3.257 \log CT + 0.656AR(1) - 0.354AR(2)$$

$$(0.795) \qquad (1.516) \qquad (0.231) \qquad (0.231)$$

$$R^2 = 0.503 \quad DW = 1.923$$

结果显示，该回归方程的 DW 统计量值为 1.923，在 5% 的显著性水平下，本容量 22 的 DW 分布的上限临界值为 dU = 1.439，4 - dU = 2.561，1.439 < 1.923 < 2.561，根据判定规则，可判定模型不存在序列相关问题。对上述已经处理过序列相关问题的模型进行怀特检验，可以判断出模型不存在异方差问题。

从以上模型可以看出，我国的投资乘数与消费率之间存在着正相关的关系，消费率每增长1%，将使得投资乘数上升3.257%。因此，提高消费率可以提高我国的投资乘数效应，进而促进经济增长。

我国当期的投资乘数为1.35，远低于同时期的国际平均水平2.57。要促使投资乘数达到国际平均水平，以平均消费率57%为基数，不考虑其他因素的影响，消费率则需要提高到77%左右。

如果低投资率的状况持续下去，则势必会造成消费对投资的制约，影响投资乘数作用的发挥和国民经济良性循环；同时，因此而可能诱发通货膨胀，可能导致宏观经济的大起大落。

（三）未来消费率变动趋势及对投资乘数的影响

消费就是把买来的东西使用掉，与投资相比，它是看不见的，因此它对投资乘数的作用和对经济的拉动力更容易被忽略。然而，消费却是整个经济链条的最后一个环节。投资乘数理论认为，投资与消费每增长一个百分点，拉动经济增长的作用是不同的，前者小而后者大。也就是说，投资边际效率随投资额的增加而递减，而消费边际效率则随消费额的增加而递增。因此，消费是检验投资、生产有用性的标准，是投资、生产成果检验的重要环节，它引导投资、生产向更好更高方向前进。

在近年来投资乘数受内需不足的影响连续走低的形势下，中国政府开始意识到提高消费率对提高投资乘数和经济发展的重要性。同时，中国经济已经经历了经济起飞的最初阶段，个人对于经济发展，已不再像起飞最初阶段那样更多地是作为工具而存在。在经济起飞的最初阶段，大家都致力于财富的创造和积累，较少地消费，这本身也是起飞的基本条件，但是到了人均收入

2000美元以后，中国就面临着发展战略的转型，其中一个不可回避的主题就是人的主体地位如何确立的问题。这一问题能否得到有效解决，成为一个国家最终能否跻身发达国家俱乐部的必要条件。从我国的现实情况看，我们面临的一个任务就是由生产大国逐渐向生产与消费型大国的转型。中国是一个大国，发展经济更多地要依靠国内市场，一定要启动内需特别是消费需求。主要由投资主导、依靠出口的粗放式的经济增长方式必须改变。

为促进消费对经济的拉动和改善社会福利状况，中国已经采取了一系列扩大内需的政策。根据国际货币基金组织预测，中国随着人口较迅速地老龄化，受政府拉动内需政策的支持，预防性储蓄将减少，金融系统将更适于向住户提供信贷，因此，消费率将大大高于目前较低的水平①。具体来说，中国未来消费率及投资乘数的变动可能呈现下列趋势：

1. 未来10年左右中国将逐步进入消费率上升、投资率下降的发展区间，投资乘数受边际消费倾向的影响，也将摆脱目前连续下行的困境，相应提升。

从世界各国经济发展和工业化进程看，消费率呈现从高到低、再从低到高并趋于相对稳定的变动过程，近似一条平缓的"U"形曲线。投资率变动过程则呈现与消费率相反的平缓的"倒U"形曲线。消费率与投资率变动是由工业化进程中消费结构和产业结构的逐步提升引起的。

中国经济发展阶段正从低收入国家向中等收入国家转变的过程，与世界消费率变化阶段比较，应该处于"U"形曲线的接近底部的位置。以日本为例，其消费率达到"U"形曲线底部后产

① 国际货币基金组织：《世界经济展望—全球化与不平等》，中国金融出版社2007年版，第28页。

生转折的时期是20世纪60年代末和70年代初，其国民收入水平、产业结构、居民消费水平和消费结构具有以下显著特征：(1) 人均收入开始进入上中等收入国家水平。日本人均GDP 1970年约为1940美元，达到当时的上中等收入国家水平。(2) 工业化和城市化进程已经大体完成。日本1970年三次产业结构的比重为7:49:44，城市化率为72.1%，基本完成了工业化和城市化进程。(3) 居民消费水平和消费结构进入比较富裕阶段。日本1970年居民家庭的恩格尔系数为32.2%，居民消费结构从主要依靠第一产业和第二产业提供的食品和服装、家具、燃料、照明和自来水等工业品，转向主要依赖第三产业提供的住房、教育、医疗保健、娱乐、交通与通讯、旅游等服务业产品，实现了消费结构转型和升级。当前，我国的国内生产总值已位居世界第四位，人均国民收入接近世界平均水平；三次产业结构的比重为12:49:40，工业化水平已达相当水平，第三产业将日渐成为拉动经济增长的主力；居民消费水平不断提高，国家统计局数据显示，2007年城镇恩格尔系数为36.3%，农村恩格尔系数为43.1%[①]，已经步入小康水平，居民消费结构中，第三产业提供的产品所占的比重呈上升之势。一系列特征表明，与中国经济发展阶段相对应，消费率上升已成为经济发展的必然。

按照党的十六大确定的全面建设小康社会和“翻两番”的经济发展战略目标测算，到2020年我国基本实现工业化，城镇人口的比重较大幅度提高，产业结构、居民消费水平和消费结构也将进一步提升。据此估算，未来我国将逐步进入消费率上升，投资率下降的发展区间。

投资乘数与消费率同向变动，将从目前的底部向上攀升，在

---

① 数据来源：国家统计局：《中国统计年鉴2007》。

不受其他宏观因素的影响的条件下，短期内消费率每提升 1%，可能引致投资乘数 3.26% 的提升，但长期来看，根据世界经济发达国家同阶段的发展经验，消费率与投资乘数在上升到一定的阶段之后，会保持相对平稳的态势。以美国为例，其消费率长期保持在 80% 至 86% 的水平，投资乘数的变化也相对稳定。

2. 预计未来 10 年，中国的消费率将维持在 65% 左右，投资率保持在 35% 上下的可能性较大。投资乘数将随消费率上升而有所提高，但还不足以达到世界平均水平。因为根据我国消费率与投资乘数比例关系的计量分析，在其他宏观条件不变的前提下，投资乘数 2.57 的世界平均水平需要消费率维持在 70% 左右才能实现。未来 10 年，我国消费率将步入上升的区间，但是由于人均国民收入还未能达到世界的平均水平，且贫富差距明显，消费结构中，对食品和工业品以及工业制品消费还处于扩张阶段，因此，消费率虽可结束低位徘徊的态势，但要迅速达到发达国家水平还相当困难。以与我国同属于东亚文化圈的日本和韩国为例，日本在 20 世纪 70 年代消费率达到“倒 U 形”曲线的底部，经过 10 年的发展，到 1980 年，其消费率达到 68.7%；而韩国在 1990 年前后消费率达到拐点，当时其消费率为 63.8%，到 2003 年，其消费率达到 70%①。通过对比和趋势判断，我们预测，今后 10 年，中国的消费率将不超过 65%，投资乘数也难以达到世界平均水平。

① 数据来源：中国国家统计局公布的 1980 年国际数据。

第五节 小 结

无论是政府投资支出还是企业投资支出的增加，都会在经济中引起连锁反应，从而使相当于投资增量一定倍数的国民收入增量得以产生。这种收入增量对投资增量的倍数关系称为投资乘数效应。

投资乘数与新增收入中用于消费的比例即边际消费倾向（MPC）密切相关。即：在增加的收入中，用于消费的比例越大，投资所引起的连锁反应就越大，从而导致新增加的收入也就越多。

理论上，投资乘数＝1/（1－MPC）。假定不考虑其他因素，边际消费倾向为0.6时，相应的投资乘数就等于2.5，即新增加1元投资，最终将得到2.5元的新增国民收入。因此，居民边际消费倾向是影响投资乘数及影响投资最终实际产出效果的重要变量。

第六章

投资效率与投资率

投资效率是投入与产出的比例。投资效率是决定投资率的主要供给因素。储蓄—投资转化效率不同，投资率会不同；新增投资和存量投资的效率差异，也会导致满足同量经济增长的投资率不同。本章从投资效率这一侧面分析它对投资率的影响，包括储蓄—投资转化、投资增量效率和投资存量效率的影响作用。

第一节 研究文献简述

投资效率是一种能使价值得以实现最大化的状态。世界上许多国家的学者都在不同程度地关注投资效率问题、进行相关研究来弄清楚投资效率的形成与变化的一般规律，找出并确定衡量投资效率水平高低的理论标准，以及提高投资效率水平的一般方法，即建立一套比较系统的投资效率基本理论，为解决投资效率问题提供必要的理论依据和指导。历年来，不同国度的学者们根据本国国情得出了一系列的研究结论。

一、马克思主义的效益观

马克思在其学术巨著《资本论》中阐述资本主义生产目的时，揭示了经济效益的内容。他说："资本主义生产的始终不变的目的，是用最小限度的预付资本生产最大限度的剩余产品"①。这里所说的预付资本就是资本投入；最大限度的剩余产品，就是资本的产出。马克思在这里强调的是投入和产出的关系，此时所讲的投资效率的概念则被理解为资本效益，但是，资本效益的有关理论和方法同样适用于投资效率的研究。

马克思主义经典作家也是极为重视经济效益的。恩格斯最早是把经济效益作为生产费用和效用的关系来考察的。他曾指出："价值是生产费用对效用的关系。价值首先是用来抵偿生产费用的问题"②。恩格斯在这里讲的价值，实际上就是经济效益，并用以作为判断是否进行生产的标准。

二、西方经济学的研究

重商主义学派学者在16世纪初就已经关注如何利用国家资源，使本国在政治和经济上强大，这可以理解为一个投入与产出问题；从投资角度来看，则可被视为有关国家投资理念和投资效率的问题。重农主义学派学者在18世纪末提出生产意味着创造剩余、生产行业在生产过程中生产了比其所消耗资源更多的产品

① 《马克思恩格斯全集》第1卷，人民出版社2007年版，第625页。

② 同上，第605页。

的观点，这也符合了现代投资效率的评价标准。1776年，亚当·斯密分析了投资对各类资本积累的影响及资本的配置对经济增长的影响，认为国民产出的增长主要由两个因素决定：一是资本的积累，二是资本的有效配置；并指出经济增长的最基本因素是投资增长率[①]。这些观点是经济理论第一次较为系统地阐述投资效率问题。同时，斯密所做的“经济人”假设，即每个人都力图应用其资本得到最大的价值，客观上都在追求利润最大化的原理，也适用于投资效率的研究。但是，总体来说，古典经济学及其之前的经济学研究有关投资的内容的理论较为分散，尚未形成完整的理论体系。

一般情况下，对投资效率问题的研究是从两个角度进行的：一是从证券投资角度，多是研究证券投资效率或资本市场效率；二是从社会实际资本增加的角度，即研究固定资产投资或资本形成的效率。

从证券投资角度来进行对投资和投资效率研究的成果比较多。哈里·马柯维茨（Harry Markowitz）关于投资组合理论的第一篇论文在20世纪50年代初期发表[②]，同期出现的还有詹姆斯·托宾（James Tobin）的投资组合分离的著作。威廉·F. 夏普关于资本资产定价模型的论文《投资组合理论与资本市场》（Portfolio Theory and Capital Market）于1964年发表[③]，并一举获得诺贝尔经济学奖。另外，罗伯特·豪根（Robert. A. Haugen）

① 亚当·斯密：《国民财富的性质和原因的研究》上卷，商务印书馆2005年版，第263页。

② 哈里·马柯维茨：《资产选择：投资的有效分散化》（第二版），首都经济贸易大学出版社2000年版。

③ William F. Sharpe：Portfolio Theory and Capital Markets（Copyright），The Financial Analysts，Journal Vol. 32，July/August 1976，p4.

的《现代投资理论》[①]、爱罗·肯耐斯的《投资组合的方法》、贝尔曼·哈罗德（Bienman. Harold. Jr）的《运用投资组合改变风险》等都对资本资产价格、套利交易价格、证券交易价格、汇率以及证券的管理等进行了广泛的讨论；并且对股票的估价、期货的收益和红利的评估、固定收益市场等问题进行了分析。最重要的是在这些专著和论文中都对最优投资组合的确定方法以及投资组合对收益和风险的关系进行了深入细致的探讨。

自凯恩斯主义宏观经济学诞生以来，许多经济学家从各种角度对投资效率进行深入研究，并取得了一些有价值的成果。凯恩斯认为国民收入由消费和投资组成，投资的数量取决于资本边际效率和利息率，而资本边际效率取决于资本资产的预期收益现值和资本资产的供给价格，这里的资本边际效率就是投资效率的范畴。早期经济增长理论以哈罗得—多马模型为代表，该理论主要揭示投资要素与经济增长之间的关系以及经济增长的路径选择，从长期和动态角度对凯恩斯理论进行了补充和完善。哈罗德增长模型[②]中的资本—产出比率，即增加单位收入需要的投资，可作为投资效率的一个重要指标。

新古典综合派对投资效率进行了深入的研究，最具代表性的应该是20世纪60年代的索洛（Solow）的研究。索洛提出了投资收益率的概念和计算公式：用储蓄代表投资，把消费增加量作为投资效果，由此得出投资平均收益率公式为K/n（其中K为消费增加量，n为同期储蓄量）[③]。此外，在索洛（1956）的最优增长模型中，还反映出深刻的投资效率理论。他提出人均储蓄

---

① 罗伯特·豪根：《现代投资理论》（第5版），北京大学出版社2005年版。

② 伊·F. 哈罗德：《动态经济学/经济增长与发展理论丛书》，商务印书馆1995年版，第98页。

③ 罗伯特·索洛：《经济增长因素分析》，商务印书馆2003年版，第357页。

有两个用途：一是用于人均资本拥有量的增加，即为每个人配备更多的资本装备，称为资本的深化；二是用于为每一新增人口提供平均的资本装备，称为资本的广化。如果储蓄转化为投资后，用于这两部分比例合适，就能使经济最优增长，这应该是投资效率的优化①。其实，在现代经济增长理论中，不少学者认为资本投入增长率是决定经济增长率的关键性因素之一。但经济增长不仅取决于资本投入量的增加，更取决于产业间资本配置效率的提高。在国民收入以及积累和消费比例固定的条件下，要使整个产出达到最大化，资本在各个产业部门的配置应保持最优比例关系。资本配置过度偏重于任何产业部门，都会使实际经济增长低于最优经济增长。

莫顿（Robert Merton）从金融发展的角度分析了投资效率的改进方法。他认为，金融系统的主要功能有资产保值，分散和共担风险；促进商品和证券交易；配置资源；监督管理者，实施公司控制；动员储蓄，促进产品和服务的交换等。如果这些功能得到充分发挥将有利于社会的资本形成和经济的长期增长并促进投资效率的改善②。

三、前苏联和东欧国家的研究

20 世纪 50 年代以后，社会主义国家的学者开始承认计划经济中存在着投资与经济的波动，并认为，经济周期波动是导致投资宏观效率变化的主要原因。这些研究主要从三个不同的侧面展开："自然周期学派" 主要从生产技术的一般规律上寻求解释；

① Solow, R., (1956), Contribution to the Theory of Economic Growth, Quarterly Journal of Economics, 70, pp. 312 - 320.

② Robert Merton: A Functional Perspective of Financial Intermediation. *Financial Management*, 24, 1995, pp. 23 - 41.

“政治周期学派”则从社会主义的政治运动来加以说明；“行为—制度学派”主要从政府、企业行为上探讨其形成机制。

（一）自然周期学派

自然周期学派认为，社会主义的投资效率波动与制度无关，其根源在于生产的“自然规律”。第一，两大部类交替增长的规律。前苏联学者诺特金提出，社会主义再生产的两大部类在增长顺序上是有层次的：往往是第Ⅰ部类快速增长之后，再带动第Ⅱ部类增长，从而发生两大部类增长错落，产生动态效率的失衡。在他看来，现代生产是多部门、多层次的运动，宏观计划并不能完全消除这种增长错落和效率失衡。第二，“再投资”周期规律。由于新增社会生产力是用固定资本来衡量的，所以人们很容易把投资与固定资产的增长联系起来。前苏联的一些经济学家在探讨集中型计划经济条件下直接投资的问题时，甚至把固定资产投资建设经济问题都归入到基本建设经济学和基本建设投资拨款与信贷学的研究之中。前苏联科学院院士哈恰图罗夫所著的《基本建设的投资效率》① 一书成为社会主义国家研究投资理论和方法较有影响的一本专著。20 世纪 60 年代，波兰学者兰格②提出，固定资产的报废更新不是以固定的速率进行的。即使在简单再生产条件下，由于资本设备的不同物理寿命和经济寿命，某一时期就可能出现固定资产替换高峰，另一个时期则会出现替换低谷，从而使固定资产再投资出现波浪式运动。第三，技术进步

① （苏）T. C. 哈恰图罗夫：《基本建设投资效率》，中国财政经济出版社 1985 年版。

② 奥斯卡·兰格：《社会主义经济理论》，中国社会科学出版社 1981 年版，第 44 页。

波浪式发展的规律。波兰著名经济学家卡宾斯基[①]在分析社会主义生产的两种加速增长途径时提出，在中性技术进步条件下的途径一个是提高资本的集约化，一个是加速设备更新。两种方法在一定时间内可以使劳动生产率加速提高，之后，随着技术潜能释放耗尽，新投资或新设备所带来的生产增量消失，从而出现投资效率与经济增长的高低循环。

（二）政治周期学派

政治周期学派认为，社会主义国家的经济和投资效率波动主要是由政治变动造成的，而这种政治变动也呈现出一定的周期性。持有这种观点的学者以西方学者居多。这些学者将“政治周期”分为两类：一类是指中央政府的发展战略和经济政策反复不定，形成特有的“政策周期”。前联邦德国的莱弗西克和考斯等人指出，前苏联、东欧国家的强制农业集体化和工业积累产生了一系列恶果，极大程度上影响了投资效率。另一类是指上层政治冲突和社会政治运动的周期爆发，形成的“权力更迭周期”或“运动周期”。法国学者查万斯[②]指出，中国的三次大衰退都产生于三次政治大动荡。他还引用毛泽东的名言：一条叫“事物总是波浪式地发展”，一条叫“两条路线斗争每过七八年再来一次”，试图说明政治周期是影响经济增长与投资效率的社会历史根源。

（三）行为—制度学派

行为—制度学派认为，社会主义国家中的政府和企业的扩张

① “经济周期研究”课题组：《经济周期研究》，中国社会科学院出版社 1998 年版，第 103 页。

② 乌家培、刘树成：《经济数量关系三十年》，《经济研究》，1985 年第 6 期。

和收缩是导致投资效率波动的根本原因，而扩张和收缩行为又取决于计划经济制度，该理论由三个相互联系的部分构成。一是投资冲动理论。前捷克斯洛伐克学者戈德曼和库马[①]认为，计划经济中的投资狂热及投资过度行为主要来自于中央计划当局的“赶超压力”；匈牙利的鲍尔和舒茨认为，企业的投资饥渴形成一种企业压力，而企业扩张狂热的产生是预算软约束。“赶超压力”和“企业压力”产生了高投资、高积累，最终导致投资过度、效率失衡。二是“瓶颈”理论。基本观点是，社会主义计划经济是一种资源约束型经济，投资障碍来自于供给方面的瓶颈，包括资源、消费和外债。戈德曼、库巴指出，投资过热是一种制度性病症，相应的，资源短缺也就成为制度性的了。科尔奈[②]深刻地研究了“消费与投资的对抗”：高投资挤占了消费品及其生产资源，当消费品短缺的矛盾恶化时，中央不得不被迫修改投资计划，压缩积累，这种涨落被称之为“消费对称”周期。戈德曼指出，高投资不得不靠借外债和进口原料维持，一些国家的投资效率波动还具有“出口对称”的特点。三是周期阶段理论。鲍尔等人认为，经济周期各个阶段的产生，关键在于中央计划的紧松行为，起决定作用的是需求导向；戈德曼则认为，供给能力的变动是经济滑坡和增长的主要动因。

四、中国的研究

关于中国的投资效率问题是学术界研究的热点。尤其是改革开放以来，学者们从不同的侧面，对投资效率问题进行了较深入

---

① 阿兰·G. 格鲁奇：《比较经济体制》，中国社会科学出版社 1985 年版，第 198 页。

② 亚诺什·科尔奈：《短缺经济学》，经济科学出版社 1990 年版，第 56 页。

的研究和探索，取得了一系列的研究成果[①]。

从宏观方面来看，投资的效率可以从两个方面来衡量，一方面是投资的生产效率，反映的是资本被有效利用的程度；第二方面是资本的配置效率，表示资本是否配置在能够产生最高回报的行业[②]。

投资的生产效率可以使用两个变量来进行衡量。一是资本收益率，二是资本—产出比率。蒋云赟、任若恩（2004）估计了中国的资本收益率。这种资本收益率测算方法的思想是用资本的产出除以对应的有形资产的资本存量。计算结果发现，从1982—2000 年的近 20 年间，所有工业的资本收益率和国有工业的资本收益率的均值基本相等。不论是所有独立核算工业企业的资本收益率，还是国有企业的资本收益率都呈下降趋势，从 20 世纪 90 年代起，结束了资本收益率高达两位数的高积累时代[③]。张军（2002）利用计算出的资本—产出数据说明，如果将1989—1991 年这个特殊的时段排除在外，那么基本上可以看出，在 1994 年以前，资本—产出比率的增长率基本上为负，这意味着，在改革后的将近 15 年时间里，中国的经济实际上经历了资本—产出比率的下降而不是上升。然而，大概在 1994 年以后，资本—产出比率开始有显著而持续的上升趋势。其中在 1995—1998 年间，资本—产出比率年增长 1.92%[④]。

资本配置效率测算的基本思路是：资本配置效率的提高意味

① 本书主要涉及宏观方面的研究方法与成果。

② 秦朵、宋海岩：《改革中的过度投资需求和效率损失》，《经济学》（季刊），第 2 卷第 4 期，2003 年 7 月。

③ 蒋云赟、任若恩：《中国工业的资本收益率测算》，《经济学》（季刊），第 3 卷第 4 期，2004 年 7 月。

④ 张军：《资本形成、工业化与经济增长：中国的转轨特征》，《经济研究》，2002 年第 6 期。

着在高资本回报率的行业（项目）内继续追加投资，在低资本回报率的行业（项目）内适时撤出资本。韩立岩、蔡红艳（2002）通过研究认为，虽然在20世纪90年代，中国实现了平均每年约10%的较高的经济增长，但是资本配置效率呈下滑趋势。结果表明，中国整体的资本配置效率为0.16，这不仅远低于发达国家，而且低于其他发展中国家[①]。

除上述的方法外，增量资本产出比（ICOR）也是评价宏观投资效率的重要指标。吴敬琏（2004）认为，中国总需求增长过快不是由消费需求增长过猛，而是由政府主导的投资“过热”造成的。1995年后中国的投资效率出现了急剧下降，ICOR已上升到5倍以上，而解决投资效率低下的根本出路在于全面推进银行业和金融体系的改革[②]。高善文（2004）的研究结果则与吴敬琏相反。他认为，虽然我国经济总体的增量产出资本比在下降，但是1998年以来的狭义增量产出资本比（即工业部门的增量产出资本比）却是温和上升的，这说明近年来我国企业的宏、微观投资效率实际上是在不断改善的[③]。张永军（2004）从增量资本产出比的角度出发分析了我国的投资效率，研究结果表明：虽然我国的投资率在不断地攀升，但投资效率却在逐年下降[④]。

全要素生产率是另一种衡量方式。宋国青（2004）认为，用不同指标来度量经济效率，结果可能是相反的，通过计算全要素生产率来衡量我国的经济效率存在着两个问题：一是未考虑土

---

① 韩立岩、王哲兵：《我国实体经济资本配置效率与行业差异》，《经济研究》，2005年第1期。

② 吴敬琏：《当前经济形势的分析与展望》，《中国远洋航务公告》，2004年第2期。

③ 高善文：《投资效率并不差》，《新财富》，2004年第6期。

④ 张永军：《从增量资本产出率的变化分析投资效率》，《中国经贸导刊》，2004年第11期。

地数量的减少，二是农村就业人数的增长的高估。研究结果表明，我国在20世纪90年代中期以前，生产效率的提高非常显著，以后虽有所放缓，但仍然是上升的①。

李治国、唐国兴（2002）计算了改革开放以来的名义资本产出率K/Y，发现1978—1994年该指标持续下降，1994—2000年则稳中有升。作者认为，K/Y下降体现了“增量改革推动的配置效率改进”，而20世纪90年代中后期以来的K/Y比率上升，则是由于经济增长“越来越倚重于资本深化的力量”，某种程度上是“粗放”增长、缺乏效率的表现②。

针对我国投资效率的现状，不少学者提出了各种解决办法。如陈明理对经济增长中投资效率提高途径问题进行了研究，对如何利用现代科学技术，适应知识经济时代要求，转变经济增长方式，提高投资效率进行了理论探讨③；马良站在国家的角度，对于投资效益的内涵、特点，影响投资效益的基本因素和全面提高投资效益的措施进行了分析④。

总体来说，进入转轨时期以来，我国经济运行中伴随着高投资率的是投资的低效率。秦朵、宋海岩（2003）从基于标准生产函数的投资需求模型出发，运用1989—2000年的面板数据，从投资需求所处的非均衡状态入手讨论了我国投资效率特征，发现扩张性的中央与地方财政对投资需求有着强烈的影响，地区间投资不均的程度有所下降，东部沿海省份的效率一般高于西部省

① 宋国青：《全社会投资效率在上升》，《财经》，2004年第10期。

② 李治国、唐国兴：《中国平均资本成本的估算》，《统计研究》，2002年第11期。

③ 陈明理：《经济增长与投资效率研究》，中国人民大学博士论文，第2页。

④ 马良：《投资效益论》，财政部财政科学研究生部博士论文，第1—4页。

份的效率[①]。沈坤荣等（2004）从金融发展视角考察了我国资本形成、投资效率、储蓄向投资转化的效率及由此产生的经济波动，认为投资效率低下，进而全要素生产率（TFP）不高是影响我国宏观经济波动的重要因素[②]。

在中国，与投资效率研究紧密联系的另一个概念是“过度投资”，因为过度投资是投资低效率的主要表现形式之一。有代表性的研究文献。例如，袁志刚、何樟勇等用“动态效率”标准来确定最优资本存量，认为20世纪90年代以来中国经济存在资本的过度积累，经济运行处于动态无效状态，存在“过度投资”[③]。武剑（2002）则通过统计指标ICOR（边际资本产出率）、K/Y（资本产出率）和I/Y（投资产出率）的变动趋势与国别比较后认为，中国存在“资本积累过快”和“过度投资”[④]。

第二节　储蓄—投资转化效率

一、储蓄与储蓄结构

新古典经济学从国民收入流量的角度考虑，将储蓄或国民储

---

① 秦朵、宋海岩：《改革中的过度投资需求和效率损失：中国分省固定资产投资案例分析》，《经济学》（季刊），2003年总第8期。

② 沈坤荣：《投资效率、资本形成与宏观经济波动——基于金融发展视角的实证研究》，《中国社会科学》，2004年第6期，第52—63页。

③ 袁志刚、何樟勇：《20世纪90年代以来中国经济的动态效率》，《经济研究》，2003年第7期。

④ 武剑：《外国直接投资的区域分布及其经济增长效应》，《经济研究》，2002年第4期。

蓄的内涵定义为当期国民收入扣除当期消费后的剩余[①]，而将投资的内涵定义为当期国民收入中未被消费而用于投资品支出的部分。

一个国家要实现工业化和现代化，实现经济的持续、快速增长，充足的资本是必不可少的。因此，加速资本形成便成为经济起飞的一个关键性的前提条件。从古典经济学到凯恩斯主义都认为投资在经济增长中具有极为突出的作用。在 Harrod—Domar 模型中[②]，甚至将投资视为推动经济增长最直接的动因。

构成一国可供投资的主要资金来源是该国的国内储蓄总额。因此，投资所形成的资本数额的大小在很大程度上依赖于储蓄—投资转化效率的高低。如果一国的储蓄能够源源不断地、顺利而有效地转化为投资，就会增加生产能力，提高产出水平，促进经济增长，该国的国民经济便会保持旺盛的增长势头。本节从储蓄—投资转化效率的角度，对我国转轨经济中投资效率进行理论和实证两方面的综合分析，说明储蓄—投资转化效率对投资率的影响。

储蓄包括三个基本部分：企业单位储蓄、政府储蓄和居民家庭储蓄。在核算国民经济各部门的储蓄与投资时，一般将国民经济分为五个部门：非金融企业部门、金融机构部门、政府部门、家庭部门和国外部门。根据中国统计年鉴 1992—2004 年各经济部门储蓄与投资的统计数据整理得出的各部门储蓄比重和投资比重见表 6－1、表 6－2。

---

① 储蓄还可以用当期国内生产总值扣除当期最终消费表示。

② 伊·F. 哈罗德：《动态经济学/经济增长与发展理论丛书》，商务印书馆 1995 年版，第 98 页。

表 6－1　1992—2004 年各经济部门储蓄比重结构（%）

年份＼部门	非金融企业	金融机构	政府部门	家庭部门	国外部门
1992	31.58	2.62	15.11	54.08	－3.39
1993	34.33	2.63	14.28	44.22	4.53
1994	36.58	2.20	12.63	52.01	－3.41
1995	38.53	1.81	11.80	48.42	－0.57
1996	32.15	2.26	13.78	54.09	－2.28
1997	37.29	1.02	14.68	53.96	－6.94
1998	36.71	1.63	14.09	54.58	－7.02
1999	37.00	1.50	15.48	49.91	－3.89
2000	41.08	1.62	17.35	45.02	－5.04
2001	39.54	0.80	20.18	43.12	－3.65
2002	35.37	2.63	19.21	49.44	－6.65
2003	33.19	5.12	23.33	45.33	－7.39
2004	48.99	2.17	13.84	42.98	－8.27

资料来源：国家统计局：《中国统计年鉴 1995—2006》数据计算而得。

表 6－1 反映储蓄构成的变化。在 2004 年以前，占我国储蓄来源比重最大的是居民家庭。1998 年以前的多数年份里，家庭储蓄对国民储蓄的贡献度超过了 50%，然而，近些年来家庭储蓄逐年下降，由 1998 年的 54.58% 下降到 2004 年的 42.98%。在 2004 年，非金融企业所占比重超出了家庭部门的储蓄比重，位居首位。政府部门储蓄所占比重似有下滑的态势，但 2004 年的 13.84% 与 1992 年的 15.11% 相比，相差 1.27 个百分点，属于基本稳定。来自国外的储蓄所占比重一直为负，说明它所充当的是借入资金的角色，是国民储蓄的净使用者，而且资金借入量呈现逐年增加的趋势，在 2004 年达到了最大值。金融机构所占

比重除了 2003 年有较大幅度的变化外，其他年份均稳定在 1%—3%，比重相对较小。

表 6-2　1992—2004 年各经济部门投资比重结构（%）

年份 \ 部门	非金融企业	金融机构	政府部门	家庭部门
1992	78.35	0.44	6.18	15.03
1993	81.39	0.54	6.37	11.76
1994	79.76	0.77	6.96	12.51
1995	79.73	0.74	6.69	12.84
1996	76.72	0.67	6.89	15.71
1997	75.40	0.69	8.17	15.74
1998	75.14	0.64	9.21	15.01
1999	75.37	0.49	9.20	14.94
2000	74.82	0.36	9.73	15.09
2001	74.92	0.45	9.79	14.84
2002	74.07	0.47	10.20	14.56
2003	71.73	0.14	13.14	14.98
2004	68.34	0.13	11.89	19.64

资料来源：根据国家统计局：《中国统计年鉴 1995—2006》数据计算而得。

居民储蓄是居民可支配收入减去居民消费后的余额，包括金融储蓄和实物储蓄。金融储蓄是居民个人持有的金融资产，主要是现金、银行存款、股票、债券等有价证券；实物储蓄则包括居民个人的实物资产，如房屋等固定资产和存货。改革开放以来，尽管居民储蓄结构有多元化的趋势，但整体而言，金融资产是主体部分，而在金融资产中，银行储蓄存款又占80%左右①。

国民储蓄中居民家庭储蓄比重下降对投资、消费及其比例关系有着重大影响。

从表6-2中可以看出，非金融企业部门一直是投资的主力。在1995年以前，企业的投资比重变化不大，平均为79.81%；在1996年略有下降后又再度保持平稳，平均为75.40%。家庭部门的投资比重变化平稳；政府部门的投资比重有所增加，从1992年的6.18%上升到2004年的11.89%。

结合我国各部门的储蓄比重与投资比重可以得出，家庭是最大的资金盈余部门，而企业是最大的资金需求部门，在我国的储蓄与投资的转化中，是社会资金从家庭部门流向企业部门的过程。

二、储蓄—投资转化途径

（一）储蓄直接转化为投资

储蓄主体将自身的储蓄直接转化为实质资本的形式有两种：一种形式是经济主体直接用自己生产的产品和生产资源用于再投入和再生产。这种实物形态的转化在人类社会发展早期是很重要的形式，但是随着社会分工和商品货币经济的发展，这种形式已经不能满足经济发展的需要。

另一种形式是储蓄主体用自己的货币储蓄直接投资于实质资本，进行实物资本的积累和再生产。在现代货币经济条件下，价值形态的储蓄—投资转化形式是较为普遍的，也是现代经济社会中储蓄直接转化为投资的主导方式。显然，在这种转化过程中，

① 韩旺红：《我国居民金融资产多元化趋势的实证研究》，《中国金融前沿问题研究》，中国金融出版社2003年版，第177页。

储蓄主体与投资主体是合一的，储蓄行为和过程的实现同时也是投资行为和过程的实现。其优点是所有的信息、交易、监督和执行等内部化了，避免了将资金贷放给他人的风险，具有随时随地灵活快捷的特征。与此相伴的缺点则是储蓄规模和投资需求可能会在时间和空间上不一致，而且投资规模易受自身储蓄水平的制约等。

（二）储蓄间接转化为投资

这是指储蓄主体的储蓄不是用于实质投资，而是通过购买金融工具或金融证券，如股票、公债、存款和企业债券等方式进行投资，直接或间接向投资者借出资金，最终由投资者完成投资过程。间接转化方式分为两种，一种是直接融资方式，即储蓄者直接借款给投资者，或储蓄者购买投资者发行的股票、债券。二是间接融资方式，即储蓄者通过中介机构向投资者融通资金，如购买金融机构发行的存款凭证、基金凭证、信托凭证、金融债券等，中介机构再将集中的资金购买投资者的融资证券或发放贷款，使投资者得以融入资金进行投资，储蓄间接转化为了投资。这种转化方式下的储蓄主体和投资主体相分离，二者在目的、行为等方面不可能相同。间接转化体现了市场机制配置储蓄资源的功能，有利于储蓄资源的充分动员，提高总储蓄水平和总投资水平，有利于提高投资效率，加快投资的形成速度。但间接转化方式增加了投资者的融资成本和不可避免的委托—代理风险。

（三）中国的储蓄投资转化途径

自 1984 年中国实行国有企业资金来源“拨款改贷款”以来，尽管直接金融市场有了长足的发展，股票融资、债券融资已经成为企业外源融资的重要渠道，但我国至今仍然是“银行主导型”的融资体制，储蓄—投资转化的绝大部分和主要方式都是以间接金融方式实现的①。见表6-3与表6-4。

表6-3　　中国家庭部门资金运用结构（%）

年份	通货	存款	证券	保险准备金	债权总额
1992	19.27	60.55	19.00	1.18	100
1993	22.38	66.56	9.84	1.22	100
1994	13.74	79.44	6.09	0.73	100
1995	5.04	87.08	6.86	1.02	100
1996	7.12	77.47	14.25	1.16	100
1997	10.93	67.06	19.58	2.49	100
1998	6.82	74.26	17.48	2.39	100
1999	15.29	59.61	20.39	4.69	100
2000	9.14	60.81	20.45	11.47	100
2001	6.19	70.64	13.51	8.19	100
2002	6.69	72.27	7.68	12.89	100
2003	6.34	76.85	9.10	7.22	100
2004	6.75	73.77	2.40	16.54	100

资料来源：国家统计局：《中国统计年鉴1995—2006》，并经过计算而得。

由表6-3、表6-4可以看到，在我国最大的储蓄主体的家庭部门的资金运用总额中，60%以上都是银行存款，而且近几年还有着明显的上升趋势。与家庭部门资金运用结果单一的现象相对应，我国最大的投资主体的企业部门的资金来源中70%以上为银行信贷。因此，我国跨部门的储蓄—投资转化主要是通过银行中介来实现的，本质上是银行信贷特别是国有商业银行信贷为

① 韩旺红：《我国居民金融资产多元化趋势的实证研究》，《中国金融前沿问题研究》，中国金融出版社2003年版，第177页。

绝对主导的间接融资方式，利用非银行金融机构和直接融资市场所实现的份额仍旧较小。

表 6－4　　中国企业部门资金来源结构（%）

年份	贷款	证券	外资	误差	总额
1992	78.01	11.74	16.89	－6.64	100
1993	77.45	3.10	25.64	－6.19	100
1994	70.93	0.76	35.09	－6.78	100
1995	74.77	－0.02	36.72	－11.47	100
1996	76.36	1.93	25.75	－4.04	100
1997	74.52	9.95	24.19	8.66	100
1998	74.93	6.47	26.75	8.15	100
1999	69.86	7.86	24.52	2.24	100
2000	61.15	14.43	20.86	－3.56	100
2001	68.20	10.14	26.53	－4.87	100
2002	70.16	6.23	19.77	－3.84	100
2003	76.06	5.75	12.49	－5.7	100
2004	63.37	7.21	16.27	－13.15	100

资料来源：国家统计局：《中国统计年鉴 1995—2006》，并经过计算而得。

三、储蓄—投资转化缺口

储蓄缺口是指一国的国内投资与国内储蓄相减所得的差额，它是一个可以对储蓄投资转化效率进行总量分析的概念。当一国的储蓄缺口为正时，说明该国的投资大于其储蓄；反之，当一国的储蓄缺口为负时，则说明该国的储蓄大于投资，储蓄未能充分地转化为国内投资。表 6－5 给出了自改革开放以来的储蓄额与投资额，并以此计算出了储蓄缺口。为便于分析，我们将储蓄率、投资率和经济增长率的走势作成折线图，见图6-1。

表6-5　　中国的储蓄—投资转化缺口　　单位：亿元

年份	储蓄额（S）	资本形成总额（I）	投资—储蓄缺口（I—S）	储蓄率（%）（S/GDP）	缺口占储蓄比重（%）
1978	1366.5	1377.9	11.4	37.9	0.8
1979	1458.9	1478.9	20.0	35.6	1.4
1980	1585.0	1599.7	14.7	34.5	0.9
1981	1647.3	1630.2	-17.1	32.9	-1.0
1982	1875.2	1784.2	-91.0	33.5	-4.9
1983	2089.8	2039.0	-50.8	33.6	-2.4
1984	2516.4	2515.1	-1.3	34.2	-0.1
1985	3090.4	3457.5	367.1	34.0	11.9
1986	3686.7	3941.9	255.2	35.1	6.9
1987	4472.8	4462.0	-10.8	36.4	-0.2
1988	5549.1	5700.2	151.1	36.1	2.7
1989	6147.1	6332.7	185.6	35.5	3.0
1990	7257.3	6747.0	-510.3	37.5	-7.0
1991	8485.5	7868.0	-617.5	37.6	-7.3
1992	10361.9	10086.3	-275.6	37.6	-2.7
1993	15038.2	15717.7	679.5	40.7	4.5
1994	20975.2	20341.1	-634.1	41.8	-3.0
1995	26468.7	25470.1	-998.6	41.9	-3.8
1996	30244.1	28784.9	-1459.2	40.8	-4.8
1997	33517.9	29968.0	-3549.9	41.0	-10.6
1998	34943.4	31314.2	-3629.2	40.4	-10.4
1999	35488.1	32951.5	-2536.6	38.9	-7.1
2000	37233.0	34842.8	-2390.2	37.7	-6.4

续表

年份	储蓄额（S）	资本形成总额（I）	投资—储蓄缺口（I—S）	储蓄率（%）（S/GDP）	缺口占储蓄比重（%）
2001	42094.1	39769.4	-2324.7	38.6	-5.5
2002	48659.1	45565.0	-3094.1	40.4	-6.4
2003	58949.3	55963.0	-2986.3	43.2	-5.1
2004	73247.5	69168.4	-4079.1	45.7	-5.6
2005	90869.4	80646.3	-10223.1	48.2	-11.3
2006	110757.3	94103.2	-16654.1	50.1	-15.0

资料来源：根据本书第三章的表3-1的数据计算。

注：储蓄额用当年国民生产总值扣除当年消费总额近似测度，投资额用当年国内资本形成总额测度。

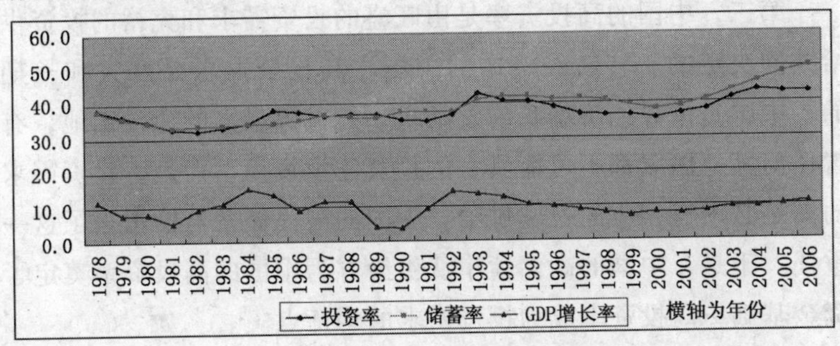

图6-1 1978—2006年投资率（%）—储蓄率（%）—GDP增长率（%）

观察表6-5和图6-1，我们可以看到三个重要现象：

第一，中国的投资供给大于投资需求。从宏观层面来看，国民储蓄是决定投资的供给因素。一个国家的投资需求的满足，从根本上说，依赖于本国的国民储蓄，即在不考虑对外经济的条件下，储蓄=投资。1978—1993年期间，我国有8年的储蓄缺口为正；自1994—2006年，储蓄缺口均为负，2000年后缺口的负值稳步扩大，2006年达到16654亿元。由此说明，国内储蓄资源在多数年份都能满足本国投资的需要。特别是从 20 世纪 90 年代中期以后，中国的资金充裕，国民储蓄在满足国内投资需求后有巨额剩余。这一剩余 2005 年以来甚至高达 1 万亿元以上。

第二，中国的高储蓄率支撑着高投资率。尽管我国的投资率一直很高，但是，储蓄率整体上高于投资率。在 1978—2006 年的 29 年间，有 21 年的储蓄率高于投资率。从 1994 年开始，储蓄率更是连续、稳定地高于投资率。储蓄缺口占储蓄的比重提高到 2 位数。2005 年、2006 年分别有 10223 亿元和 16654 亿元的国内储蓄没有转化为国内投资。我们观察到的结论是：高储蓄率支撑着高投资率。如果这种现象得以持续，国内巨大的储蓄资源等待有效运用，扩大投资需求则成为必然的选择。

第三，中国的高投资率是由旺盛的投资需求和充裕的投资供给共同决定的。转轨经济中的中国，其投资需求是巨大和长期的。中国是世界经济增长的发动机，是世界最大的建设工地，有着任何其他国家都不可能具有的投资建设规模，但是，投资需求的满足必须有相应的投资供给，中国的国民储蓄恰恰担当了这一重任。于是，中国的高储蓄率从供给方为中国的高投资率奠定了资金基础，高投资率成为投资供求的均衡点。

四、储蓄—投资转化效率

改革开放以前，政府为了集中财力尽快恢复和发展国民经济，资金收支由政府完全控制，政府通过财政手段强制储蓄并通过计划与财政预算拨款的形式实现国民储蓄向投资的转化，企业和居民基本上无储蓄与投资能力，谈不上储蓄—投资转化效率。

20 世纪 90 年代以来，居民储蓄—投资转化主导机制的国有银行进行了商业化、市场化改革；资本市场结构和机制逐步完善，证券种类日渐齐全。储蓄者、投资者、融资者之间有了广泛的竞争。这些广泛存在的竞争关系，有助于提高储蓄、融资和投资的水平与质量，有利于稀缺的储蓄资源在各种可能的投资机会之间更有效地分配。在理论上，这是一种更优的转化机制，拥有更高的储蓄—投资转化，即资本形成和资本配置的效率。

在国有商业银行主导的间接融资方式下，国内储蓄资源的充分利用和有效转化离不开高效率的银行中介体系。但实际上，迄今，我国的银行体系并没有很好地履行这一职责，具体表现在：银行储蓄存款向贷款转化的效率较低，贷款转化为资本的效率较低。依照《中华人民共和国商业银行法》规定，商业银行吸收的存款余额中可以有70%用于发放贷款。但是一些年来，银行"惜贷"现象严重，存差①不断扩大，银行部分存款没有转化为实体经济的投资。而在银行信贷扩张的一些年份，贷款的投放"粗放经营"，风险的控制不利，一旦遇上经济调整或借款人风险暴露，往往形成不良贷款，贷款最终没有形成资本。

20世纪90年代末以来，间接融资方式的弊端，即银行体系负债与资产在期限结构、预算约束力和成本收益率等方面的不对称开始暴露，集中表现为商业银行体系的不良债权规模的迅速膨胀。与此相反，直接融资的制度和技术特征使得其相对于间接融资的优势越来越明显。因此，资本市场的发展速度开始加快。但是，基于中国资本市场的制度缺陷，直接金融市场在"储蓄—投资—形成实体经济资本"的转化过程中的效率也不高。储蓄向投资的转化不畅，而投资又没有完全形成资本的问题没有得到根本解决。应该指出的是，在国内的储蓄资源总体上能够满足本

① 商业银行期末存款余额大于贷款余额的差额为"存差"，亦即银行存款中没有用于发放贷款的部分。存差可能以商业银行在中央银行的超额准备金、证券资产等形式存在。反之，期末存款余额小于贷款余额的差额为"贷差"。贷差意味着商业银行可能是依靠其他借入资金来维持信贷的扩张。

国投资需要并有剩余的情况下，我们仍从国外引进了大量的外资①。储蓄资源的国内闲置与浪费要求我们必须采取措施，提高储蓄—投资的转化效率，提高国民储蓄的利用程度。

关于储蓄—投资转化效率问题国内已有大量研究，下文从储蓄—投资转化缺口的角度作进一步分析。

设国内投资为 x，国内储蓄为 y，定义储蓄—投资转化效率 K 为：

$$K=\begin{cases}1, & \frac{x}{y}\geqslant 1\\ \frac{x}{y}, & \frac{x}{y}<1\end{cases}$$

根据上述公式以及表 6－5 的数据，表 6－6 给出了 1978—2005 年中国的储蓄—投资转化效率。

表 6－6　储蓄—投资转化效率

年份	储蓄—投资转化效率	年份	储蓄—投资转化效率
1978	1	1988	1
1979	1	1989	1
1980	1	1990	0.926620940
1981	0.992903347	1991	0.924088758
1982	0.950791336	1992	0.972194197
1983	0.975289425	1993	1
1984	0.999473663	1994	0.968127190
1985	1	1995	0.959860103
1986	1	1996	0.948482869
1987	0.997346256	1997	0.908758798

① 参见本书第四章第三节的内容。

续表

年份	储蓄—投资转化效率	年份	储蓄—投资转化效率
1998	0.906388240	2002	0.938043110
1999	0.931751967	2003	0.950548336
2000	0.935515256	2004	0.944310727
2001	0.944417693	2005	0.886136320

资料来源：根据相关各年《中国统计年鉴》的数据计算整理得出。

由表6-6可以看到，20世纪80年代的中国储蓄—投资转化效率较高，平均水平为1；但在1994年以后，储蓄—投资转化效率似乎呈现出波动性下降趋势。造成这种状况的原因是多方面的：一是储蓄没有转化为投资，停留在商业银行体系，而商业银行又将这部分资金以超额储备金的形式存放在中央银行。二是投资没有形成资本，在投资过程中被浪费掉了。如广泛存在的投资项目决策失误，大量的“胡子工程”、“尾巴工程”和“烂尾楼”现象。三是2000年后储蓄资源的一部分用于海外投资，包括外汇储备资产增加、中国海外投资规模扩大等。

第三节 投资增量效率：投资效益系数

一、投资效益系数的概念与计算方法

从宏观角度看，为了衡量投资效率的高低，通常选用投资效益系数。投资效益系数是以价值形式反映投资活动的总成果与投资总额之间的比例关系，通常用一定时期的国内生产总值增加值与当期的固定资产投资总额之比来表示：

$$投资效益系数=\frac{一定时期的国内生产总值增加额}{同期引起这一增长的固定资产投资}$$

公式表明，一定时期内的单位投资带来的国内生产总值的增加额越多，或单位 GDP 增加额所需要的投资数量越少，投资效率越高。反之，投资效率越差低。GDP 可以按现价计算和按不变价计算。投资可以用全社会固定资产投资和资本形成总额。需要注意的是，投资效益系数是综合反映投资总效益的一个极其重要的指标，但它是假定 GDP 的增长决定于固定资产投资（或资本形成）的数量。而实际上，GDP 的增长不仅取决于投资的效率，也决定于其他的因素，包括技术进步、劳动生产率提高、管理水平改善和原有生产设备的充分利用等，所以，投资效益系数只是从投资与 GDP 比较角度反映投资运用的宏观效率，只能从总体上近似地说明投资效率的情况。

二、投资效益系数的测算

固定资产投资效益的综合衡量指标可用效益系数 E 来表示，其定义如下：

$$E = \Delta Y / K_t$$

式中，K_t 为第 t 年固定资产投资总额，ΔY 为该时期 GDP 的增加额。可见，固定资产投资效益系数就是该时期单位固定资产投资额所引起的 GDP 的增加额。其倒数称为投资系数，表明增加单位 GDP 所需要的固定资产投资额。固定资产投资效益系数指标存在一个问题，就是由于固定资产交付使用期与投资期存在时间差，当年的固定资产投资额对当年新增 GDP 不一定起很大作用，换句话说，没有考虑以前年度投资对本年度 GDP 增长的作用。为了考虑固定资产投资效益的滞后效应，并根据经验做法，我们取 t－2，即用 t 期的 GDP 增加额与 t－2 期的固定资产投资额比较。重新定义的投资效益系数 E′的计算公式为：

$$E' = \Delta Y / K_{t-2}$$

从表6－7中可以看出，考虑了滞后两期的固定资产投资效益系数E′大于未考虑时滞的投资效益系数E。

表6－7　　1980—2006年固定资产投资效益系数　　单位：亿元

年份	GDP增加额（t年）	固定资产投资额（t年）	固定资产投资额（t－2年）	投资效益系数（E）	投资效益系数（E′）
1980	479.6	910.9	815.8	0.5265	0.5879
1981	344.6	961.0	853.2	0.3586	0.4039
1982	432.3	1230.4	910.9	0.3514	0.4746
1983	639.8	1430.1	961.0	0.4474	0.6658
1984	1236.5	1832.9	1230.4	0.6746	1.0050
1985	1793.4	2543.2	1430.1	0.7052	1.2540
1986	1237.8	3120.6	1832.9	0.3967	0.6753
1987	1760.3	3791.7	2543.2	0.4643	0.6922
1988	2965.8	4753.8	3120.6	0.6239	0.9504
1989	1980.9	4410.4	3791.7	0.4491	0.5224
1990	1638.7	4517.0	4753.8	0.3628	0.3447
1991	3069.9	5594.5	4410.4	0.5487	0.6961
1992	5020.3	8080.1	4517.0	0.6213	1.1114
1993	7996.3	13072.3	5594.5	0.6117	1.4293
1994	12125.0	17042.1	8080.1	0.7115	1.5006
1995	11718.7	20019.3	13072.3	0.5854	0.8965
1996	9406.5	22974.0	17042.1	0.4094	0.5520
1997	6578.0	24941.1	20019.3	0.2637	0.3286
1998	3882.6	28406.2	22974.0	0.1367	0.1690
1999	3722.2	29854.7	24941.1	0.1247	0.1492
2000	7336.1	32917.7	28406.2	0.2249	0.2583
2001	6491.1	37213.5	29854.7	0.1744	0.2174

续表

年份	GDP 增加额（t 年）	固定资产投资额（t 年）	固定资产投资额（t-2 年）	投资效益系数（E）	投资效益系数（E′）
2002	6464.7	43499.9	32619.0	0.1496	0.1982
2003	12217.8	55566.6	37213.5	0.2199	0.3283
2004	19485.7	70477.4	43202.0	0.2765	0.4510
2005	23989.6	88773.6	55566.6	0.2703	0.4317
2006	27003.1	109998.2	70477.4	0.2457	0.3831

资料来源：根据相关各年《中国统计年鉴》的数据计算整理得出。

1980—2006 年，我国的固定资产投资效益系数（E）平均为 0.43，最高最低相差 0.59。“六五”期间的投资效益系数较高，在 1985 年达到了 0.7052；“七五”期间该系数两头年份数值偏低，中间年份数值有所增长，最低值在 1990 年，为 0.3682；“八五”期间的投资效益系数有所提高，最高值为 1994 年的 0.7115；“九五”、“十五”期间该系数大幅度下降，但波动不大，这是当时实行的积极财政政策，进行了大量的基础设施投资所致。就整个时期来看，E 和 E′平均为 0.4050 和 0.6177。1996 年以后，资产投资效益系数一直在低位徘徊，E、E′平均仅为 0.2801 和 0.3967，由此反映了我国固定资产投资效率整体水平较低，投资没有发挥其应有的效益。

第四节 投资存量效率：资本产出系数

一、资本产出系数的概念与计算方法

资本产出系数是从存量的角度进行宏观投资效率分析，我们

用 K 表示资本存量，用 Y 表示年度总产出，则资本产出系数 r 为：

$$r = K/Y$$

在储蓄为定值的情况下，该系数在一定程度上反映了对现有资本的利用效率。资本产出系数与投资效率成反比：资本产出系数越大，每单位产出所耗用的资本越多，也就是投资效率越低；反之，投资效率越高。

边际资本产出系数 ICOR，即资本存量变动与产出增量的比率，指的是增加单位总产出所需要的资本增量。我们用 dK 表示资本存量的变动，dY 表示总产出的增量，则边际资本产出系数为：

$$ICOR = dK/dY$$

ICOR 反映一个单位的 GDP 增量需要多少个单位的投资拉动，所以边际资本产出比率越大表示投资效率越低。当不考虑固定资产折旧时，资本存量的变动等于投资流量，即资本形成总额。所以，$ICOR = I/\Delta GDP$。

ICOR 与 K/Y 基本上是等价的，因为资本产出比率（K/Y）等于资本的产出弹性与边际资本产出比率（ICOR）的乘积，资本的产出弹性等于资本的边际生产率 dY/dK 与平均产出 Y/K 的比率。在资本的产出弹性不变时，边际资本产出系数的提高将造成资本产出系数等比例的上升。

ICOR 对宏观经济投资效率的衡量与资本产出系数的评价原则是一致的：即边际资本产出系数的提高意味着宏观投资效率的下降；反之，投资效率提高。

二、资本产出系数的测算

（一）资本产出系数

广义的资本可以包括物质资本、人力资本和土地，而狭义的资本概念仅指物质资本。本书此处的资本测算指的是物质资本。在测算历年的资本产出系数时，我们以1978年不变价格调整相关数据，并以该年的资本存量为基础，逐年累计资本流量，从而得到各年的资本存量。历年的资本产出系数如表6-8。

表6-8　　资本产出系数　　单位：亿元

年份	资本存量（K）	总产出（Y）	资本产出比（K/Y）	年份	资本存量（K）	总产出（Y）	资本产出比（K/Y）
1980	7365.34	4203.96	1.75	1994	25778.63	16283.08	1.58
1981	7801.83	4425.03	1.76	1995	29205.54	17993.66	1.62
1982	8386.07	4823.68	1.74	1996	32924.97	19718.73	1.67
1983	9070.42	5349.17	1.70	1997	36676.03	21461.92	1.71
1984	9981.37	6160.97	1.62	1998	40763.82	23139.88	1.76
1985	11089.38	6990.89	1.59	1999	44996.87	24792.47	1.82
1986	12302.65	7610.61	1.62	2000	49593.71	26774.85	1.85
1987	13736.18	8491.27	1.62	2001	54856.91	28782.60	1.91
1988	15263.05	9448.03	1.62	2002	60981.85	31170.88	1.96
1989	16254.60	9832.18	1.65	2003	68761.49	34131.77	2.02
1990	17233.59	10209.09	1.69	2004	77873.52	37375.34	2.08
1991	18519.40	11147.73	1.66	2005	86518.72	41765.15	2.07
1992	20315.26	12735.09	1.60	2006	95617.86	45750.17	2.09
1993	22775.92	14452.91	1.58				

资料来源：根据各年《中国统计年鉴》的数据整理得出。

由表6-8中我们可以看出，1980—1998年间，我国的资本产出比基本保持稳定，大致在1.6—1.7左右波动。从1999年开始，我国的资本产出比开始逐年上升，均大于1.7，到2004年年底已经升至近2.1。这是由于我国自1999年出现了严重的通货紧缩现象，政府为启动经济、扩大内需而加大投资力度。但近些年资本产出系数的增加，也说明了我国的投资效率在下降。

（二）边际资本产出系数

在现有的国内外研究文献中，边际资本产出系数ICOR是衡量投资效率的通用指标。我们选择用固定资产投资额作为资本增量，并根据各年统计年鉴计算出GDP增量，得到各年的ICOR。表6－9列举了我国自1980—2006年的数据。

表6－9　　边际资本产出系数　　单位：亿元

年份	GDP增量	固定资产投资额	ICOR	年份	GDP增量	固定资产投资额	ICOR
1980	479.6	910.9	1.90	1994	12125.0	17042.1	1.41
1981	344.6	961.0	2.79	1995	11718.7	20019.3	1.71
1982	432.3	1230.4	2.85	1996	9406.5	22974.0	2.44
1983	639.8	1430.1	2.24	1997	6578.0	24941.1	3.79
1984	1236.5	1832.9	1.48	1998	3882.6	28406.2	7.32
1985	1793.4	2543.2	1.42	1999	3722.2	29854.7	8.02
1986	1237.8	3120.6	2.52	2000	7336.1	32619.0	4.45
1987	1760.3	3791.7	2.15	2001	6491.1	37213.5	4.74
1988	2965.8	4753.8	1.60	2002	6464.7	43202.0	5.54
1989	1980.9	4410.4	2.23	2003	12217.8	55566.6	4.55
1990	1638.7	4517.0	2.76	2004	19485.7	70477.4	3.62
1991	3069.9	5594.5	1.82	2005	23989.6	88773.6	3.70
1992	5020.3	8080.1	1.61	2006	27003.1	109998.2	4.07
1993	7996.3	13072.3	1.63				

资料来源：根据相关各年《中国统计年鉴》的数据计算整理得出。

由表 6 - 9 可以看出，20 世纪 80 年代我国的边际资本产出系数不高，自 1996 年开始，该系数有了大幅度的提高，在 1999 年达到了 8.02 的高度。2002 年以后，边际资本产出系数虽有所回落，但仍处在较高位，这说明伴随着投资率的不断上升，宏观投资效率在降低，即中国的高投资率及高投资增速是以降低资本利用的效率为代价的。

第五节　投资效率与投资率的关系

一、低投资效率与高投资率、低消费率

高储蓄、高投资率以及储蓄向投资的有效转化（资本积累）无疑是经济增长的重要原因，但经济增长的另一个重要原因就是资本更为有效地利用，即资本配置效率的提高。由前述可见，我国投资高增长是建立在低投资效率基础上的。无论是用投资效益系数，还是资本产出系数来测度投资效率，实证分析的结果都显示出我国的投资效率远低于同期世界平均水平和发展中国家平均水平。

投资率、消费率与投资效率之间有无关系？有什么关系？我们将它们三者列入同一张图（图 6 - 2）中观察，可以发现，投资率上升、消费率下降和投资效率不佳有近似的变动趋势：即投资率处于上扬的趋势，并持续高位运行；消费率处在下滑通道，2000 年后有加速下降的趋势；同时，投资效率长期低下。这说明，高投资率、低消费率、低投资效率问题已经成为经济发展的重要障碍。

下面我们用计量方法进一步分析投资率、消费率与投资效率

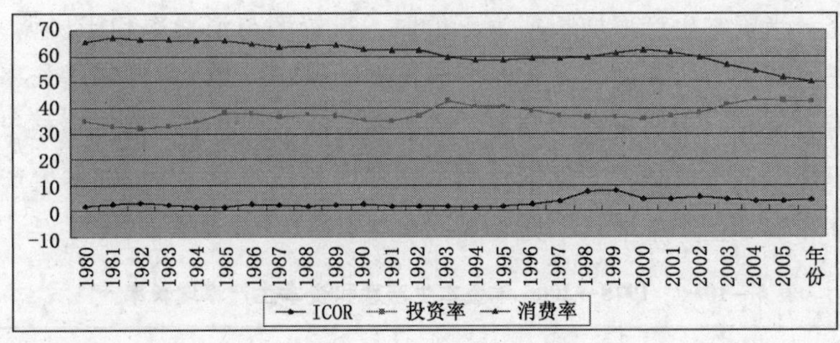

图 6-2 ICOR、投资率、消费率变动

的关系。

对于投资率与消费率协调程度的判定可以分别根据资本生产率和增量产出比率两个指标来进行分析，根据这些指标值的大小可以判断投资率与消费率是否协调。

（一）资本生产率

资本生产率是一定时期内（1 年内）单位资本存量创造的产出（GDP），产出越多，投资效率越高。用资本生产率增长率可以考察它与经济增长率、经济增长质量，经济增长成本以及投资率的关系。

根据资本生产率的定义：

$$P_K = Q/K$$

其中，Q 为产出，K 为资本存量。将上式变换可得：

$$Q = P_K K$$

对上式微分，可写成如下增长率的形式：

$$\Delta Q/Q_{T-1} = \Delta P_{k,t}/P_{k,t-1} + \Delta K_t/K_{t-1}$$

这说明经济增长率可以分解为资本生产率增长率与资本增长率之和。用资本生产率增长率可以考察它与经济增长率、经济增长质量，经济增长成本以及投资率的关系。根据贺铿等人的研究，当资本生产率增长率为正值时，投资率与消费率趋于协调，正值越大，协调度越高，经济增长质量越好；资本生产率增长率为负值时，表明投资率偏高，消费率偏低，投资率与消费率趋于不协调，负值越大，越不协调，经济增长质量越差①。资本生产率和资本生产率增长率见表 6－10。

表 6－10　1978—2006 年资本生产率和资本生产率增长率

年　份	资本生产率（%）	资本生产率增长率（%）	年　份	资本生产率（%）	资本生产率增长率（%）
1978	0. 251	2. 4	1993	0. 286	4. 4
1979	0. 249	－0. 9	1994	0. 308	4. 1
1980	0. 248	－0. 3	1995	0. 314	2. 1
1981	0. 243	－1. 9	1996	0. 321	2. 3
1982	0. 248	1. 7	1997	0. 330	2. 6
1983	0. 255	3. 1	1998	0. 334	1. 4
1984	0. 271	6. 2	1999	0. 340	1. 6
1985	0. 279	2. 9	2000	0. 349	2. 9
1986	0. 276	－0. 9	2001	0. 357	2. 3
1987	0. 282	2. 1	2002	0. 366	2. 3
1988	0. 286	1. 5	2003	0. 373	2. 1
1989	0. 274	－4. 2	2004	0. 376	0. 9
1990	0. 264	－3. 6	2005	0. 380	0. 9
1991	0. 268	1. 4	2006	0. 383	0. 9
1992	0. 283	5. 8			

资料来源：资本存量数据见表 6－8，GDP 数据来自各年《中国统计年鉴 2007》，并经计算而得。

① 贺铿：《中国投资、消费比例与经济发展政策》，《数量经济技术经济研究》，2006 年第 5 期。

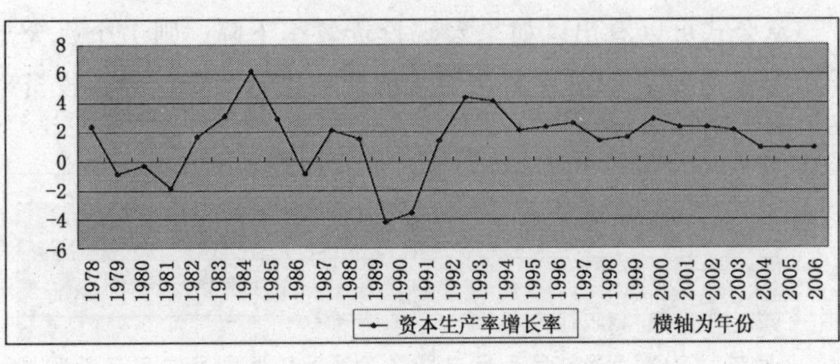

图 6-3　资本生产率增长率（%）变动

从图 6-3 可以看到，在 1978—1990 年间，中国的资本生产率增长率时正时负，这就说明了中国投资率与消费率之间的协调关系波动较大，经济增长质量很不稳定；从 1991 年开始，资本生产率增长率均为正值，根据判断标准，说明投资率和消费率趋于协调。同样可以发现，资本生产率增长率的数值正在逐渐变小，说明了近年的投资率和消费率的协调关系正在下降。

（二）增量资本产出比（ICOR）

增量资本产出比（Incremental Capital - Output Ratio，ICOR）是评价宏观投资效率的重要指标，其计算公式为：

$$ICOR = I/\Delta GDP$$

当 ICOR 提高时，说明增加单位总产出所需要的资本增量增大，也就意味着投资的效率下降。反之，当 ICOR 降低时，说明增加单位总产出所需要的资本增量减少，也就意味着投资的效率提高。宏观投资效率的下降会导致我国投资率上升和消费率下降。因为 ICOR 反映了 1 个百分点 GDP 的增长需要多少个百分点的 GDP 用于投资活动，用公式表示为：

$$ICOR = I/\Delta GDP = \frac{I/GDP}{\Delta GDP/GDP}$$

从公式可以看出，如果宏观投资效率下降，则 1 个百分点 GDP 增长需要从 GDP 中拿出更大的比例进行投资，导致投资率的上升和消费率下降。

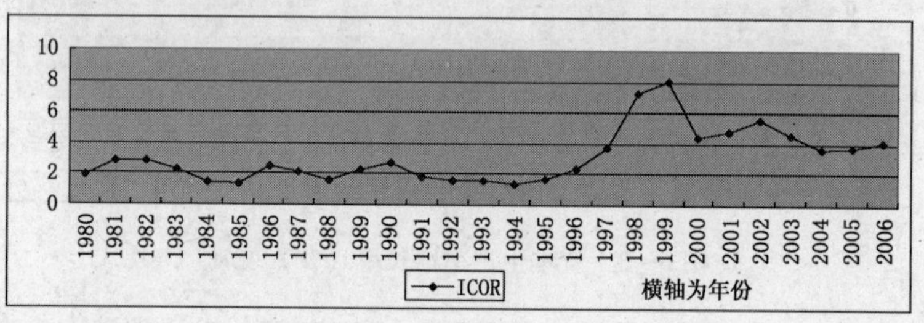

图 6－4　1980—2006 年的 ICOR 变动

图 6－4 表明，在 1980—1996 年期间，ICOR 值在 2 左右变动；而在 1997—2006 年期间，ICOR 值有了较大的提高，这说明了投资效率的下降，有更大百分比的 GDP 变成了投资，使得投资率上升、消费率下降，这和我国的现状是相吻合的。

二、投资效率与投资率

（一）变量选择和数据来源

我们选择衡量投资效率的常用指标边际资本产出系数（ICOR）为变量 X；投资率为变量 Y。设计如下模型：

$$Y_t = \alpha_1 + \alpha_2 X_t + e_t$$

根据表 6－9 中 1980 年至 2006 年的 ICOR 和前文的投资率数据。

（二）计量分析

由于 x 与 y 都是时间序列，为了预防可能出现的谬回归，我们先分别对 x 与 y 作平稳性检验。平稳性检验结果如表 6－11。

表 6－11　　ADF 检验结果

变量	ADF 检验值	各显著水平下的临界值		
		1%	5%	10%
X	－1.7829	－3.7115	－2.9810	－2.6299
Y	－1.2619	－3.7115	－2.9810	－2.6299
X 一阶差分	－5.1163	－3.7241	－2.9862	－2.6326
Y 一阶差分	－4.1989	－3.7241	－2.9862	－2.6326

从表 6－11 可以看到，X、Y 本身的数据并不是平稳的，而变量 X 和 Y 经过一阶差分后的数据变得平稳，都属于一阶单整序列。为了检验回归残差的平稳性，令 ET = resid，进行单位根检验，结果如表 6－12。

表 6－12　　残差平稳性检验结果

变量	ADF 检验值	各显著水平下的临界值		
		1%	5%	10%
ET	－2.3784	－2.6607	－1.9550	－1.6091

可以看到，在 5% 的显著性水平下，残差序列不存在单位根，是平稳序列，这就说明投资率与投资效率之间存在协整关系，即回归方程是两者关系的真实回归，据此，以写出边际资本产出率与投资率的关系：

$$Y = 37.1276 + 0.07059 * X$$

由回归方程可以看出，边际资本产出率与投资率呈正相关，即 ICOR 升高的情况下，投资率也处于较高状态，但 ICOR 的升高意味着投资效率的下降。这与我国的实际情况吻合。

中国经济的焦点问题是增长速度，而增长速度又是建立在投资高速增长支撑之上的。其实，经济和投资的高速增长本身并不是问题，问题在于，中国是一种大量消耗资源环境的效率低下的粗放型的工业经济增长，是一种以投资和经济增长没有充分转化为社会消费福利为代价的增长。长此以往，将落入“前进没有资源、后退没有 GDP”的结构性陷阱。

三、投资效率与消费增长

（一）变量选择和数据来源

我们选择边际资本产出系数（ICOR）为变量 X；投资率为变量 Y，消费率为变量 Z。设计如下模型：

$$\ln Z_t = \beta_1 + \beta_2 \ln X_t + \beta_3 \ln Y_t + u_t$$

根据表 6－11 中 1980 年至 2006 年各年 ICOR，投资率和消费率的数据。

（二）计量分析

为了消除异方差的影响，需要对变量进行对数化处理。同样，由于 X、Y、Z 都是属于时间序列数据，因此要进行单位根检验，测定其平稳性。ADF 检验结果如表 6－13。

表 6－13　　ADF 检验结果

变量	ADF 检验值	各显著水平下的临界值		
		1%	5%	10%
lnX	－1.5668	－3.7115	－2.9810	－2.6299
lnY	－1.2689	－3.7115	－2.9810	－2.6299
lnZ	－1.1658	－3.7115	－2.9810	－2.6299
lnX 一阶差分	－4.0875	－3.7241	－2.9862	－2.6326
lnY 一阶差分	－4.1332	－3.7241	－2.9862	－2.6326
lnZ 一阶差分	－3.1927	－3.7241	－2.9862	－2.6326

从表 6－13 可以看到，X、Y 本身的数据并不是平稳的，而变量 X 和 Y 经过一阶差分后的数据变得平稳，都属于二阶单整序列。为了检验回归残差的平稳性，令 et = resid，进行单位根检验，结果如表 6－14 所示。

表 6－14　　残差平稳性检验结果

变量	ADF 检验值	各显著水平下的临界值		
		1%	5%	10%
et	－3.1193	－2.6607	－1.9550	－1.6091

可以看到，在 1% 的显著性水平下，残差序列不存在单位根，是平稳序列，即回归方程是两者关系的真实回归。

据此，使用最小二乘法，可以写出消费率与投资效率、投资率的回归关系式：

$$\ln\hat{Z}_t = 6.7837 - 0.0494\ln X_t - 0.7251\ln Y_t$$

$$t = (2.32243)\ (-3.6409)\ (-8.96890)$$

$$R^2 = 0.8021 \quad \overline{R^2} = 0.7856 \quad DW = 1.0256 \quad F = 48.6424$$

由于 DW 值 = 1.0256，显然存在自相关，消除自相关后的回归方程为：

$$\ln\hat{Z}_t = 8.5273 + 0.0077\ln X_t - 0.0819\ln Y_t +$$

$$t = (2.0113)\quad(-2.2066)\quad(-2.7943)$$

$$[AR(1) = 1.4909,\ AR(2) = -0.4893]$$

$$(7.3855)\qquad\qquad(-2.1181)$$

$$R^2 = 0.9376 \quad \overline{R^2} = 0.9251 \quad DW = 1.8509 \quad F = 75.1251$$

通过查表可知，在 5% 的显著性水平上 $k' = 2$，$n = 26$ 时，$d_L = 1.224$，$d_U = 1.553$，而 $d_U = 1.553 < DW = 1.8509 < 4 - d_U = 2.447$，因此，可以看出自相关已经被消除。

回归方程表明，消费率自然对数的变动与投资率自然对数呈负相关和 ICOR 的自然对数的变动呈正相关。这个回归结果和实际情况是相一致的。

从定义来看，投资率和消费率是呈相反的变化方向的：在收入一定的条件下，投资增加必然减少当期的消费，而消费增加必然减少当期的投资。

ICOR 的上升意味着投资效率的下降，即两者反向变化，而回归方程显示消费率自然对数的变动和 ICOR 的自然对数的变动呈负相关，即可推出投资效率和消费率是呈正相关。这是因为投资效率上升，意味着较少的投资也能达到同样的预期经济增长。投资减少了，就可以将更多的收入转化为消费，从而促进消费率的上升。

中国是一个人均资源很贫乏的国家，现有的资源难以支撑粗放型增长。吴敬琏经过多年研究后指出：过度依赖投资拉动增长，一定会出现投资效率下降①。短期内继续以较高投资率拉动经济增长仍是可行的策略，但长此以往必然会对经济增长或经济可持续发展构成威胁。在经济发展过程中，我们应注重投资效率的发挥，在消费约束下确定一个适度的投资率。

---

① 吴敬琏：《中国增量资本产出率达到危险水平》，《沪港经济》2006 年第 11 期。

第七章

适度投资率与消费率

本章提出了转轨经济中投资率决定的理论模型，考察了适度投资率与消费率的判定标准，并对中国未来一段时期的投资与消费比例关系进行了预测。

第一节 相关研究简述

一、钱纳里的“标准模式”

如第二章所述，西方经济增长理论的核心内容之一是对经济增长中投资作用与比率的探讨。其中，钱纳里等人基于实证研究的所谓“标准模式”有典型意义。

“标准模式”是霍利斯·钱纳里和莫伊斯·赛尔昆在概括不同收入水平国家经济结构的变化规律时所揭示出的投资率与消费率的一

般演变特征。他们在对 101 个国家 1950—1970 年之间的资料分析研究的基础上总结了人均收入从 70 美元上升到 1000 美元以上这个过程中经济结构所发生的规律性变化，认为投资率与消费率会随着人均收入水平的增长而变化，见表 7－1。

表 7－1 钱纳里“标准模式”中的投资率、消费率变化 单位:%

人均 GNP	总消费率	居民消费率	政府消费率	投资率
70 美元	89.8	77.9	11.9	13.6
100 美元	85.7	72.0	13.7	15.8
200 美元	82.0	68.6	13.4	18.8
300 美元	80.2	66.7	13.5	20.3
400 美元	79.0	65.4	13.6	21.3
500 美元	78.3	64.5	13.8	22.0
1000 美元	76.5	61.7	14.8	24.0
1000 美元以上	76.5	62.4	14.1	23.4

资料来源：霍利斯·钱纳里，莫伊斯·赛尔昆：《发展的形式：1950—1970》，经济科学出版社 1988 年版，第 31 页。

钱纳里的研究揭示了不同收入水平上的国家的投资与消费比例变化存在以下规律：

第一，人均收入在 1000 美元以下时，随着人均收入的提高，投资率与政府消费率上升，但最终消费率和居民消费率下降。在人均收入达到 1000 美元以上以后，二者就基本稳定下来。

第二，在人均收入从 100 美元以下上升到 1000 美元以上的过程中，投资率与消费率的变化呈现出阶段性：在人均收入处于 200 美元以下时，总消费率和居民消费率下降较快，而政府消费率变化不大；人均收入达 200 美元以上后，总消费率和居民消费率下降明显减慢。

通过比较可以发现，中国的投资率水平远远高于“标准模式”中的投资率水平，而消费率水平则远远低于“标准模式”中的消费率水平。1983 年我国人均收入 100 美元左右时，投资率、消费率分别为 32.8% 和 66.4%，而“标准模式”是 15.8% 和 85.7%；1996 年在人均收入 300 美元左右时，我国的“双率”是 38.8% 和 59.2%，“标准模式”是 20.3% 和 80.2%；2000 年人均收入 856 美元时，我国的“双率”是 35.3% 和 62.3%，“标准模式”是 22.0% 和 78.3%；2003 年我国人均收入达到 1090 美元时，我国的“双率”是 41.0% 和 56.8%，“标准模式”是 23.4% 和 76.5%；2006 年我国人均收入超过 2000 美元时，“双率”也还没有达到“标准模式”中 1000 美元时的水平[①]。

二、中国学者的研究

如本书第二章第四节所述，对投资率和消费率的数量界限问题，国内学者进行了长期的研究，但使用的研究的方法和得出的结论并不一致。改革开放以前，研究者主要是以马克思主义为指导，利用经验描述方法定性研究积累率的问题。如董辅礽 (1959)、薛暮桥（1958）等人的研究。到了 20 世纪 80 年代，利用西方经济学理论和数学模型方法的研究多了起来，如：项镜泉和胡乃武（1981）、刘景义（1983）、张守一（1985）等人的研究。2000 年以来，有学者从新的角度或侧面讨论了这一问题[②]。如：孙焱林（2000）、吴忠群（2002）、沈坤荣和孙文杰 (2004)、中国社会科学院经济研究所“经济增长前沿课题组” (2005)、李扬和殷剑峰（2005）、刘慧勇（2006）、罗云毅 (2007) 等人，概括起来，有以下基本观点：

---

① 中国的人均美元收入水平根据中国国家统计局公布的资料计算。

② 刘景义：《关于最佳积累率的估计》，能源出版社 1983 年版。

第一，利用有关统计数据和多种模型求解合理的投资率与消费率。有人引入消费最大化模型求解合理消费率和投资率；有人计算了投资率与投资乘数、投资增长率的数量关系，提出了投资率的数量界限或范围，但得出的结果各异。

第二，通过国际比较，认为我国的投资率偏高、消费率偏低，并认为这种状况将影响宏观经济的正常运行。但也有相反观点，认为中国经济中并不存在投资率高的问题，依据是中国总体上的投资效率较高，是储蓄率高的必然产物，是投资需求强劲所致。

第三，多视角的研究。有人从金融发展视角分析了资本形成、投资效率和储蓄转化效率与宏观经济波动；有人从投资效率和能源消耗率来研究投资率问题；有人则从技术进步、政府承担经济增长的宏观成本的角度认为，企业投资可以快速积累资本，促进经济增长，但这种增长是以不良资产、高污染、高能耗为代价，宏观上存在高投资的增长边界；还有人认为，中国的投资率和储蓄率来源于劳动力从农村向城市的流动，而劳动力的持续转移是中国改革开放以来经济增长的核心机制。

第四，投资率高、消费率低问题本身不存在。这种观点认为：如果按国际价格结构进行适当调整，中国投资率的真实国际水平，很可能在30%以下，绝对没有现行价格结构下统计出来的那样高。还有人认为：高投资率本身仅仅是个比例而已，能否真正形成强大的合理的物质资本基础并不取决于高投资率本身，而是取决于投资结构。如果高投资率之下都是绿色投资、和谐投资，那得到的必然是高速度的而且是可持续的增长和发展。

第二节 投资率衡量的理论模型

一、纳入转轨特征变量的理论模型

本书认为，从理论上说，我国转轨过程中的经济增长、制度变迁、产业变动、城市化进程、地区差异和增长方式等是投资需求的主要推动力量。如果暂不考虑投资供给因素的约束，或假定投资供给大于投资需求，那么，投资率决定的理论模型可以表示为：

$$I' = f(X_i) = f(x_1, x_2, x_3, x_4, x_5, x_6;)$$

式中，I'为投资率或投资规模；X_i 为投资率决定的需求因素，可以分解为：x_1，x_2，x_3，x_4，x_5，x_6；他们分别代表：经济增长、制度变迁（市场化）、产业变动（工业化）、城市化、地区差异、增长方式。上式说明，投资率作为被解释变量，它的变动可以由需求变量 X_i 加以解释。

本书认为，投资率决定不仅受到需求方的约束，还必然会受到供给方的影响。投资率决定的需求因素表明的是中国的转轨经济中需要一定数量的投资规模或投资率，但是，本国经济是否能满足这一需求，还必须考虑供给条件的约束。在市场经济条件下和开放经济中，宏观层面的投资率决定的供给因素是储蓄率、投资乘数和投资使用效率。如果我们用 Y_j 表示投资率决定的供给因素，用 y_1，y_2，y_3 分别表示储蓄率、投资乘数和投资使用效率，那么，纳入供给因素的投资率决定的理论模型可以表示为：

$$I' = f(X_i; Y_j) = f(x_1, x_2, x_3, x_4, x_5, x_6; y_1, y_2, y_3)$$

上式说明，投资率作为被解释变量，它的变动可以由需求变

量 X_i 和供给变量 Y_j 共同加以解释。

上式的含义是：中国的投资率决定受到转轨经济中的需求因素和供给因素的双重约束。转轨经济中的中国经济发展有着极其庞大和旺盛的投资需求，但中国是否有足够的资金去满足这种需求，则决定于投资供给，包括投资供给的数量——储蓄和投资供给的效率—投资乘数、投资使用效率。在投资需求一定的条件下，储蓄转化的效率越高、投资乘数越大、投资使用的效率越高，就越能够满足投资需求；反之，在供给一定的条件下，或者储蓄转化的效率越低、投资乘数越小、投资使用的效率越差，则要满足这极其庞大和旺盛的投资需求，就需要有更多的投资，或更高的投资率。在这里，人们的主观意志不起作用，或者只能阶段性、暂时性地发挥作用。结论是：投资需求和投资供给的均衡决定了中国转轨经济中的投资率水平。

投资率决定与上述各种因素有关，而各种因素内部又互相关联。实际上，转轨变量一方面与投资需求、投资供给互相影响，即转轨变量变动要求投资需求、投资供给的相应变动，而变动了的投资需求、投资供给又导致转轨变量的相应变化；另一方面，各转轨变量之间又是互相影响的，某一变量的改变会引起其他变量的变化，最终，是各个变量的综合作用，从需求方、供给方共同决定着投资率。因此，它们之间的关系是相当复杂的，如何量化这些关系则更为复杂。但是，可以肯定的一点是，无论转轨变量与投资需求、投资供给的关系多么复杂，转轨经济成功与否的判定标准可以简化地设定为——经济稳定、健康的增长。换句话说，经济中投资率（或投资规模）是否适应了转轨经济的要求，判定的标准同样也可以是转轨时期的经济增长状况，包括经济增长的水平与质量。适度的投资率是国民经济和谐增长的组成部分。基于这一认识，下文在计量分析时，将在考虑投资乘数和投资效率的基础上，主要从经济增长的角度来判定投资率的界限。

二、考虑投资乘数和投资效率的理论模型

在前文的研究中，得出的一个结论是投资效率、投资乘数均对投资率存在一定的影响：要想取得同样的经济增长率，如果投资效率和投资乘数较高，较低的投资率水平同样可以达到这样的目标。下面，我们就来对它们之间的具体的关系进行推导。

从本书第五、第六两章的分析可以得出以下表达式：

$K_t = \Delta GDP_t / \Delta I_t$；$ICOR_t = I_t / \Delta GDP_t$；

$r_t = I_t / GDP_t$；$r_{GDP} = \Delta GDP / GDP_{t-1}$。

以上各式中，K 为投资乘数；I 为投资额；ICOR 为边际资本产出系数；r_t 为投资率；r_{GDP}为 GDP 增长率。

通过分析，我们可以发现，投资乘数、投资增长率、投资率和经济增长率存在着一定的关系，推导过程如下：

$$\begin{aligned} r_{GDP} &= \Delta GDP / GDP_{t-1} \\ &= \frac{\Delta GDP_t}{\Delta I_t} \times \frac{\Delta I_t}{I_{t-1}} \times \frac{I_{t-1}}{GDP_{t-1}} \\ &= K_t \times i_t \times r_{t-1} \end{aligned}$$

式中，i_t 为投资增长率。由上式可以看到：

第一，经济增长率和投资率、投资乘数、投资增长率之间存在正相关关系。投资乘数、投资增长率和投资率的上升会引起经济增长率的快速上升，经济增长率是三者相乘的结果；反之，也会引起经济增长率的快速下降。

第二，在投资率和投资增长率保持不变的情况下，扩大居民边际消费倾向，使投资乘数上升，同样可以取得使经济增长的效果。这说明拉动消费同样可以起到促进经济增长的目的。

第三，在公式中包含了上期投资率 $r_{t-1} = \dfrac{I_{t-1}}{GDP_{T-1}}$，这说明了

本期经济增长的快、慢会受到上期投资情况的影响。这主要是由于固定资产投资存在一个投资期间和发挥效益的时滞，经过这个期间，投资才能发挥作用。

我们可以看出，上式中并未包含投资效率，但是由于 $K_t = \frac{1}{ICOR_t \times i_t}$，上式同样可以改写成有关投资效率的形式：

$$r_{GDP} = \frac{1}{ICOR_t} \times r_{t-1}$$

改写后的形式表明，经济增长率与边际资本产出系数成反比例关系，即在其他条件保持不变的情况下，边际资本产出系数上升，经济增长率下降；边际资本产出系数下降，则经济增长率就上升。这主要是因为，边际资本产出系数衡量的是单位 GDP 的取得所需要的投资量。边际资本产出系数下降，说明单位 GDP 所需要的投资额下降，投资效率上升，在投资率和投资增长率保持不变的情况下，一定数量的投资会带来更多的产出，从而经济增长率上升。

另外，通过推导我们还可以得出另一个有关投资率、边际资本产出系数和经济增长率的关系式：

$$\begin{aligned} r_t &= \frac{I_t}{GDP_t} = \frac{I_t}{\Delta GDP} \times \frac{\Delta GDP}{GDP_t} \\ &= ICOR_t \times \frac{\frac{\Delta GDP}{GDP_{t-1}}}{\frac{GDP_{t-1} + \Delta GDP}{GDP_{t-1}}} \\ &= ICOR_t \times \frac{r_{GDP}}{1 + r_{GDP}} \end{aligned}$$

由以上表达式可以看出，投资率与边际资本产出系数成正比例。在保持经济增长率不变的情况下，边际资本产出系数越高，投资率也就越高，反之亦然。其原因主要是：边际资本产出系数越高，说明单位 GDP 增长需要有更多的资金投入，从而引起投资率的上升；这个系数越低，说明一定数额的投资能够拉动更大幅度的 GDP 增长，在保持经济增长率不变的情况下，就只需要较少的投资便能取得同样的经济增长效果。

三、基于消费、投资、经济增长关系的理论模型

利用凯恩斯绝对收入假说和投资理论以及 IS－LM 模型，下面我们推导消费、投资、与经济增长关系的理论模型。

在 IS－LM 模型中，投资是利息率的函数：I＝I（r）。其中，I 为投资额，r 为利率，即投资取决于利息率，并且与利息率成反方向变动[①]。按照凯恩斯绝对收入假说和投资理论，消费、投资与经济增长存在着以下关系：

$$r_1 = \frac{\Delta C}{C_{t-1}} = \frac{C_t - C_{t-1}}{C_{t-1}} = \frac{a + bY}{C_{t-1}} - 1$$

$$r_2 = \frac{Y_t - Y_{t-1}}{Y_{t-1}}$$

$$Y = (1 + r_2)\ Y_{t-1}$$

上式中，C_{t-1}为基期的消费额；r_1 为消费增长率；r_2 为收入的增长率；Y_{t-1}为基期的收入额。

根据以上三个公式可以推导出消费增长率与经济增长率的关系式，其具体形式为：

$$r_1 = \frac{a + b\ (1 + r_2)\ Y_{t-1}}{C_{t-1}} - 1$$

在 IS－LM 模型中，假定 I＝S，则 I 可以表示为：

① N. 格里高利·曼昆，张帆、梁晓钟译：《宏观经济学》，中国人民大学出版社 2005 年版，第 254 页。

$$I = Y - C = Y - (a + bY) = (1 - b)Y - a$$

同样可以列出以下几个关系式：

$$r_3 = \frac{I_t - I_{t-1}}{I_{t-1}}; \qquad r_2 = \frac{Y_t - Y_{t-1}}{Y_{t-1}}$$

使用同样的方法可推出投资增长率与经济增长率的关系式：

$$r_3 = \frac{[(1-b)(1+r_Y)Y_{t-1}] - a}{I_{t-1}} - 1$$

其中，r_3 为投资增长率。

经过以上的推导可以看到，消费增长率、投资增长率与经济增长之间存在确定的关系：一般来讲，在其他条件保持不变的前提下，消费增长率、投资增长率与经济增长率之间存在着正相关的关系，同时上升或者同时下降，投资与消费的变动情况与经济的发展状况紧密联系在一起。

第三节 适度投资率判定与测算

一、适度投资率的概念

一定时期内全社会为了形成物质资本而已投入和需要继续投入的资源量与国民经济的适应状况有三种情况：一是投资膨胀[①]，即投资严重超过经济系统的承受力；二是投资不足，即投资不能满足经济系统正常运行的需要，导致社会资源利用不足。

① 由于经济系统的承受力不是一个可以用数值来精确表示的量，投资活动对资源的需求是否超过经济系统的承受能力，也没有一个客观的标准，因此，投资膨胀（或过热）总地看来不是一个严格的、科学的概念。但尽管如此，现实中确实出现了投资膨胀的现象。投资不足的概念亦如此。

这两种情况都将严重影响经济的健康运行。三是投资适度，即投资与经济生态系统相适应，整个经济持续、稳定、协调发展的一种经济现象。

适度投资率的标志是：

第一，符合投资率演变的一般规律，又符合我国的具体国情。转轨经济是我国不同于世界其他国家的最明显的国情。投资与消费的关系必须与13亿人口向市场经济体制的转变，向工业化、城市化的过渡和经济增长方式的转变相适应，必须考虑二元经济结构和巨大的地区差异状况。

第二，与适度的经济增长相适应。所谓“适度”的经济增长，一是要和资源、环境的承载力相适应，二是要和技术条件与经济体制所决定的潜在增长相适应，三是要和市场竞争与经济结构调整的内在要求相适应。

第三，与国民储蓄水平相适应。在封闭经济条件下，如果储蓄不能全部转化为投资，必然导致产出水平的下降；在开放经济条件下，如果储蓄不能全部转化为投资，其剩余部分必须转化为国外储蓄，即由国外投资者运用的储蓄。因此，在我们判断投资率水平是否恰当时，应首先注意储蓄—投资的平衡态势。在储蓄水平既定的前提下，如果不考虑国外储蓄，则所谓适度的投资率应与储蓄水平相当，以避免总产出水平的下降。

第四，与消费率要协调。协调表现在两个方面，一是有利于提高投资乘数和加速数的效应，在同量经济增长的条件下，消费率更高，会提升整个社会的福利；或是在投资率、消费率一定的条件下，改善投资效率，从而使新一轮的产出水平更高，为下一期的社会福利提升奠定物质基础。一味强调现期消费需求，势必影响未来的发展；相反，若投资率过高，势必影响现期消费。

第五，短期来看，必须注意投资规模与物价的关系。在中国，投资与通货膨胀是存在着直接的联系的，改革开放以来历次的物价剧烈变动都与投资过热有关。观察表7－2和第三章的表3－1我们可以看到，CPI与投资率之间存在正相关的关系，使用Eviews5.1进行格兰杰因果关系检验CPI和投资率的关系，结果显示，目前投资率已经在一定程度上引起了通货膨胀现象的出现。投资规模的扩大，会增加居民收入，造成商品要素紧张，推动物价的上涨。

表7－2　1990—2007年居民消费价格指数　上年＝100

年份	CPI	年份	CPI	年份	CPI
1990	103.1	1996	108.3	2002	99.2
1991	103.4	1997	102.8	2003	101.2
1992	106.4	1998	99.2	2004	103.9
1993	114.7	1999	98.6	2005	101.8
1994	124.1	2000	100.4	2006	101.5
1995	117.1	2001	100.7	2007	104.8

数据来源：国家统计局：《中国统计年鉴2007》；《2007年国民经济和社会发展统计公报》。

适度的投资率或适度的投资规模，是保持国民经济持续稳定增长、经济良性循环的重要条件和标志。1978年至今，我国已先后出现过四次投资过热和通货膨胀（分别是1980年、1985年、1988—1989年和1993—1995年。2003年以来的情况仍有争论，较多的人认为是投资偏热加通货膨胀），每次都不得不人为压缩投资规模，造成经济效率的重大损失。

二、转轨时期投资率的判定

（一）消费率与投资率的一般关系判定

如前文所述，与世界各国比较，中国的投资率高，消费率低。但是，考虑到中国转轨经济的特征，消费率一段时期内下降，投资率上升是正常的。

近年来投资率和消费率处于相对稳定的高企状态表明，我国的投资率整体偏高，消费率整体偏低。尤其是投资率的波动明显，不利于经济协调稳定的发展。

结合国际发展的一些经验，在经济快速增长阶段，投资率高一些或逐步提高对经济的发展较为有利。如日本在经济高速增长的 20 世纪 60—70 年代，新加坡在 20 世纪 70—80 年代，投资率均较高。因此，定性判断，未来 10 年，我国的投资率在 35%—40% 之间，消费率在 55%—65% 之间应该是正常的。

（二）投资率与经济增长协调关系判定

确定经济增长的合理运行区间是一个很复杂的问题，必须综合考虑各方面的因素，既要考虑国内因素，又要考虑国外因素；既要考虑经济发展中的各种有利因素，又要考虑各种不利因素；既要考虑历史的因素，又要考虑现实的情况。确定经济波动的合理运行区间的标准是：这个区间是在经济运行中能够实现的，可使社会资源达到充分或比较充分利用状态的，有利于经济系统的长期稳定的增长。经济波动的可运行区间由上限和下限组成。上限不能太高，太高的经济增长率难以实现，即使实现，也无法维持；下限不能太低，如果太低，社会资源没有达到充分的利用。

2008 年《第一财经日报》开展的“经济学家调研”结果显示：在 2008 年中期中国通货膨胀和经济减速双重压力的背景下，经济增长率成为经济学家们共同关心的一个焦点问题。在来自官方、学术界、市场的共计 60 位经济学家中，有 53% 的人认为，中国经济社会能承受的最低经济增长率是 8%，18% 的人给出的是 9%，还有 1 位认为是 10%。有 17% 的人认为是 7%，8% 的人认为是6%。累计来看，有73%的经济学家认同最低经济增长率是8%及以上①。他们同时认为，如果经济增长在最低经济增长率之上，则宏观调控政策有紧缩空间，而在这之下则经济政策必然要以保增长为主。因为经济减速会给就业、银行业不良资产等造成影响。中国能承受的最低经济增长率8%，是经济学家们给出的一个具有重要参考意义的指标。

本书认为，经济增长率应是一个波动区间，应分别确定其波动的上限和下限。

1. 下限的确定。本书采用系统化方法分析确定经济可运行区间的下限。所谓系统化方法，主要是指根据各种并列的客观原则进行研究，这些原则主要有：多数原则、半数原则、少数原则、均数原则、负数原则等，然后将各种结果加以综合，得到可以使多数人接受的比较科学的结论。

（1）多数原则。将1978—2006年的经济增长率由小到大排序，共有29个数据，取2/3就是19个数据，从最大的向上倒数19个数据，得到8.8%—15.2%这个区间。按照多数原则，经济增长率的波动区间的下限为8.8%以上。

（2）半数原则。根据这一原则，中国经济自1978年来至少有一半年份是处于可运行区间范围内，否则就无法解释我国的经济增长。因此，可运行区间可取中位数所对应的增长率。依增长率的排序，其中位数为第15个数据，即9.3%，故经济波动的下限为9.3%。

（3）均数原则。按照这一原则，1978—2006年间经济的平均增长率为9.6%，这个数值可以认为是中国经济波动的中心

① 经济学家调研项目：《八成经济学家认为宏调政策应“一防一保”》，《第一财经日报》，2008年7月14日。

点，可作为经济波动的下限。

（4）少数原则。按照这一原则，确定经济波动的可运行区间可以采用大多数人公认的少数黄金年份的增长率。例如，中国改革初期的1980—1984年和21世纪初的2000—2003年这两个时期是经济发展较为健康和稳定的时期，1980—1984年经济波动的范围是5.2%—15.2%，2000—2003年是7.5%—9.5%。按少数原则，经济波动的可运行区间的下限应为6.35%。

（5）负数原则。根据这一原则，凡是零增长或负增长均属于有警状态，都应在经济波动的可运行区间之外。故可运行区间的下限最小为0。

（6）人数原则。根据这一原则，经济增长率的下限是人口增长率。如果经济增长率低于人口增长率，则人均经济发展水平就会下降，就会处于倒退状态。因此，应该把人口增长率作为可运行区间的下限。我们取2001年中国的人口增长率0.587%。按此原则，经济波动的可运行区间的下限为0.587%。

将上述原则确定的下限进行综合平均，得出经济增长率的波动下限为6.9%。

2. 上限的确定。可运行区间的上限即经济波动的波峰，亦即经济运行的最高点。经济增长如果超过这个高点，则会导致经济迅速的严重的衰退，影响经济增长的长期性与稳定性。分析改革后的经济增长波动趋势，经济增长有13年在10%以上，有16年在10%以下。但2005年以后，经济增长从10.2%逐年攀升到2006年的10.7%（2007年达11.4%）。随着经济规模的不断扩大，经济增长速度的放缓是一必然趋势。因此，不宜将改革后的平均峰值作为经济增长的上限，而将改革后到2006年间的平均增长率9.6%作为经济增长的上限。这个9.6%是我国改革开放30年经济增长的平均水平。在这一期间，既经历了改革初的各种改革优势，又经历了这一优势减弱的时期，因体制改革而产生的各种优势在我国今后的经济发展中的作用会越来越弱。据此，可以认为中国今后经济发展所面临的环境大致与改革后到2007年这段时间相同：既没有改革之初的各种改革优势，又不存在因失去这一优势所产生的影响。因此，把改革后到2006年间的平均增长率9.6%确定为未来经济波动的可运行区间的上限是较合理的。

3. 合理投资率的波动区间。假设经济社会处于正常的市场经济条件下，投资对收入具有决定作用，这一理论可以用函数关系表述如下：

$$Y = (\alpha + I) / (1 - \beta)$$

$$i_t = (1 - \beta) - \alpha / Y_{t-1}(1 + r_y)$$

式中，Y为国内生产总值；I为总投资；$i = I/Y$为投资率；α为自发消费；β为边际消费倾向；r_i为投资增长率；r_y为国内生产总值增长率。

从上式中可以看出，当经济增长率为r_y时，要求投资率为$i_t = (1 - \beta) - \alpha / Y_{t-1}(1 + r_y)$。投资率与经济增长率具有一种正向的关联关系：有较高的投资率，就有较高的经济增长率。要知道合理的投资率的波动空间，只要根据合理的经济增长率的波动空间就可以推出。

以上经济增长率和投资率的数值是根据现有的历史数据进行拟合得出的，其结论说明过去情况并可作为今后的参考，因为在我国的经济发展中有过多次失误，而这些因素也参与形成了结论。

（三）储蓄转化标准

就储蓄向投资的转化而言，1978年至今，中国的高储蓄率支撑着高投资率，储蓄在大多数年份里有缺口（见第六章），直观来看，在"收入——消费——储蓄——投资"这一转化链条中，储蓄占收入比例相对较高，应该是导致投资率偏高的直接原因。以储蓄率标准来衡量，我们似乎可以说投资率并不高，或者说，是高储蓄率在"强迫"着高投资率。实际上，有的学者正是据此得出中国的投资率不高，与储蓄率比较，投资率应该更高一些才对的结论[①]。但是，仔细分析可以看到，储蓄率高是由于消费占收入的比例相对较低而造成，它并不能说明投资率的适度与否。正如同一个集体的理性行为的结果，不一定是理性的一样，比较低的消费率[②]的合理性、比较高的投资率的合理性不能仅考虑储蓄率这一个指标。

（四）投资乘数与投资效率

对于投资率与消费率协调程度的判定可以分别根据资本生产率和增量产出比率两个指标来进行分析，根据这些指标值的大小可以判断投资率与消费率是否协调。在 1978—1990 年间，中国的资本生产率增长率时正时负（见第六章），这说明了中国投资率与消费率之间的协调关系波动较大，经济增长质量很不稳定；从 1991 年开始，资本生产率增长率均为正值，根据判断标准，说明投资率和消费率趋于协调。同样可以发现，2000 年以后，资本生产率增长率的数值正在逐渐变小，说明了投资率和消费率的协调关系又有所下降。

在 1980—1996 年期间，ICOR 的值在 2 左右变动；而在

---

① 罗云毅：《投资率本质上是由消费率决定的》，《中国投资》，2004 年第 6 期。

② 必须指出，低消费率并不意味着低消费。它们之间在某些条件下会有联系，但不是一个概念。

1997—2006 年期间，ICOR 值有了较大的提高，这就说明了投资效率的下降，有更大百分比的 GDP 变成了投资，使得投资率上升、消费率下降，这和目前中国的现状是相吻合的。

三、“十一五”期间与未来一段时期投资率与投资增长预测

（一）基于历史数据的经验判断

吴忠群（2002）等将中国经济发展分为几个阶段来测算投资与消费的关系①，本书借鉴这种历史分析法，以改革开放以来的历史资料作为依据，预测整个“十一五”期间的投资、消费数量关系。1978—2006 年，中国的经济增长率平均为 9.6%，最高的 1984 年为 15.2%，最低的 1990 年为 3.8%；投资率平均为 37.33%，最高的 2004 年为 43.2%，最低的 1982 年为 31.9%；消费率平均为 61.33%，最高的 1981 年为 67%，最低的 2006 年为 49.9%。考虑到 2007 年以来中国经济发展的内外部环境发生的深刻变化，预计整个“十一五”期间的投资率、消费率将在 55% 和 40% 左右。经济增长率将平均保持在 10% 左右。中长期而言，我国合理的投资率与消费率的比值应逐步过到65%：35% 左右的水平。

（二）时间序列回归预测

1. 模型设计。为了对投资率和消费率进行预测，根据经济增长率与投资率、消费率之间的关系，可以设计如下单变量计量模型：

$$Y_{1t} = \alpha_1 + \alpha_2 X_t + e_t$$

① 吴忠群：《中国经济增长中消费和投资的确定》，《中国社会科学》，2002 年第 3 期。

$$Y_{2t} = \alpha_1 + \alpha_2 X_t + u_t$$

在上式中 Y_1 为投资率；Y_2 为消费率；X_t 为 GDP 增长率。

2. 计量分析。投资率、消费率、经济增长率使用本书第三章表 3-1 的数据。由于采用的是时间序列数据，所以必须对各变量进行协整分析。下面首先采用 ADF 单位根检验方法来检验变量的平稳性。使用 Eviews 5.1，检验结果如表 7-3。

表 7-3　　ADF 检验结果 1

变　量	ADF 检验值	各显著水平下的临界值		
		1%	5%	10%
Y_1	-1.2842	-3.6892	-2.9719	-2.6251
Y_2	1.4079	-3.6892	-2.9719	-2.6251
X_t	-2.9629	-3.6892	-2.9719	-2.6251
Y_1 一阶差分	-4.0579	-3.6999	-2.9763	-2.6274
Y_2 一阶差分	-3.0897	-3.6999	-2.9763	-2.6274
X_t 一阶差分	-4.6755	-3.6999	-2.9763	-2.6274

由检验结果可知，变量 Y_1、Y_2、X_t 序列都是一阶单整的。下面来检验 Y_1 与 X_t、Y_2 和 X_t 之间是否存在协整关系。

式 Y_1 的回归残差平稳性检验结果见表 7-4。

表 7-4　　ADF 检验结果 2

变　量	ADF 检验值	各显著水平下的临界值		
		1%	5%	10%
Resid1	-2.5232	-2.6501	-1.9534	-1.6098

式 Y_2 的回归残差平稳性检验结果见表 7-5。

表 7－5　　**ADF 检验结果 3**

变　量	ADF 检验值	各显著水平下的临界值		
		1%	5%	10%
Resid2	－3.5126	－2.6501	－1.9534	－1.6098

由此可以看出，Y_1 与 X_t、Y_2 和 X_t 之间是存在协整关系。可以建立之间的回归方程，回归结果如下：

$$Y_{1t} = 30.1526 + 0.9857X_t$$

$$Y_{2t} = 55.7085 + 1.0416X_t$$

3. 预测结果。上述协整分析说明投资率与 GDP 增长率、消费率与 GDP 增长率存在着回归关系，因此，可以用回归方程进行预测。

根据 2020 年远景发展规划，我国的经济增长率将保持在 7%—8%，据此可以预测投资率和消费率的变动范围。

当 GDP 增长率为 7% 时：

投资率 $= 30.1526 + 0.9857 \times 7 = 37.0525$

消费率 $= 55.7085 + 1.0416 \times 7 = 62.9997$

当 GDP 增长率为 8% 时：

投资率 $= 30.1526 + 0.9857 \times 8 = 38.0382$

消费率 $= 55.7085 + 1.0416 \times 8 = 64.0413$

预测表明，当经济增长率保持在 7%—8% 时，投资率变动范围是［37.0525，38.0382］；消费率变动范围是［62.9997，64.0413］。而当经济增长达到 11% 时，投资率和消费率将达到［41.00，67.17］。从投资率的角度来看，在经济增长达到 7%—8% 时，投资率将在 37% 以上；而当经济增长达到 11% 的高速时，投资率将高达 41%。从消费率的角度来看，在经济增长达到 7%—8% 时，消费率将在 64% 以上；而当经济增长达到 11%

时，消费率也将达到67%以上。实际上，2005—2006年我国经济增长达到10%以上时，投资率为42%以上，消费率则低至50%左右。由此可见，要维持年经济增长速度10%的水平，目前的投资消费比例结构是不可持续的，投资率偏高、消费率过低已经是不争的事实，必须有所改变。

（三）考虑投资效率的理论模型预测

根据前文的讨论，投资效率与投资率之间存在着一定的关系：具体关系式表达如下：

$$r_t = ICOR_t \times \frac{r_{GDP}}{1 + r_{GDP}}$$

根据中国历年的ICOR值可知，ICOR值在超过5的年份，经济都出现了过热的现象，因此，为了促进经济持续健康发展，假定能够承受的最大ICOR值为5。下面就以这一数值为基准来对投资率范围进行计算。

$$r_t = 5 \times \frac{r_{GDP}}{1 + r_{GDP}}$$

当经济增长率为7%和8%时，投资率为：

$$r' = 5 \times \frac{0.07}{1 + 0.07} = 32.71\%$$

$$r'' = 5 \times \frac{0.08}{1 + 0.08} = 37.04\%$$

因此，投资率范围是［0.3271，0.3704］，相应的消费率的区间是［0.6729，0.6296］。

当经济增长率为11%、ICOR取值分别为4和2时，计算可得投资率为：39.6%和19.8%，相应的消费率是60.4%、80.2%。

很显然，当ICOR值变小即投资使用效率提高时，投资率、消费率的关系将大为改善。提高投资效率对降低投资率和提高消费率有积极作用。

（四）投资增长与经济增长关系的理论模型预测

由前所述，利用投资增长与经济增长的关系也可以帮助预测投资率的范围。从上文分析可以知道，基于绝对收入理论和投资理论推导出投资与经济增长之间的关系式为：

消费增长率为：

$$r_1 = \frac{a + bY}{C_{t-1}} - 1$$

投资增长率为：

$$r_3 = \frac{[(1-b)(1+r_Y)Y_{t-1}] - a}{I_{t-1}} - 1$$

为了求出适度投资率和消费率范围，首先需要估算 a 和 b 的大小。下面使用最小二乘法来估算这两个系数的大小。

$$Y = a + bX + e_t$$

其中，Y 为居民消费额；X 为居民可支配收入。

由于涉及经济增长率和投资增长率，在下面的分析中将数据用可比价格（以 1978 年价格指数为 100）对数据进行了处理，见表 7-6。

表 7-6 按可比价格计算的 GDP、最终消费和资本形成数据

单位：亿元

年份	GDP	最终消费	资本形成	年份	GDP	最终消费	资本形成
1978	3605.6	2239.1	1377.9	1982	4866.3	3225.1	1560.5
1979	3994.1	2568.0	1445.3	1983	5306.8	3511.4	1751.1
1980	4210.3	2753.1	1470.9	1984	6087.0	3988.5	2097.4
1981	4427.6	2989.3	1428.2	1985	6863.5	4506.6	2638.6

续表

年　份	GDP	最终消费	资本形成	年　份	GDP	最终消费	资本形成
1986	7461.6	4817.4	2832.1	1997	19667.6	11444.2	7473.1
1987	8088.3	5114.1	2966.4	1998	21300.4	12511.7	7966.0
1988	8514.2	5419.8	3181.8	1999	22977.5	13819.5	8533.0
1989	8095.4	5190.0	2996.6	2000	25209.1	15406.6	9170.4
1990	8820.2	5471.9	3102.6	2001	28129.2	16812.4	10687.8
1991	9958.7	6151.6	3517.5	2002	31253.5	18191.9	12255.2
1992	11484.8	7083.5	4278.9	2003	35397.0	19625.9	14991.2
1993	13535.0	7917.7	5883.9	2004	40556.6	21486.7	17609.8
1994	15518.0	8638.3	6209.1	2005	46902.2	24315.3	20045.8
1995	16430.9	9445.4	6705.1	2006	54163.3	27039.5	23045.3
1996	18086.4	10588.6	7111.5				

资料来源：数据来自《中国统计年鉴2007》，并进行处理后所得。

使用Eviews 5.1进行计量分析，回归结果如下：

$$\hat{Y}_t = 1071.636 + 0.5125X_t$$

$$t = (5.2712)\ (55.0507)$$

$R^2 = 0.9915 \quad \overline{R^2} = 0.9912 \quad DW = 0.2628 \quad F = 3030.574$

显然，模型存在自相关，统计量的结论并不可信，因此需要采取补救措施来消除自相关。下面选取科克伦－奥科特迭代法来消除自相关问题。

令 e = resid，可得到 e_t 滞后一期的自回归方程：

$$e_t = 0.9744e_{t-1}，即：\hat{\rho} = 0.9744$$

得到回归方程：

$$\hat{Y}_t^* = 226.6967 + 0.3906X_t^*$$

$$t = (3.5537)\ (18.0507)$$

$R^2 = 0.9314 \quad \overline{R^2} = 0.9285 \quad DW = 1.9684 \quad F = 325.8290$

可以看出，以上模型中各统计量均显著，回归方程的结果代表了真实回归，可以使用该结果来进行分析。

由回归结果可以计算出 a、b 的值：

$$a = \frac{226.6967}{1 - \hat{\rho}} = 8855.34$$

$$b = 0.3906$$

以 2006 年的 GDP 和资本形成额为基准，可以计算出适度的投资增长率：

（1）当 $r_{GDP} = 7\%$ 时，

$$r_3 = \frac{[(1 - 0.3906)(1 + 0.07) \times 54163.3] - 8855.34}{23045.3} - 1$$

$$= 0.148$$

（2）当 $r_{GDP} = 8\%$ 时，

$$r_3 = \frac{[(1 - 0.3906)(1 + 0.08) \times 54163.3] - 8855.34}{23045.3} - 1$$

$$= 0.163$$

综上所述，投资增长率为［14.8，16.3］。

同理，也可以计算出消费增长率：

（1）当 $r_{GDP} = 7\%$ 时，

$$r_1 = \frac{8855.34 + 0.3906(1 + 0.07) \times 54163.3}{27039.5} - 1$$

$$= 0.164$$

（2）当 $r_{GDP} = 8\%$ 时，

$$r_1 = \frac{8855.34 + 0.3906(1 + 0.08) \times 54163.3}{27039.5} - 1$$

$$= 0.172$$

即消费增长率为［0.164，0.172］。

四、小结

综合以上分析，基于历史数据的判断和计量分析与预测，中国“十一五”期间适度的投资率、消费率数量关系在40%∶55%左右。中长期来看，如果通过提高投资效率来提高投资在经济增长中的作用，通过提高居民消费率、从而降低储蓄率来扩大投资乘数的作用，当中国的年经济增长率维持在8%左右时，适度的投资率、消费率应分别在35%、65%左右。

第八章

研究结论、政策建议与研究展望

本书以转轨时期的投资率为研究对象，较系统地归纳了国内外现有的主要投资决定理论，对投资、消费的比例关系进行了国际比较，重点考察了影响投资率的主要因素，提出了投资率决定的理论模型，探讨了我国适度投资率和消费率的数量范围。本章将概括主要研究结论，同时提出若干政策建议和未来进一步研究的方向。

第一节 主要研究结论

通过研究，本书得到了如下一些基本结论。

投资、消费比例的国际比较是非常重要

的，因为它说明了中国的投资、消费比例关系的相对状况。无论是与钱纳里的“标准模式”比较，还是与世界各国、地区的不同时期比较，基本结论是：中国的投资率高而消费率低。

中国的投资需求和供给的决定不同于传统社会主义经济体制下投资的决定，也不同于西方经济学所描述的市场经济条件下的投资决定。中国投资率的决定必须纳入转轨经济的框架中加以研究。

投资需求决定的基本因素包括：经济增长、国有和非国有经济投资、产业结构变动和重化工业倾向、城市化进程中的城市基础设施建设投资和房地产投资、地区差异和高投入的经济增长方式。投资供给决定的主要因素包括：储蓄、储蓄向投资的转化和转化过程中的效率。投资供求决定因素中同时包括银行信贷、金融政策、政府行为等短期影响的因素。

投资总量增长与国内生产总值增长之间存在显著的影响关系。高经济增长或总需求增长是投资率高企的原因。粗放型的经济增长过分依靠投资拉动，缺少消费需求的持久性动力。中国消费率低的实质是居民消费率低，增长乏力。

非国有经济的发展及其投资的增长使投资率提高；市场化程度较高，消费需求也会提高，市场化指数与消费之间有正向的影响；三次产业结构变动中，第二产业、特别是重化工业的快速发展，是投资规模快速增长、投资率提高的重要因素；城市化进程中的房地产投资和城市建设投资分别占全社会投资的20%和5%左右，对投资增长和投资率有重大的推动作用；东中西部经济发展水平差异对地区投资率与消费率有一定影响。

中国的投资乘数作用低下，不利于经济的高效率增长。其成因是居民的消费率低和居民的收入差距偏大。

储蓄资源没有在国内得到充分利用和有效转化。投资效益系数和边际资本产出系数的低效率与高投资率、低消费率相关。

适度投资率与消费率是客观存在的。从理论上说，可以建立包括转轨特征变量和考虑投资乘数、投资效率的理论模型，测算适度投资率与消费率。

消费、投资共同拉动经济增长的格局更加有利于经济持续稳定增长。经济增长应由投资拉动型向投资、消费共同拉动的格局转变。

第二节　政策建议

一、保持适度投资规模

未来的经济发展，应在优化结构、提高效益、降低消耗、保护环境的基础上，转变发展方式，提高经济增长质量，保持经济平稳可持续发展。为此，必须保持适度的投资规模。投资如果增长太快，经济就会过热，并非好事。但在转轨时期投资和资本积累乃是增长的一个最主要动力，也是实现城市化、工业化、现代化的必经之路。

今后一段时期内，与消费密切相关的固定资产投资仍要保持适度增长。如城市住房投资和基础设施投资；为缓解经济发展的资源环境瓶颈制约，要加快节能减排重点工程建设，加大淘汰落后产能和工业污染治理力度和水污染处理设施的建设。要加强农业特别是中西部地区农村的水利、交通、电力、通信条件、饮水安全等基础设施的建设。要加大反映消费结构的积极变化的第三产业投资的比重和增长速度。要加大对产业升级、产品换代、提高资源配置效率和新兴部门企业的国际竞争能力的投资。要加快中、西部地区的投资建设。还有应对特大自然灾害的巨额重建投资等①。长期而言，保持总需求各部分的稳定增长，要求消费、出口、投资都要平衡稳定地增长，这样一个比较平衡的格局符合转轨阶段中国的需要。

从综合资源、生产技术和劳动力状况以及近10年来经济运行的情况看，中国经济的潜在增长率约在8%—10%之间，增长率过高容易造成经济过热和粗放式增长，过低又会导致资源利用不足特别是劳动力就业的不足。根据预测，今后一个时期内中国的经济增长率将保持在7%—10%左右。这个增长率是符合经济承载能力的，是适度的②。以此判断，中国的适度的投资率应在32%—40%之间。然后，投资率将从“高位平稳适度回落”。消费率将“缓慢稳步提高”。

保持适度投资规模要牢固地树立和落实科学发展观和正确的政绩观，抑制各级地方政府投资的扩张冲动。我国已经明确提出科学发展观的概念，但与此同时，经济却在向投资膨胀和产业结构高度重型化演变，由此引起的高消耗、低资源利用率以及环境污染的威胁，与科学发展观的要求形成强烈的矛盾冲突。地方政府为突出政绩的重复建设，为多出、快出业绩，寻求“短平快”

---

① 中国是自然灾害发生较频繁的国家，经济发展常常遭受重大自然灾害的影响。2008年中国对外公布的《国家汶川地震灾后恢复重建总体规划（公开征求意见稿）》测算的灾区恢复重建资金总需求约为1万亿元。相当于四川省2007年的GDP总额和全国财政收入的近1/5。韩涵：《一万亿重建资金如何用得更有效率》，《新京报》，2008年8月14日，第2版。

② 由于内、外部发展环境变化，如美国、欧洲经济发展放缓，“次贷”危机引发金融动荡，一些周边国家如印度、越南、泰国出现通货膨胀和经济波动；工资、利率和原材料价格不断提高挤压了企业的利润空间；人民币升值、国际石油价格和一些原材料价格上升过快导致许多外向型企业成本上升过快，出口困难等。中国经济会在2006—2007年连续2年增长11%以上的基础上有所下降，这是正常的。

的经济增长点，对投资规模大幅度增长起到了推波助澜的作用；投资效率低下，投资结构不合理，成为经济长远发展的桎梏。应改善对于政府政绩的评价机制，从源头上控制地方政府的短期行为。

保持适度投资规模要利用金融政策调控货币供给和信贷规模。灵活运用存款准备金、利率、公开市场业务、汇率等金融政策工具，反周期运行，熨平投资和经济的周期性波动。

保持适度投资规模要发挥职能部门对投资建设项目的宏观监管。定期对在建和拟建项目进行清理：对由市场因素引发的企业投资行为要用经济手段加以调控，并要保护好、引导好、发挥好其投资的积极性；对由行政力量推动的、违反国家有关规定的在建项目要停建缓建，影响恶劣的典型案件要公开曝光，并严格追究有关领导人的责任；对于已经出现明显过剩的行业，要通过土地政策、产业政策、市场准入等强制措施，严格限制。

保持适度投资规模要采取有效措施调节房地产投资，保持房地产市场供求的相对均衡。在国家已经连续出台多项调控政策的基础上，要注意政策的协调配合，解决房地产投资规模增长过快，价格上涨幅度过大、住房结构性失调等问题，遏制投机性炒房，控制投资性购房，促进住房价格的基本稳定和房地产业的健康发展。

保持适度投资规模要建立与市场经济要求相适应的投资宏观调控体系。在市场经济条件下，财政和金融通过调节资金流动起着调节整个投资运行的作用。财政收入总量、结构影响着微观经济主体的可支配收入总量和支出结构。财政支出中投资支出的总量和结构则直接影响全社会投资的总规模及其结构。货币金融部门通过扩张和收缩货币供应总量和信贷规模，决定各经济主体投资资金的可得性；并通过对利率的调节，影响各经济主体取得资金的成本和社会资金的流向。投资宏观调控的首位任务是寻求储蓄与投资、货币供求的总量及结构均衡，然后是寻求货币供求与商品供求的均衡。

二、调整投资结构

中国经济运行中出现的经济增速过快或增速明显回落，通货膨胀压力增大或紧缩，都与投资规模和投资率直接相关，而投资规模和投资率虽然是总量问题，但根源都是结构性问题，具体表现在：第一，需求结构中过度依赖投资和出口，消费对经济增长的拉动作用较弱。第二，产业结构中过度依赖工业特别是重化工业扩张，服务业发展相对滞后。第三，要素结构中过度依赖低成本、资源和生产要素的投入，科技进步和创新的贡献率偏低。这也是我国经济增长中资源消耗多、环境污染重、整体素质不高、运行不稳定和产业结构不合理的重要原因。这些都要求我们在保持适度投资规模的同时，调整、优化投资结构，促进经济增长方式的转变。

一是加快调整产业结构，努力形成以现代服务业为主的产业结构。二是全面推进工业结构优化升级，努力建设国际先进制造业基地。三是统筹城乡发展，全面深化农村改革，大力发展现代农业。四是坚持走新型城市化道路，构建完备的城镇体系，完善和提升城市功能。五是积极推进重大基础设施一体化建设，增强区域发展支撑能力。六是提高土地节约和集约利用水平，大力推进节能降耗和环境保护，全面提高可持续发展能力。

优化投资结构要与合理引导银行货币信贷的投放相结合。着力加大信贷结构调整力度。贯彻落实“区别对待、有保有压”的方针，优化信贷结构，支持重点领域和薄弱环节发展。

财政资金的再分配应该与增加基础设施投资同步进行。其中，核心是城市基础设施建设和铁路网和公路网的修建。

通过投资结构的调整，促进产业结构的优化，形成以农业为基础、高新技术产业为先导、基础产业和制造业为支撑、服务业全面发展的一、二、三产业协调发展格局。

三、发挥投资乘数效应

刺激居民消费是发挥投资乘数效应的关键。

（一）提高居民总体收入水平

1. 国民收入分配向居民部门倾斜。1978—2000 年间我国居民部门在国民收入分配结构中所占比重不断提高，企业部门略有提高，政府部门持续下降。但近些年来，这一格局有所变化，政府部门和企业部门所占比例逐步回升，居民部门所占比重则有所降低①。由此在一定程度上影响了居民的消费意愿和消费能力。

要注意运用财政政策以增加居民实际收入，应对物价上涨，稳定消费需求。如提高个税起征点并与通货膨胀和收入增长挂钩。健全居民收入增长机制，逐步提高居民收入在国民收入分配中的比重，提高劳动报酬在初次分配中的比重。贯彻实施《就业促进法》和《劳动合同法》。坚持实行积极的就业政策，促进以创业带动就业。建立企业职工工资正常增长和支付保障机制，推动建立工资集体协商制度，完善工资指导线制度，健全并落实最低工资制度。提高企业退休人员基本养老金水平，加大对城镇低收入群体的财政补贴力度。各种政策的落实到位，加之适时加

---

① 中国的税收已达到历史最高水平。2008 年前 7 个月预算收入为 3.67 万亿元人民币，全年可能达到 6 万亿元人民币，约占 GDP 的 21%，是 20 世纪 90 年代最低水平的两倍。预算外收入也大幅度增加。国有企业的利润可能达到 GDP 的 6%。

大财税杠杆对收入分配不合理结构的调节力度，将从制度层面为城镇居民收入实现较快增长创造条件。

2. 提高居民的财产性收入。胡锦涛同志在党的十七大报告中，在讲到“加快推进以改善民生为重点的社会建设”时指出，要“创造条件让更多群众拥有财产性收入”。这是中国共产党中央文件中第一次明确地提出这一重要命题。如何创造条件，让更多的群众拥有更多的财产性收入，将是今后提高居民总体收入水平、加快推进改善民生的一项十分重要的和全新的工作。

居民收入从来源角度主要分为：劳动（工作）收入、财产（投资）收入和经营性收入三部分。财产性收入是购买、持有、使用、处理财产而取得的收益。具体包括：利息红利收入、资本利得和财产增值等。财产性收入是居民依靠资产、资本来赚钱，它有增长迅速且积累量大的特点。

财产性收入是决定广大居民的消费预期、消费水平、富裕程度、富裕感觉和生活质量（休闲和幸福）的重要因素。我国居民财产性收入在总收入中的比重低。1985 年为 0.5%，1990 年为 1.1%，1995 年为 2.1%，1999 年为 2.2%[①]，2000 年为 2.0%，2005—2006 年不到 2%（见表 8－1）。现实中，人们的收入增长了，而财富、财产或富裕感的增长相对缓慢。居民财产性收入的分布欠合理。资料显示，占人口 20% 的富裕人群占有 80% 的财产性收入，而占人口 80% 的不富裕人群仅占有 20% 的财产性收入。在中国长寿风险逐渐暴露的向老龄化社会的过渡中，人口红利逐渐消失，社会保障资金缺口的弥补和老年居民生活质量的保障，在很大程度上依靠社会和个人财产的增加与有效

① 韩旺红：《我国居民金融资产多元化趋势的实证研究》，《中国金融前沿问题研究》，中国金融出版社 2003 年版，第 177 页。

运用。创造条件促进财产性收入的增长有着重大意义。

表 8-1　城镇居民家庭收入来源构成　单位：元；比重(%)

年份	人均年收入	工薪收入		经营净收入		财产性收入		转移性收入	
		金额	比重	金额	比重	金额	比重	金额	比重
1990	1516	1150	75.9	23	1.5	16	1.1	328	21.6
1995	4279	3390	79.2	73	1.7	90	2.1	726	17.0
2000	6296	4481	71.2	246	3.9	128	2.0	1441	22.9
2005	11321	7798	68.9	680	6.0	193	1.7	2651	23.4
2006	12719	8767	68.9	810	6.4	244	1.9	2899	22.8

资料来源：中国国家统计局《中国统计年鉴 2007》。

“居民财产性收入增加”的实质，是居民从投资取得资产中得到的收入增加，而“创造条件”的核心，是创造出更多的适合群众需要的投资产品。一是要创造投资产品供给的条件：包括投资产品和投资技术创新、市场交易制度、规则的建设；二是要创造投资产品需求的条件，主要是大力鼓励和保护居民个人投资的积极性和合法权益。

金融深化程度的提高使金融资产收入成为中国居民最主要、最普遍的财产性收入来源。金融资产是居民持有的金融债权以及权益性凭证形式的资产，目前主要包括储蓄存款、股票（基金）、债券和保险准备金四大类。作为投资手段的存款，是为了获得利息收益，主要受利率的调节。但我国长期实行金融压制①，国家人为压低存款的利率，为经济建设和国有企业融资②。

① 金融压制是美国经济学家麦金农和肖于20世纪70年代提出的概念。他们认为，发展中国家普遍存在着金融压制，其中，脱离市场的低利率是重要表现之一。

② 2007—2008 年银行 1 年期存款利率为 4.14%，交纳 5% 的利息所得税后，远低于同期的通货膨胀率，实际为负利率。

在存款利率偏低和消费品价格指数（CPI）上涨的条件下，居民储蓄存款就会向股票、基金、债券等金融资产转移，但我国的股票（基金）市场自建立以来虽然发展快，但很不规范，存在众多因素制约着储蓄资金流入股市。比如：上市公司质量差，普遍缺乏投资价值；股市系统风险大，大起大落；信息不对称，各类违规事件频发。企业债券市场由于企业的信用状况不佳及其导致的债券配给，使其发展非常缓慢。而国债由于其独特的优越性，收益不高。家庭保险资产虽然增长较快，但在居民金融资产结构中仍只占最小的比例，而且保险的保障性质使其收益很低或没有收益。未来需要引起高度重视的是从制度上保证居民持有的各类金融资产的长期性的保值与增值。注重金融产品创新，满足不同风险、收益偏好的投资者的需求。加强外部监管，保证金融体系健康、稳健运行。另外，也要创造条件促进居民实物类资产收入的增加。

（二）调节居民收入差距

提高居民总体收入水平当然能够增加居民消费的总量，不过，收入水平不可能背离国民经济的整体发展而无限制地提高，因此，注重解决居民收入差距过大的问题，提高居民的边际消费倾向更具有实际意义。其实，由于个人素质的差异、市场竞争等原因，收入差距是市场经济中的一种不可避免的现象。我们需要着力调整一些不合理因素所导致的收入差距扩大。一是大幅度增加农民收入，缩小城乡居民收入差距。国家坚持多予、少取、放活的方针，在已经出台一系列强农惠农政策，取消农业特产税、牧业税、农业税和屠宰税等和通过实行种粮直补、良种补贴、农机具购置补贴和农资综合直补等补贴，增加农民收入的基础上，进一步改革限制农村剩余劳动力向城市流动的户籍制度；加大农村基础设施投资力度；为减轻农民负担提供各种必要的资金支持。二是缩小垄断行业和一般行业的收入差距。垄断行业和部门，或者通过各种方式实施市场进入限制、排斥甚至打击其他竞争者，或者控制操纵市场价格取得垄断收益，但这种垄断收益最终没有向国家集中，而是转化为行业或部门自身的利益。要在继续深化经济体制改革的同时，加快政治体制的改革，真正实现政企分开、政事分开，彻底落实企事业单位的自主权，解决"行政权利"对社会资源配置的干预问题。加快市场化进程，清除市场进入壁垒，打破地区垄断和行政垄断。三是加大对城乡弱势群体的转移支付力度，增加这部分居民的转移性收入。四是杜绝以权谋私、权钱交易腐败行为，消除部分人的不正当收入。严格监督资金物资的分配、土地批租转让、工程建设的发包承包、产品的购销与集体的消费（回扣）、国有企业产权的转让变动等环节，以及经济管理部门、执法部门和文化教育、卫生等社会服务部门。

（三）建立社会保障体系

消除居民消费壁垒必须建立有效的社会保障制度。一般来说，居民储蓄的目的无非有两种，保障手段和投资手段。作为保障手段的储蓄，是为未来的不确定性"投保"，只有未来不确定性消除了，才有可能转化为消费，这就需要有完善的社会保障体系。从宏观角度讲，要使国民经济运行有效率，生产要素就必须不断流动。劳动力市场也不例外，发生波动并产生相对剩余的劳动力不足为怪，所以社会保障实质上是保障一个稳定的劳动力市场，保障一批可供资本购买的合格的劳动力商品，进而保障社会再生产的正常进行和国民经济的正常发展。从这个意义上讲，社会保障实际上是一种公共产品。中国的社会保障制度仍存在严重的缺陷。包括覆盖面窄，社会保障资金来源不足，管理缺乏规范性，社会保障的稳定功能较弱等①。应从以下几个方面进行改革：（1）以渐进方式扩大社会保障的覆盖面。（2）开征社会保障税。在全世界170多个国家中，至少有130个国家实行社会保障税制度。社会保障是中央财政的基本职能之一，具有统一性，应该在全国范围内统一规定、统一征收和统一管理。（3）完善社会保障法制。制定一部完整的有关社会保障的法律，将其纳入社会经济体制之内。

四、深化投资体制改革

投资体制改革的目标是，建立起市场引导投资、企业自主决策、银行独立审贷、融资方式多样、中介服务规范、宏观调控有效的新型投资体制。

投资体制是投资运行方式和调控制度的总称，它涉及市场、企业、政府的作用和市场、企业与政府的关系，是资源配置的一种具体模式和决定投资效率的制度基础。

（一）确立企业的投资主体地位

政府要转变职能，还投资决策权于企业，确立企业在投资活动中的主体地位。应大力鼓励社会投资，充分发挥市场配置资源的基础性作用。对非政府资金的投资项目，政府仅对少数重大项目和限制类项目是否关系经济安全、影响资源环境、涉及整体布局等公共性问题进行核准，其他项目无论规模大小，均由“审

① 截至2007年年底，全国社会保险积累基金超过11000亿元；全国参加农村养老保险农民超过5400万人，积累基金超过400亿元；1000多万被征地农民被纳入基本生活或养老保障制度，共筹集被征地农民养老保障基金2000多亿元。http://news.xinhuanet.com/newscenter/2008-09/02/content_9757484.htm。

批制”改为“登记备案制”。除国家另有规定外，所有领域社会资本均可进入。要通过逐步理顺公共产品价格等措施，鼓励和引导社会资本以独资、合资、合作、联营、项目融资等方式，参与经营性的公益事业和基础设施项目建设①。

必须规范企业投资行为。各类企业都应严格遵守国土资源、环境保护、安全生产、城市规划等法律法规，严格执行产业政策和行业准入标准，不得投资建设国家禁止发展的项目；应诚信守法，维护公共利益，确保工程质量，提高投资效益。国有和国有控股企业应按照国有资产管理体制改革和现代企业制度的要求，建立和完善国有资产出资人制度、投资风险约束机制、科学民主的投资决策制度和重大投资责任追究制度。严格执行投资项目的法人责任制、资本金制、招标投标制、工程监理制和合同管理制。

（二）完善政府投资体制

一是合理界定投资范围。政府投资主要用于关系国家安全、国土开发和市场不能有效配置资源的经济和社会领域。二是规范资金管理。应编制政府投资计划，统筹安排、合理使用各类政府投资资金，包括预算内投资、专项建设基金、统借国外贷款等。三是健全投资项目决策程序，提高决策的科学化、民主化水平。主要是健全各种评估、论证制度和实行重大项目专家评议及项目公示制度，广泛听取社会各方面的意见和建议。四是合理划分审批权限。中央政府和地方政府之间、国务院投资主管部门与行业主管部门之间政府投资项目的审批权限，按照《政府核准项目

---

① 《国务院关于投资体制改革的决定》，《中国证券报》，2004 年 7 月 26 日第 17 版。

目录》中的有关规定划分。简化审批环节。政府投资项目只审批项目建议书、可行性研究报告，不再审批开工报告。五是引入市场机制，政府可利用特许经营、投资补助或 BOT（BUILD - OPERATE - TRANSFER，即建设——经营——转让）等方式，吸引社会资本参与有一定回报的公益事业和公共基础设施项目的建设；对于垄断性项目，试行业主招标制度，开展公平竞争；对非经营性政府投资项目应加快推行“代建制”，通过招标等方式，选择专业化的项目管理单位负责建设实施。已建成的政府投资项目，可依法转让产权或经营权，回收的资金滚动投入基础设施建设。

（三）推进融资方式改革

要拓宽融资渠道，大力推进融资渠道的多元化。建立多层次的股本融资市场，支持各类企业以股权方式筹集投资资金；选择预期收益稳定的新建基础设施项目，通过发行股票筹集建设资金；扩大企业债券的发行规模，增加企业债券的品种；发展银行信贷、融资租赁、项目融资等多种融资形式，支持项目建设；鼓励和促进保险资金间接投资于基础设施项目的建设。

政府投资项目可根据其资金来源，包括预算内资金、专项建设资金、借用国际金融组织和外国政府的贷款等，以及项目性质和调控需要，采取直接投资、资本金注入、投资补助、转贷和贷款贴息等方式投入。以资本金注入方式投入的项目，必须明确出资人代表。要针对不同的资金类型、资金渠道和资金运用方式，确定相应的管理办法，逐步实现政府投资资金管理的科学化、制度化和规范化。

（四）改善投资的宏观调控

国家有关部门要根据国民经济和社会发展的要求和宏观调控的需要，按照职责分工、密切配合、有效运转、依法监督的要求，综合运用经济的、法律的和必要的行政手段，调控全社会的投资活动，保持合理投资规模，优化投资结构。

改善宏观管理手段和方式。例如，依据国民经济和社会发展中长期规划，编制交通、能源等重要领域的发展建设规划；制定并适时调整《政府核准的投资项目目录》和固定资产投资指导目录；建立投资风险预警、防范体系和行业准入制度；规范重点行业的环保标准、安全标准和产品技术标准、质量标准等。

合理确定政府投资规模，保持国家对社会投资的直接调控力度。灵活运用投资补助、贴息、价格、利率、税收等多种手段，引导社会投资，优化投资的产业结构和地区结构。制定和调整信贷政策，引导中长期贷款的总量和投向。

加强和改进投资信息、统计工作。建立投资项目资料库和投资信息发布制度；建立投资统计制度，及时、准确、全面地反映全社会固定资产存量和投资的运行态势等。

（五）加强政府投资的监督管理

建立和完善政府投资监管体系。建立政府投资责任追究制度，工程咨询、投资项目决策、设计、施工、监理等部门和单位，都应有相应的责任约束，对不遵守法律法规给国家造成重大损失的，要依法追究有关责任人的行政和法律责任。完善政府投资制衡机制。投资主管部门、财政主管部门以及有关部门，要依据职能分工，对政府投资的管理进行相互监督。审计机关要依法全面履行职责，加强对政府投资项目的审计监督，提高政府投资管理水平和投资效益。

完善重大项目稽察制度，建立政府投资项目后评价制度，对政府投资项目进行全过程监管。建立政府投资项目的社会监督机制，鼓励公众和新闻媒体对政府投资项目进行监督。建立健全协同配合的企业投资监管体系。国土资源、环境保护、城市规划、质量监督、银行监管、证券监管、外汇管理、工商管理、安全生产监管等部门，要依法加强对企业投资活动的监管。各级政府投资主管部门要加强对企业投资项目的事中和事后监督检查。对于不符合产业政策和行业准入标准的项目，以及不按规定履行相应核准或许可手续而擅自开工建设的项目，要责令其停止建设，并依法追究有关企业和人员的责任。审计机关依法对国有企业的投资进行审计监督，促进国有资产保值增值。加强对投资中介服务机构的监管。完善法律法规，依法监督管理。

第三节　进一步研究的展望

对投资率问题的研究是新中国成立以来我国经济学界长期关注的一个难点问题。从老一辈的马克思主义经济学家到今天接受西方经济学理论熏陶的新一代学者，都对这一问题表现出了研究兴趣。但是，由于研究者本身的立场、观点和方法的不同，以及思想理论认识和经济、社会环境的变化，他们对同一问题的看法往往不一致，研究结论不同甚至相悖，提出了各种不同的理论见解与政策主张。应该说，学术界对这一问题始终没有形成“共识”。在我国经济、社会发生转折的各个时期，投资率问题更成为经济学界和政府决策部门关心的热点问题。各种基于不同经济事实、分析角度和价值判断的研究成果见仁见智，莫衷一是。本书是在已有研究的基础上重点研究了转轨经济中投资率决定的一部分主要因素，即投资率主要受哪些因素的影响，其影响的机制与程度如何的问题。通过理论分析和实证研究，在某些方面得到了一些有益的见解和结论。然而，随着研究过程的不断深入，本人深深地感到，投资率决定的问题十分复杂，影响因素太多，而且，各种影响因素相互制约，并不断变化，研究的难度很大。因此，本书仅仅是做了一些基础性的铺垫性的工作，还留下了很多值得进一步研究的问题。我认为，在将来的研究中，有以下问题值得进一步研究：

第一，转轨经济条件下的投资、消费比例关系是不是微观经济主体自主的、理性的选择结果？如果是，它究竟受哪些因素的影响？这些因素共同作用的最终这一结果是否符合市场经济效率优化的原则（或帕累托最优）？如果是，是否还需要进行“宏观调控”？或者说，经济社会“内生”的投资、消费及其比例关系，是自然的逻辑的过程还是人为影响的过程？或者，是两者合一的过程？这些问题的深入研究具有学术价值。

第二，投资与消费互相影响，互相依赖，紧密联系，从这一判断出发，可以进一步推论，凡是影响着消费行为的因素，会对投资产生影响。同样，凡是影响着投资的因素，也会对消费产生影响。现有研究大多将两者分割开来，分别加以研究。我们注意到了社会需求变化要求产业结构相应发生变化，而产业结构的变化要有投资结构的转变来完成，即投资创造了下一期的消费。但是，很少有人研究投资本身包括的消费问题。其实，投资支出本身就含有消费的内容。比如，我国的建筑安装工程投资中的人工费支出占 15% 左右，管理费占 10% 左右，在西方国家这两项大约占比达 40% 以上，这一部分实际上就是消费的来源；又比如，在占全社会固定资产投资近 20% 的房地产投资中，60% 以上是住宅投资，而住宅投资同时就是消费品的生产。仅就这一点来看，投资减少了，消费也减少了。投资增加了，消费也增加了。因此，过分重视投资不行，过分重视消费似乎也不行。这一问题的量化研究很有理论和实践意义。

第三，投资和消费是否有个合理的比例或合理的比例区间的问题。历史地看，任何一个国家或地区，都有一个客观存在的投资率和消费率。这一比率指标与其他各项主要经济变量指标一起，反映了经济发展的历史过程。人们当然可以从对历史的反思中去判断一种比例的“好”和“坏”，或合适与否与合适的程度，但是，我们没有办法与证实或证伪是否存在一个理想的比例，它比“好的比例”或比“坏的比例”都要好？能否研制一个总括的计量模型，对未来的投资、消费比例作出相对准确的判断，并以此作为宏观预警、调控的基本依据？对此仍有广阔的研究前景。

第四，其他值得研究的问题。国民储蓄是国民财富的主要来源，在我国，储蓄率到底是高一些好还是低一些好？今后宏观经济调控的重点究竟是投资率还是消费率？居民消费结构升级和消费水平提高与循环经济、节能减排、资源约束之间是什么关系等问题都是一些很有价值的研究视角。

参考文献

1. 爱德华·夏皮罗：《宏观经济分析》，中国社会科学出版社 1985 年版。

2. 奥斯卡·兰格：《社会主义经济理论》，中国社会科学出版社 1981 年版。

3. 保尔森：《中国必须改革金融服务体系》，《国际金融报》，2007 年 8 月 3 日。

4. 保罗·萨缪尔森：《经济学》（上册），商务印书馆 1979 年版。

5. 陈建南：《发展中国家对外直接投资理论评述》，《经济学动态》，2001 年第 2 期。

6. 陈孟熙：《经济学说史教程》，中国人民大学出版社 1999 年版。

7. 陈云：《陈云文选》，人民出版社 1986 年版。

8. 大卫·李嘉图：《李嘉图著作和通信集》第四卷，商务印书馆 1980 年版。

9. ［美］戴维·罗默：《高级宏观经济学》，上海财经大学出版社 2003 年版。

10. 董辅礽：《社会主义再生产和国民收入问题》，三联书店 1980 年版。

11. 董辅礽：《确定积累和消费比例的若干方法论问题的探讨》，《经济研究》，1959 年第 11 期。

12. 董辅礽：《提高消费率问题》，《宏观经济研究》，2004 年第 5 期。

13. 董辅礽：《中华人民共和国经济史》，经济科学出版社 1999 年版。

14. ［美］杜森贝里：《所得，储蓄与消费者行为之理论》，台湾银行经济研究室，1968 年版。

15. 多恩布什、费希尔：《宏观经济学》，中国人民大学出版社 1997 年版。

16. 樊纲：《人民币升值过快将导致居民消费力下降》，《上海证券报》，2007 年 9 月 8 日。

17. 樊纲：储蓄和投资较高有利于经济，《经济参考报》，2006 年 1 月 20 日。

18. 高宇明、齐中英：《基于时变参数的我国全要素生产率估计》，《数量经济技术经济研究》，2008 年第 2 期。

19. 龚晓菊：《制度变迁与民营经济发展研究》，武汉大学出版社 2005 年版。

20. 国际货币基金组织：《世界经济展望——全球化与不平等》，中国金融出版社 2007 年版。

21. 中华人民共和国国务院：《国务院关于投资体制改革的决定》，《中国证券报》，2004 年 7 月 26 日。

22. 韩立岩、王哲兵：《我国实体经济资本配置效率与行业差异》，《经济研究》，2005 年第 1 期。

23. 汉森：《凯恩斯学说指南》，商务印书馆 1963 年版。

24. 贺铿、李鲁阳等：《投资、消费与经济增长》，中国统计出版社 2006 年版。

25. 贺铿：《中国投资、消费比例与经济发展政策》，《数量经济技术经济研究》，2006 年第 5 期。

26. 胡乃武、项镜泉：《论适度积累率》，《经济理论与经济管理》，1981 年第 2 期。

27. 胡少维：《固定资产投资走势及看法》，《投资增长速度研究》，中国统计出版社 2007 年版。

28. 黄少安、孙涛：《非正规制度、消费模式和代际交叠模型》，《经济研究》，2005 年第 4 期。

29. 黄杨等：《斯蒂格利茨：中国经济增长要靠内需而不是出口》，《中国经济时报》，2006 年 3 月 17 日。

30. 霍利斯·钱纳里，莫尔塞斯·塞尔昆：《发展的格局：1950—1970》，中国财政经济出版社 1989 年版。

31. [美] 霍利斯·B. 钱纳里：《工业和经济增长的比较研究》，上海人民出版社 1995 年版。

32. 蒋云赟、任若恩：《中国工业的资本收益率测算》，《经济学（季刊）》第 3 卷第 4 期，2004 年 7 月。

33. 经济增长前沿课题组：《高投资、宏观成本与经济增长的持续性》，《经济研究》，2005 年第 10 期。

34. 经济周期研究课题组：《经济周期研究》，中国社会科学院出版社 1998 年版。

35. [法] 魁奈：《魁奈经济著作选集》，商务印书馆 1979 年版。

36. 李建伟：《投资率和消费率的演变规律及其与经济增长的关系》，《经济学动态》，2003 年第 3 期。

37. 李扬、殷剑峰：《劳动力转移过程中的高储蓄、高投资和中国经济增长》，《经济研究》，2005 年第 2 期。

38. 李扬：《当前中国宏观经济调控的几个问题》，http：//

www. crifs. org. cn，2007 年 10 月 16 日。

39. 李治国、唐国兴：《中国平均资本成本的估算》，《统计研究》，2002 年第 11 期。

40. 梁文森：《增加基本建设投资同经济增长和资金平衡的关系问题》，《经济研究》，1982 年第 6 期。

41. 林白鹏：《消费经济学大词典》，经济科学出版社 2000 年版。

42. 林毅夫：《潮涌现象与发展中国家宏观经济理论的重新构建》，《经济研究》，2007 年第 1 期。

43. 林毅夫：《当前宏观经济条件下的改革和调控思路》，《人民日报》，2007 年 8 月 22 日。

44. 林毅夫等：《中国的奇迹：发展战略与经济改革》，上海三联书店 1994 年版。

45. 刘国光：《社会主义再生产问题》，三联书店 1979 年版。

46. 刘慧勇：《投资规模论》，中国财政经济出版社 1989 年版。

47. 刘慧勇：《我国投资率水平剖析》，《投资研究》，2006 年第 2 期。

48. 刘景义：《关于最佳积累率的估计》，能源出版社 1983 年版。

49. 龙志和、周浩明：《中国城镇居民预防性储蓄实证研究》，《经济研究》，2000 年第 11 期。

50. 吕政、黄群慧、吕铁、周维富：《中国工业化、城市化的进程与问题——“十五”时期的状况与“十一五”时期的建议》，《中国工业经济》，2005 年第 12 期。

51. 罗伯特：《繁荣与萧条》，商务印书馆 1963 年版。

52. 罗伯特·豪根：《现代投资理论》（第 5 版），北京大学出版社 2005 年版。

53. 罗伯特·索洛:《经济增长因素分析》,商务印书馆 2003 年版。

54. 罗云毅:《高投资率给我们带来了什么》,《中国投资》,2007 年第 9 期。

55. 罗云毅:《关于最优消费投资比例存在性的思考》,《宏观经济研究》,2006 年第 12 期。

56. 罗云毅:《投资率本质上是由消费率决定的》,《中国投资》,2004 年第 6 期。

57. 罗云毅:《投资消费比例关系理论研究回顾》,《宏观经济研究》,1999 年第 13 期。

58. 马克思:《资本论》第二卷,人民出版社 1975 年版。

59.《马克思恩格斯全集》(第 23,第 24 卷),人民出版社 1979 年版。

60. 马歇尔:《经济学原理》(上卷),商务印书馆 1983 年版。

61. 曼昆:《经济学原理》(下册),机械工业出版社 2005 年版。

62. 梅新育:《中国双顺差、对外资产积累及其调整》,《新华文摘》,2006 年第 24 期。

63. 莫迪里亚尼:《效用分析与消费函数——等横截面资料的一个解释》,《凯恩斯学派经济学》,商务印书馆 1964 年版。

64. N. 格里高利·曼昆,张帆、梁晓钟译:《宏观经济学》,中国人民大学出版社 2005 年版。

65. 涅姆钦诺夫:《经济数学方法和模型》,商务印书馆 1980 年版。

66. 聂名华:《发展中国家对外直接投资理论述评》,《经济学动态》，2000 年第 3 期。

67. 秦朵、宋海岩：《改革中的过度投资需求和效率损失：中国分省固定资产投资案例分析》，《经济学》（季刊），2003 年总第 8 期。

68. 沈坤荣：《投资效率、资本形成与宏观经济波动——基于金融发展视角的实证研究》，《中国社会科学》，2004 年第 6 期。

69. 沈坤荣、孙文杰：《投资效率、资本形成与宏观经济波动——基于金融发展视角的实证研究》，《中国社会科学》，2004 年第 6 期。

70. 世界银行：《2020 年的中国》，中国财政经济出版社 1997 年版。

71. 世界银行：《迈进 21 世纪门，1999/2000 年世界发展报告》，中国财政经济出版社 2000 年版。

72. 斯图尔特：《凯恩斯理论及其以后的发展》，台湾，银行经济研究所，1970 年版。

73.《斯大林全集》第 8 卷，人民出版社 1954 年版。

74. 宋国青：《全社会投资效率在上升》，《财经》，2004 年第 10 期。

75. 宋铮：《中国居民储蓄行为研究》，《金融研究》，1999 年第 6 期。

76. 孙淼林：《合理投资率的实证分析》，《统计研究》，2000 年第 8 期。

77. [苏] T.C. 哈恰图罗夫：《基本建设投资效率》，中国财政经济出版社 1985 年版。

78. 谭崇台：《发展经济学》，山西人民出版社 1999 年版。

79. 田江海：《发展科技产业和推进风险投资》，《投资研究》，1999 年第 10 期。

80. 万广华：《流动性约束、不确定性与中国居民消费》，《经济研究》，2001 年第 11 期。

81. 汪海波：《中国积累和消费问题研究》，广东人民出版社 1986 年版。

82. 汪浩瀚：《微观基础、不确定性与西方宏观消费理论的拓展》，《经济评论》，2006 年第 2 期。

83. 汪同三、蔡跃洲：《改革开放以来收入分配对资本积累及投资结构的影响》、《中国社会科学》，2006 年第 1 期。

84. 王端：《现代宏观经济学中的投资理论及其最新发展》，《经济研究》，2000 年第 12 期。

85. 王克忠：《非公有制经济论》，上海人民出版社 2003 年版。

86. 王文博、陈昌兵、徐海燕：《包含制度因素的中国经济增长模型及实证分析》，《统计研究》，2002 年第 5 期。

87. 王小鲁、夏小林：《优化城市规模、推动经济增长》，《经济研究》，1999 年第 9 期。

88. 维克塞尔：《国民经济学讲义》，译文出版社 1983 年版。

89. 文明：《中国投资学理论的发展历程》，《投资研究》，1999 年第 2 期。

90. 乌家培、刘树成：《经济数量关系三十年》，《经济研究》，1985 年第 6 期。

91. 吴敬琏：《中国增量资本产出率达到危险水平》，《沪港经济》，2006 年第 11 期。

92. 吴敬琏：《比较》，中信出版社 2004 年版。

93. 吴先满等：《中外投资、消费关系的比较研究》，《世界经济与政治论坛》，2006 年第 1 期。

94. 吴忠群：《中国经济增长中消费和投资的确定》，《中国社会科学》，2002 年第 3 期。

95. 肖经建：《现代家庭经济学》，上海人民出版社 1993 年版。

96. 薛暮桥：《国家建设和人民生活的统筹安排》，《学习》，1958 年第 11 期。

97. 薛暮桥：《社会主义经济理论问题》，人民出版社 1979 年版。

98. 亚当·斯密：《国民财富的性质和原因的研究》（上卷），商务印书馆 2005 年版。

99. 亚诺什·科尔内著，张晓光等译：《短缺经济学》（上、下卷），经济科学出版社 1986 年版。

100. 杨天宇：《收入分配与乘数效应》，《经济学家》，2002 年第 2 期。

101. 杨治：《产业经济学导论》，中国人民大学出版社 1985 年版。

102. 叶裕民：《中国城市化之路——经济支持与制度创新》，商务印书馆 2001 年版。

103. 余永定、李军：《中国居民消费函数的理论与验证》，《中国社会科学》，2000 年第 1 期。

104. 余永定等：《西方经济学》，经济科学出版社 1997 年版。

105. 袁志刚、宋铮：《人口年龄结构、养老保险制度与最优储蓄率》，《经济研究》，2000 年第 11 期。

106. 袁志刚、何樟勇：《20 世纪 90 年代以来中国经济的动态效率》，《经济研究》，2003 年第 7 期。

107. 约翰·梅纳德·凯恩斯：《就业、利息和货币通化》，商务印书馆1963年版。

108. 约瑟夫·熊彼特：《经济分析史》（第一卷），商务印书馆1991年版。

109. 张厚义、名立志：《中国私营企业发展报告1978—1998》，社会科学文献出版社1999年版。

110. 张厚义、名立志：《中国私营企业发展报告1999》，社会科学文献出版社2000年版。

111. 张军：《资本形成、工业化与经济增长：中国的转轨特征》，《经济研究》，2002年第6期。

112. 张军扩：《“七五”期间经济效益的综合分析》，《经济研究》，1991年第4期。

113. 张倩肖：《储蓄与投资相关性理论研究综述》，《经济学动态》，2003年第10期。

114. 张守一：《积累与消费比例及其优化问题》，载《社会主义社会国民收入的若干理论问题》（杨坚白主编），中国社会科学出版社1983年版。

115. 张守一：《数量经济学概论》，辽宁人民出版社1985年版。

116. 张中华、谢进城：《投资学》，中国统计出版社1996年版。

117. 张中华：《投资学》，高等教育出版社2006年版。

118. 张仲敏、钱丛龙：《投资学》，东北财经大学出版社1993年版。

119. 仉建涛、刘玉珂：《经济增长模式比较》，经济科学出版社1999年版。

120. 中共中央办公厅编：《中国共产党第八次全国代表大会文献》，人民出版社1957年版。

121. 中国国家统计局：《关于固定资产投资和房地产开发统计中的若干问题》，http：//www. stats. gov. cn/tjzs/t20060628_402369589. htm。

122. 中国人民银行课题组：《中国国民储蓄和居民储蓄的影响因素》，《经济研究》，1999 年第 5 期。

123. 钟朋荣：《与张寄涛老师一起研究科尔内》，《中南财经政法大学学报》，2002 年第 6 期。

124. 周骏：《周骏选集》，经济科学出版社 2003 年版。

125. 周骏、张中华、郭茂佳：《资本市场与货币政策》，中国金融出版社 2002 年版。

126. 周骏、张中华、刘惠好：《资本市场与实体经济》，中国金融出版社 2003 年版。

127. 周骏、张中华、张东：《投资与资本市场》，中国金融出版社 2005 年版。

128. A. A. Walters, Incremental Capital – Output Ratios. *The Economic Journal*, Vol. 76, No. 304 (Dec 1966), Blackwell Publishing, pp. 818 – 822.

129. A. G. Gruchy, *Comparative economic systems*, Houghton Mifflin, 1966.

130. Adam Smith, *an Inquiry into the Nature and Causes of the Wealth of Nations*, J. M. Dent & Sons Ltd., 2000.

131. Alfred Marshall, *Principles of Economics*, Palgrave Macmillan, 1890.

132. Annie Corbin, Country specific effect in the Feldstein – Horioka paradox. *Economics Letters*, Vol. 72, Issue 3 (Sep 2001), pp. 297 – 302.

133. Blanchard, *Lectures on Macro economics*, MIT Press, 1989.

134. Blanchard, *Macro economics*, Prentice - Hall International Inc. , 1997.

135. Burton G. Malkiel, Jianping Mei, Rui Yang, *Investment Strategies to Exploit Economic Growth in China*, CEPS Working Paper No. 122, December 2005.

136. Callum and E · Nelson, An Optimizing IS - LM Specification for Monetary Policy and business Analysis. *Journal of Money, Credit, and Banking*, August 1999.

137. Center for Strategic & International Studies and Institute for International Economics, *China: The Balance Sheet - What the World Needs to Know Now about the Emerging Superpower*, Public Affairs/IIE/CSIS, 2006.

138. David Romer, *Advanced Macro economic (3 edition)*, McGraw-Hill/Irwin, 2005.

139. Donald A. R. George, Les Oxley, Kenneth Carlaw, *Surveys in Economic Growth: Theory and Empirics*, Blackwell, 2004.

140. Douglass C. North and Robert Paul Thomas, *The Rise of the Western World: A New Economic History*, Cambridge University Press, 1972.

141. Evsey Domar, Expansion and Employment. *American Economic Review*, 1947.

142. F. Modigliani, The Life Cycle Hypothesis of Saving, the Demand for Wealth and the Supply of Capital, *Social Research*, vol. 33, no. 2 (1996), pp. 160 - 217.

143. Frank P. Ramsey, A Mathematical Theory of Saving, *Economic Journal*, Vol. 38, No. 152 (Dec 1928), pp. 543 - 559.

144. Gardner Ackley, *Macro economic Theory*, Macmillan pub-

lishers, 1961.

145. George W. Hoffmann, W. H. Chaloner, W. O. Henderson, *The Growth of Industrial Economies*, Manchester University Press, 1958, pp. 24 - 57.

146. H. B. Chenery, H. Elkington and C. Sims, A Uniform Analysis of Development Pattern, Harvard University Center for International Affairs, *Economic Development Report*, 1970.

147. Harold Bienman, *Using Investment Portfolio to Change Riks*, J. Finan and Quant. Anal, June, 1968.

148. Harold, *Theories of Economic Growth and Development*, Cambridge University Press, 2008.

149. Harry M. Markowitz, Portfolio selection: Efficient diversification of investments. *Journal of Finance*, Vol. 7 (1952), pp. 77 - 91.

150. Hollis Chenery and T. N. Srinivasan, Handbook of Development Economics, Vol. 1 (1988), pp. 3 - 848.

http://web.worldbank.org/WB2SITE/EXTERNAL/DATASTATISTICS.

http://www.stats.gov.cn/tjsj/qtsj/gjsj/2007/t20080627_402488471.htm.

151. IMF, *World Economic Outlook Database*; *ADB*, *Key Indicators 2003*.

152. Ingo Barens, What Went Wrong with IS - LM/AS - AD Analysis—and Why? *Eastern Economic Journal*, Vol. 23 (1997), pp. 89 - 99.

153. International Monetary Fund, *Globalization and Inequality World Economic Outlook*, October 2007, pp. 121 - 127.

154. J. A. Frankel, *International capital mobility*, IMF Staff Paters, vol. 34, pp. 503 – 530.

155. J. R. Hicks, *A Contribution to the Theory of the Trade Cycle*, Clarendon Press, 1950.

156. James Tobin, A General Equilibrium Approach to Monetary Theory. *Journal of Money, Credit and Banking*, Vol. 1, No. 1 (Feb 1969), pp. 15 – 29.

157. Janos Kornai, *Economics of Shortage*, Elsevier, 1980.

158. Janos Kornai, *Rush versus Harmonic Growth*. Amsterdam: North – Holland, 1972.

159. Janos Kornai, *The Soft Budget Constraint*, KYKLOS, 1986, pp. 3 – 30.

160. John Maynard Keynes: *The General Theory of Employment, Interest and Money*, Palgrave Macmillan, 1936.

161. John. H. Dunning, Reappraising the Eclectic Paradigm in an Age of Alliance Capitalism, *Journal of International Business Studies*, vol. 26, no. 3 (3rd Qtr 1995), pp. 461 – 491.

162. Joseph E. Stiglitz, *Economics (4th edition)*, W. W. Norton & Company, 2006.

163. Kenneth J. Arrow. *The Portfolio Approach*, Comment, Rev. Econ and Stat, February, 1963.

164. Knut Wickell, *Lectures on Political Economy*, Augustusm Kelley, 1901.

165. Linda L. Tesar, saving, investment and international capital flows. *Journal of International Economics*, Vol. 31, Issue 1 – 2 (Aug 1991), pp. 55 – 78.

166. Lori Leachman, Saving, investment and capital mobility a-

mong OECD countries. *Open Economics Review*, *vol. 2*, *Issue 2* (*Jun 1991*), pp. 137 – 163.

167. Lucas, R. E. and Edward C. prescott. 1971, Investment under uncertainty. *Econometric* 39 . May.

168. Ludwig Von Mises, *Economic Calculation in the Socialist Commonwealth*, Alabama: the Ludwig von Mises Institute, 1990.

169. Marianne Baxter and Mario J. Crucini, Explaining saving – investment correlations, the *American Economic Review* Vol. 83, No. 3 (June 1993), pp. 416 – 436.

170. McDonald, Robert and Daniel Siegel, 1985, Investment and the Valuation of Firms When There is an Option to Shut Down, *International Economic Review*, June, 26 (2), pp. 331 – 349.

171. N. G Mankiw, the Reincarnation of Keynesian Economics. *European Economic Review*, vol. 36 (April 1992), pp. 559 – 565.

172. Oscar Lange, Fred Taylor, *On the Economic Theory of Socialism*, Augustus M Kelley Pubs, June 1970.

173. P. J. Buckley: Problems and Developments in the Core Theory of Transnational Business, *Journal of International Business Studies*, Fourth Quarter, pp. 65 – 657.

174. Paul A. Samuelson, Interactions between the multiplier analysis and the principle of acceleration. *Review of Economics and Statistics*, Vol. 21 (1939), pp. 75 – 78.

175. Paul M. Romer, Endogenous Technological Change. *Journal of Political Economy*, Vol. 98, No. 5 (Oct 1990), pp. 71 – 102.

176. Paul M. Romer: The Origins of Endogenous Growth, *The Journal of Economic Perspectives*, Vol. 8, Issue 1 (1994).

177. Paul. A. Samuelson, *Macro economics*, The McGraw – Hill

Companies, 2003.

178. Peter Newman, Murray Milgate and John Eatwell, *The New Palgrave Dictionary of Money and Finance*, the Macmillan Press Limited, 1992.

179. R. G Murphy, Capital mobility and the relationship between saving and investment rates in OEDN countries. *Journal of International Money and Finance* vol. 3, pp. 327 – 342.

180. R. M. Solow: A Contribution to the Theory of Economic Growth, *Quarterly Journal of Economics*, Vol. 70, Issue 1, 1956.

181. Ramsey, F. P.: A Mathematical Theory of Saving. *Economic Journal*, 1928, (38) No. 152.

182. Richard F. Kahn, the Relation of Home Investment to Unemployment. *Economic Journal*, *vol.* 41 (1931), pp. 173 - 198.

183. Robert A. Haugen, *Modern Investment Theory*, Pearson Education, 2002. 1

184. Robert E Hall, Inter – temporal Substitution in Consumption. *Journal of Political Economy*, vol. 96, Issue 2 (Apr 1996), pp. 339 – 357.

185. Robert E. Lucas and Edward C. Prescott, Investment under uncertainty. Econometrica, vol. 39, Issue 5, 1971, pp. 659 – 681.

186. Robert L. McDonald and Daniel Siegel, Investment and the Valuation of Firms When There is an Option to Shut Down. *International Economic Review*, Vol. 26, No. 2 (Jun 1985), pp. 331 – 349.

187. Robert Merton, a Functional Perspective of Financial Intermediation. *Financial Management*, vol. 24 (1995), pp. 23 – 41.

188. Robert W. Dimand, Mr. Meade's relation, Kahn's multi-

plier and the chronology of the general theory, *The Economic Journal*, vol. 104 (Sept 1994) pp. 1139 – 1142.

189. Roy Forbes Harrod, *Towards a Dynamic Economics*, London: Macmillan, 1948.

190. Russell Cooper and Andrew John, Coordinating Coordination Failures in Keynesian Models, *The Quarterly Journal of Economics*, Vol. 103, No. 3 (Aug. 1988), pp. 441 – 463.

191. Stiglitz, Joseph Eugene, *Studies in the theory of economic growth and income distribution*, Massachusetts Institute of Technology, 1966.

192. The Works and Correspondence of David Ricardo, ed. Piero Sraffa with the Collaboration of M. H. Dobb (Indianapolis: Liberty Fund, 2005). Vol. 4 Pamphlets and Papers pp. 1815 – 1823.

193. The World Bank, *Equity and Development World Development Report*, 2006, pp. 163.

194. Tobin, J. 1969, *A General Equilibrium Approach to Monetary Theory*, 'Journal of Money, Credit and Banking'. 1: 15 – 29.

195. W. Arthur Lewis, *the Theory of Economic Growth*, Unwin Hyman, 1955.

196. W. W. Rostow, *the Stages of Economic Growth: A Non – Communist Manifesto*, Cambridge: Cambridge University Press, 1960.

197. Walter Eltis, *The Classical Theory of Economic Growth*, New York: Palgrave, 2000, pp. III.

198. WBG. *Key Development Data & Statistics*. 2007 – 05 – 01.

199. William F. Sharpe: Portfolio Theory and Capital Markets. *The Financial Analysts' Journal*, Vol. 32 (July/August 1976),

pp. 4.

200. Xiong Bi - lin, Chen Rui, Yang Shan - lin, The Transform of Economic Growth Mode: From 'Investment - leading' to 'Consumption - leading', *Management Science and Engineering*, Vol. 5, no. 7 (Oct. 2006), pp. 1197 - 1202.

201. YASUSADA MURATA, Rural - urban interdependence and industrialization. *Journal of Development Economics*, vol. 68, no. 1 (2002), pp. 1 - 34.

202. Yujiro Hayami, *Development Economics: from the Poverty to the Wealth of Nations*, Oxford University Press, 2001, pp. 36.

附录 作者近年发表的相关研究成果

一、发表论文

[1]《融资体制、经济增长与银行不良贷款》，《金融与投资论丛2004卷》，中国财政经济出版社2004年版。

[2]《融资方式变革与银行不良贷款治理》，《投资研究》2004年第6期。

[3]《金融资产视角下的个人保险市场发展》，《保险业与资本市场》，中国金融出版社2004年版。

[4]《投资体制改革与国有投资效益审计》，《审计月刊》2005年第1期。

[5]《投资体制、投资审计与国有投资效益》，《中南财经政法大学学报》2005年第3期。

[6]《湖北省居民金融资产结构变动及其效应分析》，《金融与投资论丛2005卷》，中国财政经济出版社2005年版。

[7]《投资总量与经济增长》，《投资与资本市场》，中国金融出版社2005年版。

[8]《政府投资监管研究》，《金融与投资论丛2006卷》，中国财政经济出版社2006年版。

[9]《投资学科的建设与发展》，《投资研究》2006年第1期。

[10]《跨国并购中目标企业价值评估》,《中国企业应对跨国并购投资的战略与政策研究》,上海财经大学出版社 2006 年版。

[11]《我国固定资产投资总量与投资率问题研究》,《银行与投资》,中国金融出版社 2007 年版。

[12]《中国房地产供求均衡与价格决定》,《金融与投资发展报告》,中国金融出版社 2008 年版。

二、主持的研究课题

[1]《固定资产投资总量与投资率研究》,主持人,获中国投资学会 2005—2006 年度科研课题二等奖。

[2]《投资乘数与消费启动研究》,主持人,获中国投资学会 2006—2007 年度科研课题二等奖。

[3]《投资研究系列课题》,主持人之一,中国投资学会投资学科建设委员会,2007 年。

[4]《投资率决定:基于供求视角的研究》,主持人,中国投资学会 2007—2008 年度课题。